T0279990

EN BUSCA DE LA NORMALIDAD

EN BUSCA DE LA NORMALIDAD

SEXO, AMOR Y TABÚ

EN NUESTRO MUNDO HIPERCONECTADO

Alexa Tsoulis-Reay

Traducción de Sara Villar Zafra

TENDENCIAS

Argentina – Chile – Colombia – España
Estados Unidos – México – Perú – Uruguay

Título original: *Finding normal*
Editor original: St. Martin's Press
Traducción: Sara Villar Zafra

1.ª edición: noviembre 2022

© 2021 *by* Alexa Tsoulis-Reay
All Rights Reserved
© de la traducción 2022 *by* Sara Villar Zafra
© 2022 by Ediciones Urano, S.A.U.
Plaza de los Reyes Magos, 8, piso 1.º C y D – 28007 Madrid
www.reinventarelmundo.com

ISBN: 978-84-92917-12-9
E-ISBN: 978-84-19251-83-1
Depósito legal: B-16.990-2022

Fotocomposición: Ediciones Urano, S.A.U.

Impreso por: Rodesa, S.A. – Polígono Industrial San Miguel
Parcelas E7-E8 – 31132 Villatuerta (Navarra)

Impreso en España – *Printed in Spain*

Índice

Introducción.   11

Primera parte: Volverse normal

1. Ken, Russ, Emily y Kathy   33

2. Julia y Eileen, Andrew y Jane.   87

3. Maddy.   147

Segunda parte: Transgredir lo normal

4. Shelly.   207

5. Paul   265

Agradecimientos.   335

Notas   337

Algunos nombres han sido cambiados para proteger
la privacidad de los individuos.

Introducción

Mi interés por la manera en que la gente utiliza Internet para desafiar los límites de lo que es normal empezó en 2014, cuando mi editor en la revista *New York* se dio cuenta del revuelo que generaba un «Pregúntame lo que quieras» en Reddit a un hombre que tenía dos penes.[1] Me sugirió que escribiera una sección de entrevistas con el espíritu franco de ese tipo de preguntas y respuestas: conversaciones a fondo con personas cuyas vidas resultaran ajenas al lector típico de la revista *New York*. El resultado, «Cómo es», salió en *Science of Us* (Ciencia de nosotros), una nueva sección de la revista digital que iba sobre el comportamiento humano. No pasó mucho tiempo hasta que me di cuenta de que tenía algo gordo entre manos: a menudo era el artículo que mejor funcionaba en toda la web, y en muchas ocasiones otros medios se hacían eco de él. La entrevista «Cómo es salir con un caballo» fue el artículo más leído; estuve recibiendo mensajes y correos electrónicos de los lectores durante meses, y cientos más se metieron en Internet para dejarme comentarios.[2]

«Cómo es» conectó profundamente con los lectores, porque ofrecía a la gente corriente un espacio en una publicación generalista para que hablara libremente sobre cosas que normalmente no eran cómodas (para nadie) ni siquiera compartidas con las personas más cercanas. Las instrucciones eran sencillas: tenía que hablar con personas cuyas experiencias no se vieran fácilmente reflejadas en el mundo que me rodeaba, y en vez de editorializar, diagnosticar o juzgar, escucharía a estas personas contarme cómo era realmente ser ellos.

Volviendo la vista atrás, debo reconocer que por mucho que esta serie quisiera aportar un espacio de empatía para que la gente hablara sobre la diferencia, lo cierto es que se la podía acusar de agrupar de manera problemática identidades sexuales con condiciones médicas y psicológicas, discapacidades físicas y comportamientos ilegales. Hablé con una mujer con una fobia debilitante a vomitar, con un hombre atormentado por el deseo de amputarse una de las extremidades, y con uno que decidió someterse a una castración química porque no podía dejar de engañar a su mujer. Hubo entrevistas con personas que no podían reconocer rostros, que estaban perdiendo poco a poco la vista, que tenían cantidades excesivas de vello corporal o un pene muy pequeño. También hablé con personas de edad avanzada que nunca habían tenido sexo y, sin duda lo más alarmante, con personas que aseguraban tener relaciones sexuales consentidas con familiares suyos.

Como reportera, la falta de coherencia me pareció liberadora: de mí dependía, en gran parte, con quién hablara y sobre qué, por lo que tenía libertad para explorar cualquier cosa que me picara la curiosidad. Se trataba de una publicación sobre ciencia, pero yo venía del mundo de los medios y de los estudios culturales, lo cual influyó sin duda en el enfoque más cualitativo que tenía hacia el comportamiento humano. Encontré a la mayoría de las personas a las que entrevisté en Internet. Me apunté a listas de distribución por correo electrónico y a grupos de Facebook, utilicé Google para encontrar blogs y comunidades virtuales y navegué por foros como Reddit, en los que se reunían usuarios de todas partes del mundo para hablar de manera anónima sobre experiencias muy específicas.

Los temas cubiertos representaban lo que yo creía en el momento que sería tanto interesante como provocador para una audiencia general. Por supuesto, quería que un gran número de personas leyeran esta serie, pero sobre todo buscaba experiencias de las que seguía sin hablarse abiertamente, a pesar de encontrarnos en una época tan confesional. Les contaba las ideas que tenía a mis editores y luego iba en busca de personas que estuvieran dispuestas a confiar en una desconocida y que compartieran su historia.

* * *

Durante dos años, más o menos, desde mi oficina en el bajo Manhattan, me sumergí en conversaciones entre personas con diferentes pasados y de diferentes generaciones. Después me identificaba como reportera, hacía conexiones y acordaba hablar por teléfono. Cuando se acostumbraban a mi acento (llevaba viviendo en Nueva York una década, pero crecí en Nueva Zelanda), generábamos confianza y hablábamos durante horas.

Las conversaciones eran confesionales, sin tapujos e íntimas. Hablábamos sobre sus cuerpos, sus vidas sexuales, sus vergüenzas y deseos más profundos. Me chocó lo íntimas que eran nuestras conversaciones y la relación que conseguimos construir desde la distancia en un período de tiempo relativamente corto. La gente solía estar igual de nerviosa por la idea de compartir su vida privada con una reportera que emocionada por tener la oportunidad de hablar con franqueza con alguien, largo y tendido, sin la presión de un encuentro cara a cara. En muchas ocasiones, sentí el peso de la responsabilidad por ser la que, al final, transmitiría sus experiencias más privadas a una audiencia pública.

Las entrevistas que hice sobre sexualidad y relaciones siempre fueron las que suscitaron mayor interés y muchas veces se hicieron virales. Por una parte, los lectores fueron sorprendentemente generosos y de mente abierta. Muchos se vieron reflejados en las experiencias de otros y se deleitaron en el atrevimiento de quienes hablaron conmigo sin filtros. Pero otros respondieron con enfado, condenándome por escribir sobre experiencias tabú, acusándome de «normalizar» pensamientos y comportamientos indeseables. Para los conservadores, yo era una facilitadora enferma del declive moral en el país. Como dijo un bloguero, «al preguntar a alguien por las cosas más detalladas, gráficas e inquietantes que nadie se sentiría cómodo al leer», estaba «dejando en evidencia a Howard Stern».[3] En las publicaciones liberales yo era una normalizadora peligrosa. Me acusaban de que al permitir que ciertas personas hablaran de manera exhaustiva sobre experiencias tabú, haría que su comportamiento fuera emulado o se convirtiera en un manual para cualquiera que se lo encontrara en Internet.

Sin embargo, me sorprendió descubrir, al investigar a personas para que participaran en la serie, que aquella normalización a la que la gente tenía miedo de que contribuyera estaba ocurriendo en las redes sin mi ayuda. Cuando las personas se reunían y compartían sus experiencias e ideas, se creaban y daban a conocer nuevos sistemas de apoyo, identidades y formas de habitar el mundo, incluso para periodistas como yo. Durante las entrevistas, casi todos dijeron exactamente lo mismo: al no conseguir encontrarse a sí mismos entre compañeros o modelos a seguir en la vida real, en las películas o en la televisión, se fueron a Internet, donde descubrieron con alivio que «no estaban solos». Me centré en el poder que tiene Internet para permitirle a la gente, que de otro modo se sentiría invisible, aislada o incluso demonizada, conectar con otras personas, compartir ideas, conseguir información y encontrar un lugar en el que ser «normales»; una palabra utilizada de forma rutinaria por aquellos con quienes hablé como una clave para ubicar su lugar en el mundo, encontrar una comunidad, apoyo y felicidad, y para saber quiénes eran.

* * *

Al dirigir esta etnografía virtual para «Cómo es», quedaron claras tres cosas. La primera fue hasta qué punto Internet estaba ayudando a personas, que de otro modo habrían llevado vidas en el armario, a encontrar una comunidad y a poder desarrollarse. No se trataba tan solo de jóvenes explorando identidades nuevas: el desarrollo podía ocurrir en cualquier momento de la vida. Yo escuchaba los detalles de sus viajes, con frecuencia una larga búsqueda autodirigida, y me encontraba asombrada, me maravillaba por la manera en que, contra todo pronóstico, habían conseguido encontrar paz.

La segunda fue lo normal que se vuelven las personas, incluso aquellas que viven fuera de los límites de lo que alguien podría considerar «normal», después de pasar un rato escuchándolas y entendiendo su mundo, sus decisiones y su valor para aceptar quienes eran sin un esquema claro. Se me ocurrió que esta experiencia de buscar lo normal imitaba la normalización que se da cuando la gente se descubre a sí misma en Internet.

La tercera fue cuánto moldea la vida de todos la presión por parecer «normal», incluso la vida de personas que parecen vivir bastante lejos de sus límites. Aunque puede que hayamos encontrado nuevas maneras de vivir, la normalidad sigue gobernando cómo nos vemos en el mundo. Es una búsqueda incesante de la que es difícil salirse.

Cuando las entrevistas se hacían virales, surgía otra capa. Aunque muchos participantes hubieran estado años representándose en las redes en espacios de apoyo cerrados, cuando otros medios se hacían eco de sus historias, como *USA Today* o el *Daily Mail*, se exponían a una audiencia totalmente diferente. Los leían personas de todo el país y del mundo, y se llevaban a cabo conversaciones (o discusiones) sobre los límites y la tolerancia al mismo tiempo que compartían sus experiencias, se reposteaban, discutían, comentaban y analizaban minuciosamente en Internet, en la radio y en la televisión.

Como he dicho antes, de la mano de la viralización llegaba una mezcla de correos electrónicos de odio por parte de personas a las que les preocupaba que estuviera normalizando comportamientos problemáticos (con una gran variación de lo que se consideraba qué era problemático). Y la verdad, entre bambalinas, mi propio sentido de lo normal estaba siendo sacudido. Como veréis en los últimos dos capítulos, pasé mucho tiempo en las comunidades virtuales en las que las experiencias que antes eran abstractas se volvieron conocidas o «normales» para mí. En algunos casos, esto me llevó hacia una empatía radical. En otros, era casi como que mi propio sentido de lo normal estuviera siendo peligrosamente comprometido. Y en una ocasión me hizo cuestionar los límites de la tolerancia que tengo de un modo con el que aún no me he reconciliado.

El proyecto también me hizo cuestionar el papel que tenía como reportera en cuanto a crear contenido para una publicación en línea. Cuando se compartían mis entrevistas, solían estar resumidas, reducidas a una serie de puntos, reposteadas con una sucinta opinión o presentadas simplemente como un titular. Un buen ejemplo de la manera en que solían estar reempaquetadas por otras publicaciones es que cuando los lectores me escriben, muchas veces creen que los artículos son ensayos personales. ¿Y qué hay de la práctica de confiar en una sola fuente (a la que en muchas ocasiones solo conocí por Internet o por teléfono) sin contexto alguno o cobertura adicional? ¿Estaba produciendo *clickbaits* descontextualizados?

Quería saber más sobre las maneras menos sensacionalistas en que las personas utilizan la tecnología de los medios para reconocerse como normales. También quería considerar en profundidad algunas de las experiencias más sensacionalistas de las que solo había rascado la superficie para «Cómo es», particularmente aquellas que eran tan tabú que se hicieron virales y recibieron muchas reacciones en contra. Quería celebrar el poder conectivo y liberador del panorama actual de los medios de comunicación, al que llamo «la era de los medios hiperconectados», al mismo tiempo que exploraba sus posibles peligros.

* * *

Siempre ha habido un «nosotros» y un «ellos» que se ha explotado para el consumo de masas. Durante el siglo XIX, el célebre artista P. T. Barnum hizo desfilar anomalías biológicas como siameses y enanos (e inventos «nunca antes vistos», como la sirena de Fiyi) ante multitudes dispuestas a pagar, espectadores de clase media que lo veían como una forma de entretenimiento. Parte de su alegría se derivaba del recuerdo inconsciente y reconfortante de que eran superiores a quienes estaban expuestos. La exageración y popularización de la división entre nosotros y ellos, o entre lo que es «normal» y lo que está «fuera de lo normal», se volvió a activar en los programas de entrevistas de las décadas de 1980 y principios de 1990. En el auge de su popularidad, programas como *Donahue, Sally Jessy Raphael* y *The Jerry Springer Show* recibieron quejas por señalar la decadencia social, por explotar a la clase más baja y promover la ruptura de la privacidad. Fueron vapuleados por los críticos a ambos lados de la división política por explotar a sus invitados vulnerables y por presentar experiencias e identidades complejas de manera sensacionalista.

Pero también tenían a sus defensores, que alentaban a los críticos a que apreciaran el modo en que funcionaban como un foro público radical: los miembros de la audiencia y los invitados por fin podían compartir sus historias utilizando su propia voz. Con la revolución de los programas de entrevistas y la explosión concurrente de la prensa amarillista, empezamos a ver a personas reales, a las que no conocíamos, confrontando problemas muy personales, de toda clase de sexualidades y experiencias tradicionalmente excluidas de la corriente principal.

Los programas eran populares por el efecto Forer, sin duda alguna. También tenían éxito porque provocaban a la audiencia con emociones básicas como la ira, la impresión y el asco (hablad con cualquiera que se dedique al periodismo en línea y os confirmará que estos siguen siendo los ingredientes principales para el éxito). Pero también fueron revolucionarios. No se puede subestimar lo mucho que importaba que resonaran con aquellos que veían sus propios secretos, problemas, deseos o estructuras de relación reflejados en los medios de boca de personas de carne y hueso por primera vez en sus vidas. Se convirtieron en parte del panorama de los medios que ofrecían lo que se podría llamar «plantilla para la normalidad», una hoja de ruta para saber quién eras.

Nuestra fascinación y preocupación por desenmarañar la vida privada de las personas «reales» se emitió en horas de máxima audiencia en los primeros años del siglo XXI, con el *boom* de la telerrealidad. Los principales medios de comunicación se obsesionaron con la manera en que vivían las personas reales. Adúlteros en serie, familias incestuosas, mujeres adictas al embarazo, amas de casa inquietas que se transforman en dominatrices, personas en relaciones no ortodoxas. Estas representaciones «reales» se editaban de manera sensacional y salaz, explotadora, y con frecuencia estaban literalmente guionizadas. Pero en cuanto el mundo empezó a oír historias de dolor y lucha directamente por parte de los individuos, las experiencias con las que era difícil identificarse se humanizaron, aunque fuera de manera hiperbólica.

Esto permitió que se generara empatía. Las experiencias que una vez fueron abstractas se volvieron comprensibles, puede que incluso nos pudiéramos identificar con ellas, y se empezaron a compartir. Y sabíamos que los personajes en el centro del drama eran personas reales que continuaban existiendo cuando la cámara se apagaba, aunque estuvieran actuando de cierta manera porque la cámara estaba ahí. Todavía hay muchas razones por las que criticar la forma en que se editaba y guionizaba a las personas, pero no eran personajes ficticios inventados por unas élites individuales que tenían la suerte suficiente como para trabajar en la producción audiovisual. Eran personas de verdad que existían en el mundo, y eso tenía mucha importancia.

Pero el mayor cambio llegó cuando los niños que ahora son adultos a los que llamamos *millennials* estaban naciendo o cumpliendo la mayoría de edad, con Internet. Los primeros en adoptarlo en las universidades, laboratorios y oficinas en casa empezaron a «conectar» entre ellos en línea. Antes incluso de que se hiciera pública la World Wide Web a principios de los noventa, la gente estaba creando salas de chat y comunicándose con otros de manera anónima a través de las fronteras estatales y nacionales. Primero llegaron los sistemas BBS, luego el Usenet y, más tarde, las salas de chat en AOL o en Yahoo! Grupos. Esto facilitó el intercambio de películas pornográficas entre personas, o que los fans ofrecieran sus propias lecturas de Star Trek, pero también fue, de manera crucial, una forma para que la gente que por diferentes motivos no podía conectar bien en la vida real formara comunidades.

Conforme más y más gente se fue conectando, las tecnologías de Internet fueron avanzando en el ancho de banda y su accesibilidad dejó de necesitar cables, se convirtió en una fuerza responsable tanto de dar forma como de reflejar nuestras identidades. Las comunidades se hicieron más grandes, las poblaciones que ya eran marginales unieron fuerzas y nacieron nuevas identidades. Internet interrumpió la posición principal de la televisión, del cine y de los medios impresos como el recipiente que transmitía los guiones para la normalidad. Pero no los reemplazó, se unió a ellos, lo que nos lleva al último cambio que nos ha traído a este momento: el aumento de las redes sociales y el que se hayan vuelto borrosos los límites entre productor y consumidor. Aunque ese límite ya estaba siendo lentamente mermado por el impacto de Internet, con el ascenso de las redes sociales y la cultura de las aplicaciones todos nos convertimos en productores audiovisuales: desde audiencias pequeñas y privadas en Instagram o Facebook, utilizando el texto y un seudónimo en Reddit, a audiencias más grandes en YouTube o en Twitter cuando el contenido se hace viral.

Por lo menos en Estados Unidos, la tecnología de los medios está totalmente incrustada en nuestro día a día, en un teléfono en nuestro bolsillo o en un portátil que está a nuestro lado cuando nos dormimos por la noche. Somos tanto productores como consumidores de los medios a la vez, al mismo tiempo. La tecnología se ha vuelto más íntima y también la manera que tenemos de utilizarla. Vamos a Internet para controlarlo todo, desde el nacimiento hasta la muerte. Nos conocemos por ahí para tener sexo, para salir, para casarnos. El modelo del emisor-receptor ha sido desmantelado. Es una calle de doble sentido y todo el mundo está viajando por ella: es la era de los medios hiperconectados, nuestro momento actual.

La era de los medios hiperconectados está definida por una habilidad cada vez mayor para conectar con otros con los que podríamos no habernos encontrado en nuestro día a día, para compartir información, formar comunidades y dar a luz a nuevas identidades o modelos para la normalidad. En la era hiperconectada, los medios están conectados a nuestro día a día. Lo virtual y lo real están entretejidos de una manera tan íntima que es imposible desenmarañarlos, pero seguimos limitados por las estructuras sociales que gobiernan nuestras circunstancias en la vida real. Esto es importante.

Con tantas formas de ser girando a nuestro alrededor, se están poniendo a prueba los límites de nuestra tolerancia. Hay más formas de ser normal, pero ¿quiere decir eso que también somos más conscientes y estamos más centrados en ser normales? ¿Cuáles son los límites? ¿Puede volverse normal cualquier cosa? ¿Qué hace que algo no pueda volverse normal? En cualquier caso, ¿qué es lo normal? ¿Cómo lo encontramos? ¿Por qué lo estamos buscando?

* * *

La normalidad es el conjunto de acuerdos tácitos que gobiernan el comportamiento aceptable. Estos acuerdos se dan en muchas ocasiones tan por sentados que se han vuelto invisibles: apenas pensamos en ellos cuando nos vestimos antes de salir de casa o cuando nos peinamos. En muchos sentidos, lo normal gana poder al pasar tan desapercibido. Pero lo normal no es neutral. Cuando decimos «normal», a menudo queremos decir aceptable, bueno, sano o razonable, por contraposición a lo contrario.

Como dijo el filósofo Ian Hacking, lo normal «utiliza un poder tan antiguo como Aristóteles para tender un puente entre la distinción hecho/valor, susurrando al oído que lo que es normal también es correcto». O como dicen Peter Cryle y Elizabeth Stephens en la introducción a la genealogía crítica de la normalidad, la palabra «normal» tiene un «encanto aburrido», que es la fuente de su «fuerza poco espectacular»; el poder de lo normal es «persistente pero esquivo». Citan a Hacking, que dijo con un aire de importancia: «La palabra *normal*, benevolente y que suena estéril, se ha convertido en una de las herramientas ideológicas más poderosas del siglo XX».[4]

Miramos a nuestro alrededor —a nuestras familias, a nuestros compañeros, a los sistemas de educación y de salud, a las películas, a la televisión y a las redes sociales— para encontrar nuestro sentido de lo normal; lo respiramos, lo interiorizamos y permitimos que dirija nuestras vidas, aunque eso implique rechazarlo. Considerad la última vez que hicisteis algo nuevo y estimulante (por ejemplo, tener un hijo, casaros, empezar la universidad). ¿Cuánto de lo que esperabais de esa experiencia estaba sacado de lo que habéis visto en las películas o en la televisión? ¿Con qué frecuencia os visteis preguntando a amigos qué hicieron en vuestra situación o buscando en Google si por lo que estabais pasando se correspondía con la experiencia de otros?

Pero si somos honestos, ninguno de nosotros se siente nunca normal, porque lo normal es un ideal. Lo normal es el vínculo que imaginamos que otras personas tienen con sus padres, la relación perfecta que tiene nuestra vecina con su pareja o las vidas de ensueño que vemos que tienen nuestros amigos en Instagram mientras nosotros nos afanamos por superar la soledad, la depresión o simplemente la pesadez del día a día.

Desde lo superficial (como nuestra altura o el tamaño que tenemos de pecho o de los pies) hasta los componentes externos biológicos más importantes que sientan las bases de cómo nos ve el mundo (el color de nuestra piel, el número de extremidades que tenemos, nuestros genitales) y la manera en que vivimos (cómo nos ganamos la vida, qué pinta tiene nuestra familia, a quién queremos o con quién nos acostamos, cómo, cuándo o si tenemos hijos), la mayoría de nosotros nos desviaremos de la norma de alguna manera.

Lo normal se define en relación con su contrario. Solo al etiquetar a otra persona de manera diferente nos entendemos como normales: la «heterosexualidad» como palabra en el lenguaje no existió hasta que se acuñó su contrario, la «homosexualidad», a finales del siglo XIX. O como ha observado el escritor Peter Kurth al revisar el libro de Michael Warner *The Trouble with Normal: Sex, Politics, and the Ethics of Queer Life*, la normalidad «es una alucinación, una mezcla de estadísticas, disimulaciones y sentido común aceptado que solo conlleva una relación comparativa y por lo general intimidante con la vida real de cualquier individuo».[5] Puede que la normalidad sea una alucinación, pero es un viaje colectivo y se necesita mucha energía para apearse. Aunque la concepción de una cultura sobre ser «normal» pueda cambiar y el cambio pueda ser a mejor al volverse más inclusivo y flexible, el concepto en sí se mantiene: es una de las certezas de la vida.

Como cultura, nos hemos vuelto más conscientes de —y más sensibles a— la manera en que las cosas están normalizadas. Los medios de noticias utilizan la frase «la nueva normalidad» para referirse a la manera en que las personas adaptan su comportamiento para lidiar con el cambio, desde una tragedia personal a una pandemia global. Pero también existe una obsesión por preocuparse por lo que pueda convertirse en normal. El miedo es que si algo se comparte, repite y discute lo suficiente, se dará por sentado y normal. Hay una especie de síndrome de Tourette cultural en el que la palabra «normalización» se utiliza cuando a las personas les preocupa que algo que no les gusta se esté volviendo normal.

Las preocupaciones por la normalidad vienen por parte de conservadores y liberales por igual. A lo normal no tiene por qué importarle lo que opines políticamente. Cuando Estados Unidos legalizó el matrimonio entre personas del mismo sexo en 2015, quienes estaban en contra de la revisión de esta institución supuestamente sagrada se sentían horrorizados al pensar adónde nos llevaría eso, al igual que los demócratas estaban preocupados por el impacto que tendría que el presidente Trump normalizara el machismo, el racismo o la xenofobia a través de sus tuits. Esta preocupación por los límites sobre el comportamiento normal es una señal de una cultura enfrentándose a un cambio cultural que puede dar la sensación de ser abrumador o de estar fuera de control.

Las normas pueden ser útiles. Dependemos de ellas para crear el orden social y proteger a los vulnerables. Por ejemplo, la mayoría de nosotros estaremos de acuerdo en que la pedofilia y la agresión sexual deberían ser ilegales y que tener sexo con niños o con alguien que no lo consienta no es normal en ningún sentido. Sin embargo, las cosas que son ilegales pueden ser normalizadas: la «cultura de la violación» es un buen ejemplo de ello. Y cosas que son legales pueden violar normas culturales. En muchas partes de Estados Unidos es legal casarse con un primo hermano, pero en este país casarse con familiares no es, desde luego, normal.

La normalización puede dar miedo. A algunos les preocupa que el uso que hacen de Internet los jóvenes para consumir pornografía normalice las fantasías y prácticas más violentas y no consensuadas que encuentran ahí. O que las jóvenes con trastornos alimentarios vayan a Internet y encuentren apoyo en salas de chat proanorexia o en páginas web en las que ese comportamiento dañino sea aplaudido. O que la normalización en la red de cosas como la misoginia, el terrorismo y la supremacía blanca haga que se expandan de una manera incontrolable.

Esta conciencia de —y obsesión con— cómo, por qué y qué puede convertirse en normal ha venido de la mano de la era de los medios hiperconectados, en la que hay una tensión constante entre lo que es normal (los límites impuestos por nuestro sistema legal, las instituciones educativas y médicas, el gobierno, nuestra ciudad, nuestro vecindario, nuestra familia) y lo que podría ser normal (las historias, experiencias, imágenes y comunidades con las que interactuamos en Internet). Esto implica que nos encontramos cada vez más haciendo frente a nuevas formas de habitar el mundo. ¿Cómo nos vamos a reconocer a nosotros mismos en la era de los medios hiperconectados? Los límites entre ambos son resbaladizos, pero cuando hablamos del futuro de lo normal, es importante que siempre tengamos en mente esas restricciones del mundo real. Todo el mundo tiene que alejarse del ordenador en algún momento (aunque dichos ordenadores sean casi parte de nosotros ya). El mundo real importa y las historias en *En busca de la normalidad* muestran que la comunidad cara a cara, las conversaciones y los modelos a seguir son ingredientes clave en cuanto a cómo podría algo volverse normal.

En las historias a continuación, «normal» se utiliza para referirse a situarse en el mapa, descubrir términos, modelos a seguir y un nombre para quién o qué se es. Celebran al mismo tiempo el poder de la era hiperconectada por reescribir las maneras en que las personas abordan descubrir lo que es normal y avisar del lado peligroso de esa libertad aparentemente sin límites. Las historias nos muestran que lo normal tiene sus límites. Hay ciertas cosas que nunca aceptaremos como normales. También nos muestran que los humanos siempre han querido conectar, descubrir quiénes son, encontrar una comunidad y un lugar en el mundo. Sí, esa búsqueda humana esencial ha sido sacudida en la era hiperconectada, pero siempre hemos estado buscando lo normal.

* * *

El proceso utilizado para los reportajes imita la manera en que las personas sobre las que leeréis han llegado a entenderse a sí mismas y a encontrar un lugar «normal» en el mundo. Desde Nueva York conocí a personas que vivían en otras ciudades y países. Mis relaciones se construyeron por teléfono, correo electrónico y mensajes, tanto de texto como instantáneos; luego hubo un viaje y un encuentro (o una serie de ellos) cara a cara. No soy una narradora invisible ni objetiva. Cada historia es un encuentro entre la persona sobre la que escribo y yo, y es a propósito porque quiero que pienses en el papel que tengo como reportera y, por extensión, en el papel que tienen los guardianes de los medios de comunicación en general al crear contenido que contribuya al tejido cultural de lo que es normal.

Las historias de la primera parte tratan sobre personas que han madurado en la era hiperconectada y que se han considerado normales de nuevas y emocionantes maneras. Estos tres capítulos no fueron originados como entrevistas para «Cómo es»: cuentan las historias de una variedad de personas que han utilizado Internet para crear un vínculo que les cambiaría la vida con relación a su sexualidad. Para algunos lectores, la idea de que en algún momento la sociedad en general no los considerara normales puede parecer extraña. Cada quien tiene su propio sentido de lo que es normal, y mientras que algunas de las experiencias cubiertas en la primera parte pueden resultarte muy familiares, puede que otras estén muy fuera de los límites de lo que crees que es normal. Reflexionar sobre los límites de la tolerancia que tienes —tu sentido de lo normal— es parte del proyecto de este libro.

Las historias de la segunda parte están basadas en las entrevistas más virales y controvertidas de «Cómo es». Hacen frente a lo que para mí fueron los tabúes y las cuestiones sobre el consentimiento más problemáticos. Como fue el caso de los lectores de mi columna, puede que te hagan sentir que estoy escuchando con demasiada empatía y, durante el proceso, que estoy normalizando un comportamiento que no debería estar normalizado. De hecho, para mí tuvieron el efecto contrario: me forzaron a reflexionar con ahínco sobre los límites de las opiniones por lo general abiertas y permisivas que tengo sobre lo que es y lo que debería ser normal.

La segunda parte tiene un enfoque más crítico hacia la era hiperconectada y se pregunta si encontrar opiniones parecidas para compartir una experiencia tabú hará que la experiencia se normalice. ¿Cuáles son las fuerzas que evitan que algo se vuelva normal? ¿Cuáles son los peligros de la normalización? Las historias en la segunda parte profundizan en áreas que provocarán disgusto en muchas personas, tanto es así que necesitan su propio espacio en el libro, que es lo que las une como pareja. Advierto a los lectores de que el capítulo 4 contiene temas y descripciones de incesto y de agresión sexual que podrían ser angustiantes o traumatizantes.

Debo reconocer que, al presentar ciertas experiencias junto con otras, puede parecer que estoy trazando un paralelismo entre ellas o que estoy comparándolas de alguna manera, y soy consciente de que este puede ser el resultado cuando la gente hable sobre el libro. Que conste que esta no es mi intención. Lo único que comparten las historias en *En busca de la normalidad* es el hecho de que las personas que salen en ellas han utilizado el poder conectivo de Internet y de las nuevas tecnologías de los medios para conectar con otras personas y encontrar comunidades en las que son normales. Si hay algo que remarcar por la presentación de estas personas una al lado de la otra es que todas existen juntas en la era hiperconectada. Si miras, los puedes encontrar. A fin de cuentas, así llegué yo hasta ellos.

Las historias a continuación hacen grandes preguntas sobre cómo salimos con las personas, nos relacionamos, amamos y tenemos (o no) sexo a través de las experiencias pequeñas e íntimas de personas reales para quienes las respuestas no son experimentos mentales, personas que están lidiando con los mismos problemas a los que se enfrentaban generaciones anteriores —la búsqueda para saber quiénes son—, pero en un mundo en el que la conexión constante ha abierto la exposición a nuevas e incontables formas de ser. Hay muchas formas nuevas de encontrar lo normal.

Pero eso no quiere decir que la normalidad haya sido abandonada como objetivo; siempre encontraremos lo normal. La búsqueda es interminable, tanto para los humanos como para la sociedad. Nunca se resolverá. Al igual que la felicidad o el propósito vital, encontrar lo normal puede que sea la lucha humana definitiva.

PRIMERA PARTE

VOLVERSE NORMAL

1

KEN, RUSS, EMILY
Y KATHY

Estábamos a principios de otoño y yo me encontraba en una habitación con el aire acondicionado a tope en un campus universitario lleno de edificios, rodeado por casas de fraternidades que ocupaban bloques enteros y con ardillas en busca de comida. En ese momento viajé al pasado, a cómo fue intentar pasar de las enseñanzas del entorno inmediato, encontrar una comunidad y «conectar» con personas con ideas afines hace unos treinta años, antes de que existiera el omnipresente Internet. Más concretamente, estaba revisando la colección sobre el poliamor en los archivos en el Instituto Kinsey, con la misión de averiguar cuándo y cómo se dio a conocer el concepto de la no monogamia consensuada o el «matrimonio abierto» entre el público general. Sabía que Internet le dio un alcance mucho más amplio a ese modelo de relación, pero quería saber cómo conseguían información y conectaban con otros las personas de fuera de las ciudades costeras o universitarias, la gente del corazón de Estados Unidos, de zonas rurales o del Cinturón bíblico,*

---

* Zona del sur de Estados Unidos en la que el cristianismo evangélico está profundamente arraigado en la política y en la sociedad. (N. de la T.).

antes de que existieran las salas de chat, los grupos de encuentro y las aplicaciones para ligar en línea.

La «no monogamia consensuada» es un término general utilizado para describir un espectro que pone en duda la idea de que una relación romántica o sexual debería darse estrictamente entre dos personas. Incluye el poliamor, que literalmente significa «muchos amores», y suele describir a personas que se encuentran en una relación afectiva o sexual abierta y aceptada con más de una persona. Pero hay muchas formas de ser no monógamo de manera consensuada. Hay quienes dicen estar «semiabiertos», un término acuñado por Dan Savage, que tiene una columna sobre sexo, para referirse a las parejas que pueden consentir relaciones sexuales extramatrimoniales o que tienen alguna especie de «matrimonio abierto».[6] A algunos les va el intercambio de parejas, o el «estilo de vida», que normalmente se refiere a las parejas que disfrutan con las relaciones sexuales extramatrimoniales, pero no les atraen demasiado las relaciones románticas o sentimentales. La premisa básica de la no monogamia consensuada es que la intimidad con otras personas está permitida si se discute y habla abiertamente, que es injusto esperar que una pareja llene todas las necesidades sexuales o sentimentales, y que la idea del amor verdadero con un alma gemela que te complete es un guion cultural que la sociedad espera que todo el mundo siga a ciegas.

Busqué entre las cajas de material seleccionado por Ken Haslam, un anestesiólogo jubilado y fiel defensor de la no monogamia consensuada. Fotocopió materiales sobre el tema sacados de libros de texto y de enciclopedias por si acaso un día todos los libros del mundo desaparecían. La *Enciclopedia internacional completa de la sexualidad* describe la historia del término «matrimonio abierto» y hace referencia al éxito de ventas de 1972

Matrimonio abierto, que trajo el concepto de la no monogamia al público general.[7] Así que a principios de la década de 1970, el papel y la tinta difundieron la información hasta los hogares en todo Estados Unidos. El matrimonio abierto fue descubierto en los medios generalistas entonces, avivado por la revolución sexual y sus gritos de amor libre.

No obstante, el término «poliamor» no se utilizaba. Después encontré un DVD con una entrevista que le hizo Haslam a una mujer llamada Jennifer L. Wesp, a quien el *Diccionario Oxford* para el inglés, que incluyó el término en la edición de 2006, le atribuye haber sido la primera en utilizar dicho término. Explica que siendo estudiante universitaria en 1992, con acceso a Internet, estaba teniendo un combate acalorado (una pelea en línea) sobre las relaciones abiertas con el grupo de discusión sobre sexo alternativo cuando tecleó la palabra por primerísima vez («no monogamia» era demasiado largo y quería utilizar un lenguaje más positivo).[8]

Había cajas llenas de información sobre el libro *Ética promiscua*. Se publicó en 1997 y llegó a conocerse como la «biblia del poliamor». Las autoras, Janet Hardy (que utilizó un seudónimo para la primera edición del libro) y Dossie Easton le dieron la vuelta a los mitos sobre los celos, el amor verdadero y el deseo sexual. La misión que tenían era hacer añicos la idea fundamental de que la relación ideal es duradera y monógama y que el amor verdadero es el resultado de un «vínculo» de por vida entre tan solo dos personas que renuncian a su interés por cualquier otra persona, para siempre. Rechazaban la idea promovida por las canciones románticas, las películas y la televisión de que el «amor verdadero» lo conquista todo, y se reían de uno de los componentes centrales del mito de la monogamia: que hay una persona perfecta ahí fuera que nos puede completar. Para Easton y Hardy, nuestra cultura es «monogamocéntrica». De hecho, la monogamia es un constructo cultural que nos ha llevado a asumir que cualquier relación que no esté orientada hacia un vínculo de por vida ha fracasado.[9] La capacidad humana para el amor, el sexo y los vínculos es infinita, pero la mayoría de las personas se han instruido con tanto empeño en la monogamia que han «sumergido» su identidad en las relaciones, lo cual es un «suicidio psicológico».[10] La parte «ética» del nombre implicaba que el amor abundante debía ser practicado de manera responsable, con franqueza y comunicación.

El libro de Easton y Hardy fue algo revolucionario, utilizando el tono de un par de «promiscuas» que estaban hartas y que probablemente estuvieran escribiendo desde la cama con el aturdimiento poscoital («Ahora mismo estoy en el cuarto. Mi compañero de vida está en el baño, limpiándose los jugos de otra mujer de la piel», escriben en uno de los primeros capítulos).[11] Tenían la misión de normalizar la sexualidad y presentar a la gente del Estados Unidos convencional a un concepto llamado «positivismo sexual», que empezaron a utilizar educadores en el Foro Nacional sobre Sexo en la década de 1960.[12] El positivismo sexual es un compromiso con la creencia de que el sexo es una fuerza positiva en nuestras vidas. Alguien a favor del positivismo sexual es de mente abierta y no juzga la sexualidad consensuada, sin importar la forma que esta tome.

La *Enciclopedia de la sexualidad* también se refería a una psicóloga llamada Deborah Anapol como la líder del «movimiento del poliamor contemporáneo» que surgió en la década de 1990.[13] Su libro *Love Without Limits*, una guía para manejar los matrimonios abiertos, consiguió una amplia cobertura mediática cuando se publicó por primera vez en 1992.[14] También ayudó a fundar una revista alternativa sobre el poliamor y montó una red de recursos en línea para las personas que estuvieran interesadas en abrir sus matrimonios. Encontré pilas de revistas de la década de 1990 con artículos de portada sobre la no monogamia consensuada o el matrimonio abierto. Era como si los editores de todas las revistas de moda hubieran tenido una reunión y decidido que todos debían tener una opinión sobre este «nuevo» fenómeno, y lo cierto es que nadie te iba a culpar por pensar que había un virus amenazando los matrimonios en toda la nación. En el verano de 1990, la revista *Glamour* preguntó: «¿Se pueden poner los cuernos y seguir siendo fieles?».[15] Unos años más tarde, la *Cosmopolitan* lo cubrió de manera sensacionalista y dejó en evidencia a las mujeres con este titular en portada: «Casada… con un amante (que es el marido de otra)».[16] La no monogamia consensuada estaba viviendo un gran momento en los medios, pero al igual que en la década de 1970, se veía firmemente como una amenaza a ese modelo de relación omnipresente: el matrimonio monógamo.

Los programas de entrevistas también estaban sedientos de este tipo de material. Recibieron con los brazos abiertos la conversación sobre la no monogamia consensuada, pero principalmente con desprecio, presentando a los que estaban en relaciones abiertas como fuera de lo normal o, para ser más específicos, como degenerados, que estaban obsesionados con el sexo y probablemente enfermos. Solían sacar a Deborah Anapol y a sus colegas Barry Northrop y Ryam Nearing ante una audiencia horrorizada que hacía las veces de los espectadores en casa. Era fácil imaginar el razonamiento del productor: Anapol y compañía eran hombres y mujeres heterosexuales blancos, profesionales y que vestían y hablaban bien. No eran hippies barbudos y greñudos que clamaban el amor libre y se arrejuntaban en yurtas en algún lugar de California con quienes no podías identificarte.

Puede que incluso fueran personas con quienes saldrían los editores de revistas y productores de televisión.

En 1992, la cómica Joan Rivers hizo, en su programa de entrevistas, de la hastiada soltera incapaz de imaginarse el motivo por el que alguien pondría en juego su matrimonio al tener sexo con otras personas.[17] En este programa, los no monógamos eran unos obsesos del sexo y codiciosos; acumulaban amantes. «Estoy saliendo con gente —decía mientras bromeaba haciendo como que tenía una arcada— y no quiero que un hombre ni siquiera diga que otra mujer es atractiva». Enumeraba todos los problemas: celos, el impacto que tendría sobre los hijos, lo que pensarán los vecinos, la colada («¿Dos hombres? ¡Eso son demasiados suspensorios!»). «¿Cómo te aclaras con el calendario?». Pero a pesar del numerito, hacía preguntas sensatas y parecía intrigada por el acuerdo. «Sé que parezco tonta, pero lo que me encantaba de estar casada era que podía confiar de verdad en aquella persona», a lo que Anapol respondió: «¿Por qué no puedes confiar en dos personas?». Explicaba que al abrir su matrimonio, había trazado un viaje sin mapa. No tenía ningún modelo. «Hasta que salió mi libro, lo cierto es que no había ninguna otra fuente para leer sobre estas cosas y entender que existen otras opciones».

En *Donahue*, uno de los programas de entrevistas más populares de la época, el presentador, más sensato, no lo recibió con menos brutalidad.[18] Una mujer de veintidós años se sentía especialmente escandalizada: «Creo que estas personas son algo mayores para estar jugando a estos juegos». *¡Enfermedades! ¡Los hijos! ¡Madurad!* El programa terminaba con un hombre gruñendo: «Que no hayáis sido capaces de encontrar la belleza en una relación monógama… Hay algo que falla en vuestra personalidad».

Volví a los montones de periódicos y revistas, y encontré una caja entera dedicada a Anapol. Me detuve en las cartas que llegaron como respuesta a las apariciones que hizo en programas de entrevistas. Había tantas que incluso registró el número de cartas que recibió cada vez que apareció en un programa distinto. Después de *Donahue* recibió por lo menos una carta al día, pero en los días ajetreados eran unas diez.

Las cartas no estaban llenas de ira, como la de los miembros de la audiencia cuidadosamente seleccionados en la televisión. Eran de personas de todo el país e incluso del extranjero, que suplicaban, de manera emotiva, confesional y en ocasiones desesperada, información sobre el modelo de esta nueva forma de habitar el mundo. Estaban llenas de detalles íntimos, con frecuencia de páginas enteras, a veces acompañadas de fotos Polaroid. Los corresponsales se identificaban con ella, y cuando ella hablaba, estas se veían a sí mismas, o al menos sus ideas, reflejadas en la televisión quizá por primera vez. Un hombre de Texas escribió: «Debo expresar el respeto que os tengo por vuestra seguridad al permitir que os sometan al escrutinio público al que os enfrentasteis al aparecer en *Donahue*. Escucharos me llegó al corazón».[19] Puede que esos programas de entrevistas fueran sensacionalistas y hostiles, pero cuando la gente de todo el país vio a esta mujer hablar en las pantallas de sus televisores, se vieron a sí mismos por primera vez y se pusieron en contacto, deseosos de relacionarse con alguien que pensara de manera similar. En una carta escrita a máquina, un hombre de California escribió: «Estoy contento de ver que existe otra persona que piensa igual que yo».[20]

Querían un vínculo, una comunidad. Querían información y darle las gracias por haber tenido la fuerza y el valor para romper un tabú y convertirse en la cara de una nueva forma de ser normal. La gente contaba la historia de su vida y ofrecía detalles sobre su historial romántico y sexual, los intereses que tenían y su estilo de vida, como si ella fuera una casamentera. Muchos enviaron fotografías, puede que evidenciando la necesidad que tenían de confesarse y ser vistos. «Soy pelirrojo y comprensivo, me encantan los niños y no bebo ni fumo», escribió uno que trabajaba en correos y que además añadió dos autorretratos con acabado brillante.[21] Un hombre de treinta y seis años de la zona rural de Misisipi escribió sobre los problemas que tenían él y su mujer para encontrar a alguien con quien pudieran «desarrollar una relación discreta», a causa de sus reputaciones profesionales y al hecho de que vivían en el Cinturón bíblico.[22] Incluían fotos porque querían encontrar a parejas sexuales, pero también mostraban a Anapol que las personas que escribían esas cartas —hombres y mujeres anónimos escribiendo desde la distancia— eran personas honradas, respetables y «normales».

Para algunos, el desafío a la hora de conectar con personas de opiniones parecidas —y parejas sexuales— era lo más frustrante. Incluso encontrar el nombre y la dirección de Anapol fue una odisea. «Me alegré de ver a tus representantes en el programa de *Donahue* hace unos meses, pero no te escribí entonces... porque no estaba preparado para lidiar con otra decepción al establecer una relación con otras personas», escribió uno.[23] Había muchas disculpas por escribir mal el nombre de la organización, normalmente echaban la culpa al corto período de tiempo que habían tenido para anotar la información.

Una pareja jubilada de Wyoming se lanzó en tremenda búsqueda para establecer un vínculo con una tercera persona que se uniera a su matrimonio. Pusieron anuncios en periódicos y revistas, pero no tuvieron éxito. La mujer que escribió la carta vio por primera vez a Anapol en *The Jerry Springer Show*, un año antes de su aparición en *Sally Jessy Raphael* en 1992, e hizo muchas llamadas a la cadena pidiendo que la pusieran en contacto con Anapol, pero nunca lo consiguió. Fue pura suerte que, doce meses después, su marido volviera de la cocina y viera su nombre y dirección aparecer en la pantalla de televisión. Pero fue una sorpresa, por lo que no tenían papel ni boli a mano. La intrépida pareja no se rindió. Después, contactaron con la cadena y pagaron por las transcripciones. Cuando las recibieron unas semanas más tarde, las revisaron cuidadosamente buscando la dirección de la organización de Anapol.

De vuelta a los archivos sobre el poliamor, observé las fotos de una pareja de avanzada edad. Sonreían y llevaban el pelo rizado corto, a juego; estaban posando en un estudio frente a un fondo de cielo y nubes. Yo me maravillé ante su determinación.[24] Esto sí que era una forma de habitar el mundo sin un guion fácil de identificar.

Mientras que algunos vivían en lugares que ofrecían maneras de establecer contactos —boletines informativos, organizaciones comunitarias y librerías alternativas—, muchos de los que escribieron a Anapol no tenían acceso a nada por el estilo. Tampoco contaban con los recursos de Internet donde se estaba discutiendo sobre estos temas, como aquel grupo de Usenet en el que se utilizó por primera vez la palabra «poliamor». Pero más importante aún, no podían ni siquiera encontrar su libro. No existía Amazon en aquel momento, y muchos de los que escribieron las cartas se quejaban de que no podían encontrarlo en las estanterías de su librería o biblioteca local. Algunos merodearon por la región buscando una copia. Llegaron peticiones desde Richmond (Virginia), Albuquerque (Nuevo México), Milwaukee (Wisconsin), West Liberty (Kentucky) y Munice (Indiana). Una mujer de la zona rural de California escribió en un papel de color rosa chillón lo contenta que estaba por ver a dos personas tan inteligentes que compartían su visión sobre la monogamia. Explicaba que ella y su marido habían considerado abrir su matrimonio o probar el intercambio de parejas, pero tenían dificultades para averiguar cómo encontrar a parejas que pensaran de manera similar. «Muchas gracias a los dos por aparecer en la televisión nacional para hablar sobre el tema. Espero que haya muchos más ahí fuera como vosotros»,[25] escribió.

En la parte superior de cada carta, Anapol indicó cuál de los tres temas principales trataba: un deseo por encontrar una comunidad con personas de ideas afines, un vínculo —o una pareja sexual a la que traer al matrimonio— y peticiones de información. Después de leerlas todas, yo añadiría un cuarto: el deseo de felicitar a Anapol por haber tenido el valor de decir lo que pensaba y convertirse en la cara de lo que antes se consideraba un estilo de vida tabú. Ella era la cara humana de una serie de ideas que podrían haber sido abstractas previamente, y la gente estaba desesperada por darle las gracias por ello. Cuando la emitían en las salas de estar de todo el país, mostraba a los espectadores que se sentían de igual manera que ella que no estaban solos. Al ser visible y hablar sobre este camino alternativo, hizo que las personas conocieran una experiencia compartida para la que incluso podría existir una plantilla que los ayudara a descubrir quiénes eran. Hizo que fuera normal.

* * *

Tres décadas después de la publicación del libro de Anapol, el poliamor, la no monogamia consensuada y la idea del «matrimonio abierto» están en todas partes. La no monogamia ética es un concepto que la gente ha oído. Es una frase conocida. Los matrimonios abiertos son el tema de artículos compasivos en *The*

New York Times Magazine y *Rolling Stone*, así como en revistas para mujeres como *Marie Claire* y *Elle*.[26] Y hay incontables maneras de conseguir información y de establecer relaciones con otras personas que se están cuestionando la monogamia: muchas aplicaciones y páginas para ligar tienen la opción de indicar si se está abierto a la no monogamia, y hay diversos sitios web centrados en la no monogamia para conectar con parejas. Hay grupos de discusión, boletines, subreddits y grupos de Facebook dedicados a todo el espectro de la no monogamia, desde el intercambio de parejas hasta las tríadas poliamorosas o estructuras familiares alternativas. En 2018, *The Cut,* de la revista *New York*, me pidió que escribiera un artículo para Acción de Gracias sobre personas consensualmente no monógamas declarándose a sus familias.[27]

Generalmente, la historia queda borrada de las conversaciones en los medios sobre la no monogamia consensuada actual. Se describe como una plantilla totalmente nueva: los jóvenes están creciendo en una época más permisiva en cuanto al sexo de lo que fue la de sus padres *boomers* y tienen acceso a Internet, que los adoctrina en esto de las relaciones abiertas. Un artículo de 2014 de la revista *Rolling Stone*, «Tales from the Millennials' Sexual Revolution», sintetiza esa opinión. La redactora defiende que hay una nueva imagen de la no monogamia barriendo el país; una imagen que es joven, está de moda y «mola». Anuncia a los *millennials* como «pioneros» navegando un «terreno sexual» ilimitado que ninguna generación anterior se había sentido cómoda explorando.[28]

Pero a pesar de todo esto, la monogamia sigue siendo la norma dentro de la corriente principal, como ideal y también como modelo de relación. Lo único más sagrado que los tradicionalistas defendiendo que el matrimonio se da entre un hombre y una mujer es la presunción subyacente de la monogamia. Aunque la tasa de matrimonios ha disminuido un 8% más o menos desde la década de 1990 y la edad media para casarse ha aumentado (la gente está soltera más tiempo), el matrimonio como institución en realidad no ha sido amenazado.[29] De hecho, para 2017, la mitad de los adultos estadounidenses se habían casado.[30]

Cuando el Dr. Heath Schechinger, un psicólogo del Área de la Bahía de San Francisco, empezó a ejercer en 2016, quedó sorprendido tanto por la naturaleza monogamocéntrica de la industria como por la práctica ausencia de estudios sobre las consecuencias de las relaciones no monógamas. «Más o menos una de cada cinco personas en la población adulta de EE. UU. ha participado en la no monogamia consensuada. Es tan común como tener un gato», me dijo por teléfono. Pero a pesar de que la comunidad es muy grande, los profesionales de la psicología saben muy poco sobre ella y, desgraciadamente, propagan los mismos mitos sobre la no monogamia consensuada que se siguen encontrando en los medios: que es algo atractivo para personas inmaduras y dañadas, cuando no disfuncionales. Que es inestable y ciertamente fracasará. Las personas lo prueban porque no tuvieron éxito en relaciones «monógamas» normales. Tienen un deseo sexual excesivo, están dañando a los niños y destrozando familias. Según esta lógica normativa, es tan solo una fase. En cuanto saquen todo ese sexo de su sistema, se calmarán.

¿Por qué sigue siendo la monogamia el modelo más «normal» y aceptado en las relaciones? El Dr. Schechinger dice que mientras que algunas actitudes individuales pueden haber cambiado, nuestras leyes y regulaciones culturales fueron creadas bajo el paradigma de un fundamentalismo religioso. Pero más que eso, a diferencia de otros marcadores de la diferencia (por ejemplo, la raza), el sexo se puede esconder fácilmente. La mejor manera de desestigmatizar algo es enseñándoselo a la gente. Solo a través de la «exposición» se vuelven las cosas normales. El impulso humano por encajar es muy poderoso. La presión por obedecer al *statu quo* —aunque solo sea por las apariencias— es implacable. Como dijo él: «Nadie quiere ser raro». Y ahí está el dilema cuando se trata de la no monogamia consensuada: se convierte en un bucle autocumplido; mucha gente que la practica lo mantiene en secreto por el estigma y nunca se normaliza.

* * *

La colección sobre el poliamor de Kinsey fue reunida por Kem Haslam, un defensor del poliamor de ochenta y siete años que vive en una zona residencial para jubilados en Carolina del Norte. Más o menos un año antes de mi visita, lo oí hablar en un pódcast sobre su participación en comunidades no monógamas en la década de 1990, y le mandé un correo electrónico en el que le pedía que me hablara sobre su historia con el movimiento.[31] Respondió rápido y con entusiasmo, y empezamos una serie de conversaciones por Skype. Todas las veces me lo encontré sonriendo, con los mismos tirantes arcoíris y una camisa de cuadros escoceses que hacía que pareciera una mezcla entre un granjero amish y un hippie envejecido. Su actual pareja, una «bisexual no practicante» con quien dice estar «un 85 por ciento feliz», muchas veces andaba por ahí, detrás de él, doblando calcetines o preparando té.

Debido a su edad y a la reputación que tenía de ser una especie de padrino del poliamor, esperaba que Ken me contara una historia de descubrimiento analógica de los días anteriores a las aplicaciones como FetLife o la opción poliamorosa en OkCupid, pero él no descubrió el poliamor o la no monogamia ética hasta que ya tenía cumplidos los sesenta años. Anestesista jubilado, se cansó de su profesión mayormente conservadora, tuvo la crisis de mediana edad, pasó por un «desagradable divorcio judicial» y decidió que para él se había acabado el matrimonio. Este desencanto lo llevó a un lugar oscuro. Terminó viviendo en una granja con un gato y varias cabras, donde pensaba que sería para siempre un recluso. No obstante, tenía conexión a Internet por línea, y algo que leyó ahí lo llevó a creer que la sociedad le estaba diciendo algo que, como dice (le gusta referirse a sí mismo en tercera persona), «simplemente no funcionaba para Ken Haslam». Estaba en Internet cuando descubrió una palabra para lo que era: «poliamoroso». Fue un cambio radical en el modo en que veía el mundo: «En esencia, dije: "Que te den, sociedad. Lo voy a intentar a mi manera"

Al igual que aquella pareja de Wyoming, fue un intrépido. Pero a diferencia de ellos, él tenía Internet. Así que empezando con algunos fragmentos de información que encontró en la red, utilizó el teléfono y escribió cartas. Se unió a tantas comunidades poliamorosas o centradas en la no monogamia consensuada como pudo. Cuando se enteró del trabajo de investigación de Deborah Anapol, se puso en contacto y descubrió que había encuentros locales a lo largo y ancho del país. Alguien le recomendó *Ética promiscua*, así que se sentó y lo leyó en unos días. Se metió en salas de chat, incluso intentó montar su propia lista de distribución llamada «poliviejos» para establecer relaciones con personas de su edad que se identificaban de la misma manera que él.

Estaba en una reunión para miembros de Loving More, un grupo de investigación y educación sobre la polifidelidad, cuando se enteró de que había una comunidad local de personas de mente abierta que se juntaban para celebrar pícnics y cenas, ir a jugar a los bolos o a bailar y, ocasionalmente, tenían lo que Ken denominaba como «sexo extracurricular». Era un «club social» para adultos llamado Delaware Valley Synergy. Empezó en la década de 1970, inspirado por las comunas de California, y en su máximo apogeo en el año 2000 contaba con más de cuatrocientos miembros. El nuevo contacto de Ken dijo que intentaría conseguirle un puesto. Lo hizo, y Ken estableció vínculos que han durado hasta estos días.

Describía Synergy como si fuera parte de su familia extensa. Había sexo, mucho, pero no era el atractivo principal. Cuando se unió, encontró a una comunidad muy unida de personas con ideas afines que se veían todas ellas fuera de la corriente principal del comportamiento normal y «adecuado» cuando se trataba de su actitud hacia el sexo. Formaron amistades profundas y duraderas mientras se embarcaron en un viaje juntos rechazando las normas que dirigían su propio desarrollo sexual y aprendiendo un nuevo patrón para habitar el mundo.

Ken preguntó a sus viejos amigos si estaban dispuestos a hablar conmigo. A muchos les preocupaba que después de todos esos años manteniendo en secreto su participación en Synergy se les delatara. Pero ese grupito tenía ganas de rememorar los primeros días. La primera conversación que tuve fue con Emily, que entonces tenía sesenta y dos años; se había dedicado a los seguros, pero ya estaba jubilada. Y con su marido, Russ, que tenía ochenta años y era un profesor jubilado de Pensilvania. Eran antiguos miembros del comité directivo de Synergy. Al igual que Ken, rebosaban de recuerdos sobre la comunidad que les había cambiado la vida, y de vez en cuando los oía por el altavoz hablando uno por encima del otro. Me contaron que no habían tenido ningún tipo de educación sexual cuando eran niños en la década de 1940 y 1960, y que hicieron amistades duraderas en Synergy. Me hablaron del sexo. «¿Sabes lo que es una pila de cachorros?» fue una de las primeras preguntas que me hizo Russ. No lo sabía, pero no quería parecer inocente, así que dije «claro», y enseguida lo tecleé en el ordenador para hacer una búsqueda de imágenes en Google, donde encontré fotos de montones de cuerpos semidesnudos entrelazados como una camada de cachorros recién nacidos.

Organizaron una reunión en su casa en Chester County (Pensilvania), en las afueras de Filadelfia, y me invitaron. Engatusaron a Ken para que viniera desde Durham con la promesa de que habría una cama extragrande y de que estaría Kathy, una profesora jubilada de Nueva Jersey que también formaba parte del grupo original. Las otras parejas vendrían para celebrar una cena. Me dijeron que últimamente no tenían mucho sexo, pero seguían siendo mejores amigos y tenían ganas de poder por fin compartir su historia con alguien de fuera de la comunidad.

Me chocó la franqueza y el sentido de la aventura social que tenían. Yo probablemente no hubiera invitado a una desconocida a que se quedara el fin de semana. Por supuesto, se me pasó por la cabeza: ¿se acostarían entre ellos mientras estuviera ahí? *Tal vez*, pensé cuando Emily me dejó un mensaje de voz muy directo informándome de que a lo mejor se metían todos en el jacuzzi y yo me sentiría más cómoda con un bañador, por lo que lo mejor sería que metiera uno en la maleta (al final resultó que a nadie le apeteció). Entonces deduje que si era eso lo que estaban planeando, era un mensaje en clave para hacerme saber que no estaba obligada a participar.

* * *

Emily y Russ mantuvieron el contacto constantemente antes del evento. Me preguntaron cuáles eran mis gustos a la hora de comer y beber, y me dieron información detallada sobre los horarios de tren. El día que llegué, sentí curiosidad por saber cómo serían en persona, y dado lo abiertos que habían sido respecto al sexo y sus estructuras de relación alternativas, me desconcertó la normatividad de género que mostraron cuando Emily me escribió diciendo que mandaría a los hombres a que me recogieran en la estación de tren mientras ella y Kathy terminaban de preparar la cena.

Russ me estaba esperando en el andén. Mide algo más de metro setenta y cinco y es delgado, pesa unos setenta kilos. Con la cabeza calva y el chaleco acolchado, parecía estar más cerca de los cincuenta que de los ochenta años. De hecho, lo único que revelaba su edad era el teléfono abatible del tamaño de un ladrillo que le abultaba el bolsillo. Ken se estaba echando una siesta en el coche. Había llegado en avión desde Durham más temprano y se quedó como un tronco por el viaje, pero enseguida reconocí su camisa de cuadros escoceses, sus tirantes y la melena gris que llevaba en una coleta. Había llegado a conocer tan bien a Ken, aunque fuera virtualmente, que era como si estuviera visitando a un amigo. Tal vez la conversación abierta y franca sobre la sexualidad y las videollamadas habían sido una vía rápida para crear una intimidad que, de otro modo, habríamos tardado más en construir. Pero también sentí lo hospitalarios y socialmente competentes que eran todos los del grupo, incluso a la distancia.

Emily y Kathy nos saludaron desde el balcón conforme aparcamos en su casa de dos pisos, en un terreno de dos hectáreas y media. Emily es pequeña, mide un metro cincuenta y dos y tiene una melena castaña que le llega hasta la cintura. Se parece a Sissy Spacek, pero con más calle, y tiene la energía de una muñeca de las de dar cuerda. Kathy, que entonces tenía sesenta y seis años, es más relajada y me recuerda a un personaje de *Los Simpson* con esas gafas grandes, una melena rubia a la altura de los hombros, una camiseta sencilla y pantalones cortos. Emily me condujo hasta dentro y me dio un paseo rápido por la casa, que en una ocasión había sido la sede de Delaware Valley Synergy, donde se organizaban fiestas en las que a veces pasaban la noche hasta treinta personas, antes de llevarme a la parte de arriba, donde había una mesa puesta con cubiertos de plata y servilletas de tela. Kathy y Russ se pasaron la tarde preparando una ensalada aliñada con la mezcla especial de Russ de granos y semillas. A él le va la comida sana y no recuerda la última vez que comió carne roja. De hecho, fue un asunto polémico cuando conoció a Emily, a quien denomina como una «amante de las hamburguesas». Como sucedió con otros tropiezos en la relación, se sobrepusieron a él con compromiso y hablándolo, pero él sigue sin permitir que entre comida basura en la casa, así que Emily se da el gusto cuando tiene citas con otros hombres. Las novias de Russ se sintieron agradecidas cuando Emily se fue a vivir con él porque metió en la nevera leche y mantequilla.

Emily conoció Synergy en 1997, unos años antes que Russ. Tenía cuarenta y pocos años y se había pasado décadas infelizmente casada con un hombre al que conoció a los quince años. Fue el mismo año en que se publicó *Ética promiscua*, pero nunca había oído hablar de aquello a lo que llamaban «no monogamia consensuada». Lo único que conocía era el matrimonio monógamo o poner los cuernos. No había otra opción. Estaba limpiando la casa cuando descubrió que su marido tenía un cajón entero dedicado a su no monogamia indudablemente no ética. Había puesto un anuncio clasificado en la revista *Philadelphia* haciéndose pasar por un hombre soltero y hasta tenía un apartado de correos y una línea telefónica secretos, y un montón de cartas de otras mujeres (fue el equivalente analógico de descubrir que tu pareja tiene una cuenta en OkCupid). Se quedó destrozada. Tenían dos hijos y ella dependía económicamente de él. No podía marcharse. Cuando le pidió explicaciones por el cajón secreto de las infidelidades, su solución fue que ella lo acompañara al club que había descubierto. Le pregunté por qué fue la primera vez que hablamos por teléfono: «Siempre me gustó bailar y él nunca quería. Vi que habría baile y pensé que a lo mejor habría alguien que querría bailar conmigo».

Él no duró mucho. La verdad es que no estaba interesado en la no monogamia ética, simplemente quería reemplazar a Emily, y eso hizo. Pero sin darse cuenta, la introdujo a un lugar que se convertiría en su hogar. Todavía recuerda cómo se sentía durante la orientación, cuando miró alrededor de la habitación y vio que estaba en compañía de gente con la que no se habría encontrado jamás en su día a día siendo madre y trabajando en una aseguradora. Fue como el poder unificador y conectivo de Internet. Había un juez, profesores, enfermeras, doctores, un físico y hasta un piloto de aviones. «Era bailarín en *Disney On Ice*, tenía un acento australiano precioso», dijo. «Podría haber sido modelo, menudo cuerpo tenía», intervino Russ, que también se acordaba de él. Y como todos los miembros de Synergy con los que hablé, lo primero que pensó ella al inspeccionar a esa multitud de adultos de mente abierta y sexualmente abiertos fue: «Todo el mundo parece muy normal».

Su relación con Russ empezó en la fiesta de Nochevieja de Synergy de 2002. Durante el camino hacia allá, su marido le dijo que quería el divorcio. Russ, emocionalmente inteligente, vio el dolor en el rostro de Emily. Se casaron en casa en 2009 y luego celebraron lo que llaman una «recepción tradicional normal» en un Holiday Inn con ochenta invitados, a la que le siguió una fiesta para cincuenta de sus amigos «horizontales», es decir, los amigos con los que se acuestan. Y todos esos invitados «horizontales» fueron amantes de alguno de ellos, o de ambos, en algún momento.

Me llevó un tiempo entender que Synergy era ante todo un club social. A pesar de que hubiera, evidentemente, algunos que solo buscaban sexo, como el marido de Emily, la mayoría estaba ahí para conectar con adultos interesantes que también querían expandir sus horizontes, desafiar el puritanismo sexual de sus comunidades y encontrarse con nuevas personas e ideas. Entre los miembros había muchas mujeres que acababan de divorciarse y que se pasaron los primeros años de la adultez centradas en sus carreras o estudios cuando se dieron cuenta de que sus círculos sociales estaban llenos del mismo tipo de gente: parejas casadas o colegas del trabajo.

Lo entendí durante la segunda noche que pasé en Pensilvania, cuando Russ vino con un fajo de boletines informativos de Synergy que estuvo guardando de cuando era miembro. Estábamos preparando la cena, Emily había asignado tareas a todo el mundo, y mientras los anfitriones estaban ahí sentados cortando manzanas y pelando tubérculos, me mantuve ocupada hojeando los boletines, impresos en papel de colores e ilustrados con viñetas de cosas como corazones simbolizando el amor o tortugas que llevaban gafas. Como escribió un miembro en una carta al editor, «DVS es un grupo basado en la amistad, el sexo es meramente una extensión de la amistad y el apoyo».[32]

Se iban a jugar a bolos, de viaje en canoa, a bailar, salían a galerías de arte y a museos, hacían pícnics familiares, celebraban cenas y se iban a la playa. Me detuve en un anuncio para un evento de temática victoriana «no permisivo» que tendría lugar en una casa cerca de Princeton (Nueva Jersey). Se les pedía a los invitados que llevaran un bañador y se les advertía que «habrá niños y perros en casa».[33] «¿Qué quiere decir *permisivo*?», pregunté al grupo cuando Emily se puso a sacar los tentempiés de antes de la cena. «Follar», dijo Ken, que estaba untando una patatilla de maíz azul en el hummus. Durante las sesiones de orientación siempre se hacía hincapié en que era un lugar para hacer amigos. Como dijo Kathy, no podías simplemente «mirar hacia otro lado». Aunque el evento fuera permisivo, el sexo siempre era opcional y nunca se debía esperar.

La membresía estaba estrictamente regulada. Había que tener un padrino y demostrar lo que se valía durante un período introductorio, que incluía atender a un mínimo de cuatro eventos no permisivos en los que los anfitriones observaban cómo se comportaban los miembros en potencia para luego informar al comité directivo. A estos posibles miembros se les enseñaban las normas y la historia del grupo, y durante las entrevistas evaluaban el carácter que tenían. Cuando se convertían en miembros, se pasaban seis meses con un mentor que tenía el mismo estado civil (por ejemplo, a las mujeres solteras las ponían con mujeres solteras). Los mentores respondían preguntas sobre la manera de vestir y la etiqueta. Durante las fiestas y los eventos debían vigilar al novato o, si no, estar disponibles para dar apoyo. Después de cada fiesta, el anfitrión informaba al comité directivo, y si un posible miembro se comportaba mal, las noticias volaban. Era una comunidad muy unida, no un mercado de carne.

Además de las actividades sociales, se impartía mucha educación a través de seminarios, clubs y grupos de lectura, y talleres. Existía una sensibilidad feminista. Estaban expuestos a nuevas y radicales maneras de pensar sobre el sexo y el género. Tal vez esto fuera más evidente en los grupos de debate. Cada miércoles durante diez años Emily y Kathy se reunieron con otras mujeres de la DVS en el grupo de mujeres. Estaban en su salsa entre mujeres de su edad, algunas de las cuales se acababan de divorciar y estaban haciéndose valer a sus treinta y cuarenta años. Les enseñaron ideas feministas sobre la sexualidad y las relaciones, y es ahí donde aprendieron lo de la no monogamia consensuada.

Emily, que no fue a la universidad, nunca había estado expuesta a estos pareceres: «La música, la cultura, la época en la que crecí… Todo iba sobre el amor, el romance y una persona para siempre». Kathy, que se graduó en Swarthmore en la década de 1960 y venía de una familia cuáquera relativamente liberal, también dice que cuando se enteró de aquello fue como si le hubieran dado las palabras necesarias para nombrar una serie de sentimientos que estaban en su interior, pero que no sabía cómo sacarlos. Siempre se sintió incómoda con las condiciones que se daban por sentado en el matrimonio monógamo, particularmente con la expectativa de que la mujer renunciaría a su independencia y que la pareja se aislaría en una burbuja. Cuando aprendió lo que era la no monogamia ética, llegó a creer que no hay nada inherentemente normal sobre la monogamia. Simplemente, la cultura nos empuja en esa dirección.

No había ningún otro sitio en el que pudieran hablar libremente sobre sexo. Synergy les dio las herramientas para ello, al igual que un grupo de apoyo con compañeros dispuestos a escuchar. Les dieron, literalmente, un nuevo lenguaje: había folletos con glosarios en los que se incluían términos como «amor abundante» (la creencia de que es posible amar a más de una persona a la vez), «ambiguo-cariñosa» (término coloquial para referirse al tipo de pareja que no está oficialmente definida), «monogamia de fluidos corporales» (donde la actividad sexual extramatrimonial no puede implicar el intercambio de fluidos corporales), «candaulismo» (cuando te excita sexualmente ver a tu pareja y a alguien más tener sexo) y «compersión» (un sentimiento de alegría cuando tu pareja siente placer por otra relación sexual). Leyeron *En el principio era el sexo* y *Ética promiscua*, y los instruyeron en el positivismo sexual. Toda esta información les dio las palabras para nombrar aquello que siempre habían sentido, pero sobre lo que no sabían cómo hablar o guiarse. Estas denominaciones eran poderosas: validaban en quiénes se habían convertido, los hizo sentirse normales.

A los hombres también los radicalizaron. En grupos solo para hombres deconstruyeron la masculinidad tradicional y los animaron a que expresaran sus sentimientos, miedos e inseguridades, como la presión por ganar dinero, ser fuertes por sus familias, esconder sus emociones o alcanzar el clímax durante el sexo. Después los géneros se mezclaban en grupos de debate de parejas, que a menudo eran conversaciones sinceras sobre sexo. Uno de esos grupos se llamaba «la pecera». Las mujeres se sentaban en un círculo, y los hombres se sentaban en la parte de fuera. Estos se tenían que quedar completamente callados durante una hora y escuchar a las mujeres. Bueno, así lo recuerda Russ. Según Emily, las mujeres habían escrito de antemano preguntas anónimas: al igual que en Reddit o en otro foro en línea, se podían comunicar de manera anónima y obtener las respuestas de forma colaborativa; todo el mundo podía intervenir.

Emily recordó a un hombre que le confesó al grupo haber fingido orgasmos. Cuando lo comentó ahora, casi veinte años después, generó una conversación honesta como si volvieran a estar en un grupo de debate de parejas. «Si llevas condón, es fácil», dijo Ken. «Si estás muy mojada o has utilizado mucho lubricante también puede ser difícil de notar», dijo Emily. «¿Por qué lo haría?», pregunté, y me di cuenta de que nunca jamás había oído a un hombre admitir esto. Escucharon con atención mientras Ken daba una explicación sincera al grupo. «Yo no sabía cómo parar y no herir sus sentimientos. Ahora que soy mayor puedo decir: "Esto no está funcionando. No me voy a correr, vamos a parar". Pero no me sentía cómodo haciéndolo cuando era joven», dijo. Emily se mostró comprensiva: «Siendo jóvenes, en nuestra cultura, a nuestra generación nos enseñaron que la cosa no había terminado hasta que el hombre se viniera».

Durante el fin de semana me sorprendió la versión de la masculinidad de Russ. Era difícil de creer que hubiera nacido en 1939. Estaba a cargo de lavar los platos y cultivar sus propias verduras. Una tarde, cuando Emily y yo volvíamos de dar un paseo, nos lo encontramos en el sofá con un amigo —un hombre de unos cuarenta años— que había ido para hablar con él sobre unos problemas que estaba teniendo con su mujer. Según Russ, una de las cosas más importantes que aprendió en Synergy fue a lidiar con los sentimientos de otras personas. En un grupo de hombres aprendió el arte de escuchar en vez de intentar solucionar los problemas.

Por supuesto, no compartían solo información y sentimientos; también compartían sus cuerpos.

«Entonces, ¿todos os habéis visto teniendo sexo y todos habéis tenido sexo con todos?», pregunté a la sala mientras Emily sacaba el segundo plato. Ella miró a todos los que estaban en la mesa uno a uno. «Correcto —dijo. Y fijando la vista en Ken—: Una de las mejores experiencias sexuales que he tenido fue contigo». ¿Cómo funcionaba eso exactamente? ¿Iban a citas dobles? ¿Intercambiaban parejas? ¿Había orgías? ¿Todo lo anterior? No había un guion escrito. Se animaba a crear sus propios límites y directrices. Ken las llama «relaciones de diseño». Podían tener una pareja de juegos, alguien a quien buscarían en una fiesta, pero con quien no irían a una cita. O podían estar en una relación secundaria oficial. También existía el sexo casual o «se liaban», como diríamos hoy en día. Y sí, también había orgías, tríos y aquellas pilas de cachorros a las que Russ se había referido por teléfono.

Pero Russ, Emily y compañía sobre todo formaron conexiones profundas con sus parejas sexuales que complementaban sus relaciones principales. Ninguno de ellos esperaba que su marido o mujer lo fueran «todo». Aceptaban que había diferentes personas que satisfacían diferentes necesidades (sexuales, sociales, emocionales e intelectuales). Su versión de la no monogamia ética les permitía tanto una estabilidad como cierta variedad. Russ viajaba a Manhattan a visitar a su novia Maggie, una neuróloga. Remoloneaban en la cama en su apartamento en el West Village leyendo el *The Wall Street Journal*, lo cual no suponía una amenaza para Emily. De hecho, le proporcionaba alivio: «No quiero hablar sobre la bolsa o filosofía griega o esas cosas intelectuales». A su vez, Emily se iba de cata de vinos con su novio Dave, a quien sigue viendo con regularidad. Russ es muy casero, por lo que es feliz quedándose en casa y viendo el canal History mientras Emily está en una cita. Tanto Russ como Kathy disfrutan haciendo nudismo, y se siguen yendo a retiros y campamentos juntos. Tras varios años casados, Emily empezó a salir con un camionero. Russ la animó a que fuera de viaje una noche con él para que pudiera quedarse a dormir en la cabina, y dijo: «Así sabrás cómo es». Le entusiasmaba que su mujer tuviera una aventura. Kathy y Emily han compartido al difunto marido de Kathy y Russ, Doug. Un tipo llamado Rob iba con el coche a pasar el fin de semana con Emily y luego se marchaba con Kathy el lunes por la mañana, antes de ir a Nueva York a ver a Maggie. Rob también se estaba «follando a Millie», la ex de Ken, de quien Emily sigue siendo muy buena amiga. «Esta planta me la dio ella», dijo señalando una suculenta en el alféizar de la ventana. Descubrieron la manera de quitarse el peso de tener que ser el único responsable de la felicidad en la vida de su pareja.

Pensé en uno de los prejuicios con los que comúnmente se acusaba a la no monogamia consensuada: que es avariciosa y egoísta, lo cual parecía una burda tergiversación. Estas personas estaban totalmente comprometidas a compartir. Tenían derecho a veto, pero rara vez lo utilizaban, porque los lazos de cariño y amistad que crearon al socializar con sus amigos en Synergy minimizaban la amenaza (por cierto, para muchos poliamorosos contemporáneos, este tipo de arreglos que privilegian a una pareja «principal» están pasados de moda y no son éticos). Sabían lo que ocurría y con quién. Había confianza y responsabilidad. Todo estaba abierto. Tenían a su marido o a su mujer, y luego tenían «parejas». Se acostumbraron a que sus cónyuges se acostaran con otras personas, y se normalizó mediante la exposición y la franqueza. Cuanto más abiertos se mostraban ante el sexo, menos poder tenía. Como dijo Ken: «Al final terminas diciendo: "Qué más da". ¿Por qué es tan importante esto de los penes y las vaginas? Tenemos que aprender a no amplificarlo tanto».

Para las personas que solo conocen la monogamia, esta disposición probablemente sea muy confusa. ¿Por qué no sienten celos? ¿Hay ciertas personas que se sienten más atraídas hacia la idea del matrimonio abierto o cualquiera podría adaptarse? Hay personas como Ken que dirían que es algo innato: eres monógamo o no lo eres. Otras personas, como las promiscuas éticas, dirían que nadie es verdaderamente monógamo, que es un constructo cultural. A Russ, Kathy y Emily les preocupa menos la teoría, simplemente saben que para ellos funciona. Esto no quiere decir que no sintieran celos ocasionalmente o, como dice

Emily, que les diera «igual». Por supuesto, no todo valía. Todos tenían unos límites. A Emily dejó de interesarle tanto lo que hiciera Russ de manera sexual con otras mujeres que dejó de preguntar, pero si una mujer va a su casa y le falta el respeto a su estatus como la esposa de Russ, se pasa de la raya. En una ocasión, una de sus novias pasó el fin de semana en casa. Se pusieron cómodos en la sala de estar, con la chimenea crepitando, y preguntó si podía darle un masaje a Russ. Si esta mujer hubiera estado a solas con Russ, o si la logística hubiera sido diferente, a Emily le habría dado igual, pero ya estaban en la sala de estar, que es donde normalmente se retiraba ella, se ponía los auriculares y veía la televisión mientras Russ tenía sexo. Luego la mujer se quedó más tiempo del establecido. Hubo una tormenta de nieve y Russ tuvo que pasarse la mañana sacando la nieve con una pala para que su coche pudiera salir. Pero la gota que colmó el vaso fue cuando llamó y dejó un mensaje dándole las gracias a Russ por el maravilloso fin de semana que pasaron. Le faltó el respeto a la hospitalidad de Emily, y por ahí sí que no.

A Kathy la enfadó un poco que Doug le dijera a una de sus novias que la quería. Yo sentía curiosidad por aquello: ¿querían a sus amantes? «Es poco común, pero pasa», dijo Kathy. «Depende de cómo definas el amor —añadió Emily, apuntando que ella quiere a Ken—. Pero ¿estar enamorada de él? No. Tres noches y tres días, eso es todo lo que aguanto». En los grupos de debate discutían detenidamente sobre sentimientos como los celos o la envidia y cómo separarlos. Aprendieron que los celos son el miedo a la pérdida; la envidia es cuando quieres algo que no puedes tener. Les enseñaron a dar espacio a cada sentimiento sin dejar que ninguno de ellos dominara.

En una historia de 2017 para *The New York Times Magazine*, Susan Dominus, que se pasó casi un año entrevistando a parejas que abrieron sus matrimonios, escribió que le pareció que la no monogamia consensuada estaba hecha no solo para personas con un interés particular por el sexo, sino para personas con un interés particular por las personas.[34] Me chocó lo íntimamente que se conocían los del grupo de Synergy entre ellos, la profundidad de su vínculo, que abarcaba dos décadas. Conocían los historiales médicos de cada uno y sus intolerancias alimentarias. Eran delicados con las inseguridades de cada uno: Ken sabe que Russ, tan preocupado por la salud, se sintió molesto cuando se pulió media botella de whisky y se las arregló para fumarse un cigarrillo después de la cena. Emily y Kathy saben que Ken tiene una relación complicada con su barriga, por lo que no hacen bromas sobre la «proporción entre verga y barriga» cuando está presente. Conocen las complejidades de las carreras y trabajos de cada uno, sus antiguas relaciones, las dinámicas que tienen con sus hijos y cónyuges, y a menudo se ofrecen como familia elegida. Hace poco, Ken pasó las Navidades con Russ y Emily porque la familia de su pareja no aprueba la relación que tienen. Los amigos de Kathy en Synergy le mostraron un apoyo tan grande cuando su marido, Doug, falleció (la llevaron de vacaciones y la invitaron a pasar las Fiestas con ellos) que no sabe cómo se las habría arreglado por su cuenta. Durante la primera noche que pasé ahí, cuando Kathy fue al baño, Emily se acercó a mí con lágrimas en los ojos y me dio un sobre con fotos y señaló a un hombre que llevaba traje. Susurró: «Este era él». Una mañana oí una conversación íntima entre Kathy y Ken desde mi habitación. Tras reírse por haber comprobado Kathy si tenía pulso cuando se metió en la cama con él la noche anterior, Ken la consoló cuando dijo lo mucho que echaba de menos a Doug. Saben quién es especial a la hora de cortar las verduras y quién no puede ni preparar un café.

También saben qué hace falta para que cada uno tenga un orgasmo, a quién le gusta mirar, quién fantasea con que lo aprisionen y «obliguen» a aguantar una mamada tras otra. Saben quién tiene una debilidad por las tetas pequeñas, por los hombres bajitos, los cuerpos suaves o las espaldas peludas. Saben qué pinta tienen y cómo suenan todos cuando tienen sexo. Emily dice que podrían entrar en una casa y saber quién está ahí por los gemidos. Cuando Russ tiene un orgasmo, le vibra todo el cuerpo. «Es muy intenso», concuerdan Russ y Emily. «No quiero ser muy gráfica», dijo Kathy, mirándome fijamente, antes de explicarme que Russ sabe exactamente cómo hacer que eyacule. Justo en ese momento entró Emily, sudorosa por el calor del horno, con un pañuelo que le retiraba el pelo de la cabeza y agarrando una cesta llena de manzanas. «¿Sabéis? Creo que debería hornearlas en la otra bandeja», dijo.

Saben qué hombres se sienten cómodos con la intimidad masculina durante los tríos. El marido de Kathy, Doug, no era uno de ellos. Como dijo Ken, era «un poco homófobo». «Siempre gritaba: "¡Vete al otro lado de la cama, no quiero tocarte!" reconoció Russ, refunfuñando ante el recuerdo. Saben que Ken es heterosexual, pero que tendría sexo con un hombre si le pillan con el humor adecuado. En sus propias palabras: «Si hay una esencia femenina en la habitación, puedo chupar una polla. Pero nunca me acercaría a un hombre en un bar y le chuparía la polla. Ahora, ¿en un trío? Ya te digo». Ken tiene un mantra: «Cuando estás excitado, las reglas cambian».

Todos saben que a Kathy solo le gusta ponerse sexual con una mujer cuando está con otro hombre; entonces le apetece algo suave. Normalmente no practica sexo oral a las mujeres, pero con mucho gusto aceptará que se lo hagan a ella. «Da mucho más trabajo que chupar una polla», coincidió Emily, que miraba el móvil con pinta de estar cansada. Kathy y Emily, en palabras de esta última, han «interactuado», pero solo en situaciones de sexo grupal. Como dijo Emily: «No creo que tomara de la mano Kathy y le dijera: "Vamos" Estaban conectadas a través del sexo, de una manera poderosa, tanto por el hecho de tenerlo como por discutir abiertamente sobre ello. Como dijo Kathy: «Existe una especie de intimidad entre nosotros que no es la misma que la de las parejas monógamas. Es diferente». Igual que ocurría con los vínculos creados durante la guerra, construyeron una dinámica de «nosotros» y «ellos». Solo en el mundo horizontal podían ser verdaderamente ellos.

* * *

La mayoría de los que están en el grupo son románticos, particularmente los hombres. Ken necesita tener una conexión intelectual con sus parejas sexuales. Le atrae Kathy, antigua profesora, porque tiene un vocabulario variado y comparten su interés por la lectura. Se refiere al sexo sin una conexión sentimental como «masturbación vaginal». A Russ le resulta difícil separar el sexo del amor. «Me apego», admitió. Le ha escrito poemas a Emily que están colgados en las paredes de la sala de estar (*uno por uno, conforme pasaron los años, nos mezclamos juntos como frutas en una tarta*).

Se refiere a la pasión que siente por sus amigos sexuales como «sentimientos de amor». Durante el sexo, mira a su pareja y piensa: «Estoy en tu cuerpo y eso me abruma». Una parte de mí se sintió aterrorizada cuando encontró un diario de sexo que detallaba el tiempo que había estado en Synergy. Pero apenas era un libro de conquistas. Tenía secciones para la ubicación, los rasgos de la personalidad y los detalles «sentimentales» sobre su pareja; cada encuentro le importaba de verdad. En una ocasión, Emily fue a una cita con un hombre que no la volvió a llamar, y Russ se sintió tan molesto que se puso en contacto con él para sugerirle que no estaría mal que le mandara un ramo de flores.

Le pregunté a Russ qué significaban esas relaciones al pensar en su larga vida. ¿Existían palabras para referirse a lo que eran? Él las describió como «relaciones cariñosas». «Lloro cuando resultan dolorosas», dijo. Muchos de sus amigos de Synergy habían fallecido en años recientes. Cuando Kathy perdió a Doug, él «también lo sintió».

A excepción de Ken, todos mantenían su no monogamia en secreto frente al mundo «vertical». Russ era profesor. Dice que si se enteraran de las fiestas sexuales y de sus múltiples amantes, asumirían que es un pedófilo y lo echarían. Pero, además, cuando era joven le importaba más encajar y ser normal. Interiorizó la frase: «¿Qué pensarán los vecinos?». Cuando se mudó a Chester County, se registró como republicano solo para no sobresalir. Kathy mantuvo lo de Synergy completamente aislado de su vida como profesora en la zona residencial de Nueva Jersey. También recuerda que hubo gente a la que delataron y despidieron del trabajo. Se lo confió a algunas amigas, pero su reacción fue tan brutal como la de los miembros de la audiencia de un programa de entrevistas, así que lo llevó en la clandestinidad y desde entonces no ha vuelto a hablar sobre ello.

A Russ ya no le importa pasar desapercibido, estos días quiere ser abierto. Pero no Emily. Tiene que pararle los pies para que no lo mencione en la iglesia unitaria a la que acuden. Le preocupan los prejuicios que puedan tener, particularmente que piensen que están sedientos de parejas sexuales casuales. Pero sobre todo le preocupa que si descubren la «verdad», no se sentirán cómodos siendo sus amigos. Kathy sigue sin querer que la mayoría de sus amigos «verticales» lo sepan. Aún hoy piensa que los perdería. En más de veinte años la actitud que tienen no ha cambiado. La primera noche que pasé en casa de Russ y Emily tuvimos una larga discusión sobre el mérito de darle nombre a Synergy, ya que a Kathy aún le preocupa que lo reconozcan. Ken siempre la está retando para que se «declare», pero todavía hay demasiado en juego para ella. Se ha resignado a la división. «Llevo viviendo en dos mundos desde que tengo memoria», dijo. Una complicación añadida es que se está preparando para replantearse volver a conocer gente. ¿Qué pensarán los posibles novios que tenga sobre su pasado?

Obviamente, Ken, todo un defensor, cree firmemente que la no monogamia consensuada debería normalizarse hablando sobre ella, haciéndola visible y poniéndola al aire libre, incluso con los niños. Como dijo, «a los niños les da igual con quién folle su madre; lo que les importa es sentirse seguros». Si se da a conocer y es transparente desde el principio, para ellos será normal. Y cree que la gente que es consensualmente no monógama tiene la responsabilidad con las generaciones futuras de ser abierta para mostrar un camino diferente. «Nunca me ha dado miedo jugarme el cuello y soltarme la melena. Así ocurren los cambios sociales. Si no se habla sobre eso de manera abierta, sigue estando estigmatizado», le dijo a Kathy.

Synergy sigue existiendo en Facebook, pero por lo general está inactivo. Ken, que da clases de educación sexual a mayores utilizando vídeos de YouTube (su favorito es el de un adolescente que intenta dibujar sin éxito una vagina), celebra Internet por hacer que el tipo de ideas que aprendió en Synergy sean ampliamente accesibles y por facilitar que se establezcan relaciones que en otras épocas no habrían sido posibles. Pero cree que la miríada de páginas webs, aplicaciones y maneras de conectar han destruido las ricas estructuras de comunidades que se construyeron antes de su llegada. Se lamenta diciendo que «Synergy ha *muerto*» por culpa del «Tinder: desliza a la derecha, desliza a la izquierda». Russ es mucho menos determinista tecnológicamente hablando, y vincula la vejez y el fallecimiento de miembros nucleares con la desaparición de Synergy. «La gente envejeció; algunos murieron», le dijo a Emily, irritado, cuando ella dio un discurso apasionado sobre cómo Internet mató a Synergy.

Pero uno de los antiguos amantes de Kathy, que era el jefe del comité directivo de Synergy durante la mayor parte de la primera década del siglo XXI, confirma que cuando las páginas webs y las aplicaciones para ligar amigables con la no monogamia empezaron a surgir alrededor de 2007, los miembros de Synergy empezaron a disminuir. Incluso intentaron poner anuncios para captar nuevos miembros, como hicieron en la década de 1990, cuando estos cayeron en picado durante la crisis de VIH. Hoy en día, las fiestas de Synergy son irregulares, tienen un elenco rotatorio de rostros nuevos y muy poca gente acude. Cuando lo hacen, «vienen, joden y se van», dice. Se mantiene firme en que es culpa de la tecnología: «Es esta gratificación instantánea con la que la gente ha crecido durante los últimos treinta años».

Mientras Kathy nos llevaba al aeropuerto a Ken y a mí, este nos estuvo entreteniendo con historias sobre sus relaciones monógamas pasadas, incluyendo el tiempo en el que estuvo casado con una mujer que pilotaba aviones. El debate sobre que Internet reemplazó la importancia de Synergy me dejó pensando en lo parecido que era a las comunidades en línea. Synergy reunía a personas de todas las profesiones y condiciones sociales en una comunidad en la que podían establecer relaciones, compartir ideas e información y crear un lenguaje, y les dio herramientas que les permitieron sentirse normales.

Ken dijo algo que se me quedó conforme embarqué en el avión y empecé el camino a casa: «Si algo he aprendido de los seres humanos es que todos somos diferentes… pero, joder, quiero que seas como yo». A pesar de que estaban en un grupo de mente abierta, tenían sus límites, por ejemplo, el sexo sin compromiso, sin esa conexión profunda de amistad, o el panorama contemporáneo de la no monogamia en el que la gente se conoce por Internet. Ken y compañía eran unos atrevidos por cuestionar las normas de sus mundos sociales y la época en la que se desarrollaron. ¿Cómo lo hacen los adultos más mayores hoy en día? Me invitaron a una fiesta sexual en San Luis donde esperaba averiguarlo.

* * *

Los primeros en contarme que estaban dentro del «estilo de vida» fueron los miembros de una pareja muy reservada. «Dave» y «Felicia» vieron el llamamiento que hice a personas que habían abierto su matrimonio o que habían descubierto la no monogamia consensuada más adelante en sus vidas a través de un tuit publicado por una profesora adjunta de la NYU llamada Dra. Zhana Vrangalova. La pareja, que tiene unos sesenta años, descubrió el estilo de vida en 2016, y ambos tenían ganas de contarme su historia con la firme condición de que quedaran en el anonimato.

Por una parte, «estilo de vida» es el término políticamente correcto y contemporáneo para referirse al «intercambio de parejas» de los swingers, esa forma de no monogamia consensuada que realmente no atraía al grupo de Synergy. Según una revisión bibliográfica, la mayoría de quienes lo han estudiado coinciden en que el «intercambio de parejas» como subcultura empezó a ser mencionado durante la Segunda Guerra Mundial, cuando los pilotos de combate se intercambiaban las parejas como si fuera una especie de ritual para crear vínculos, y que demográficamente hablando, sus participantes solían ser socialmente conformistas, blancos, heterosexuales y cisgénero.[35] Pero el estilo de vida no se refiere solo a compartir parejas, sino que es un término general que se utiliza a menudo como un código para indicar que existe un interés por el sexo grupal, las relaciones abiertas o las fiestas sexuales. Algunos utilizan el término simplemente para indicar que son consensualmente no monógamos o que les gusta tener relaciones sexuales homosexuales extramatrimoniales.

El estilo de vida no es un «producto» de Internet. De hecho, según Terry Gould, periodista de investigación que hizo un reportaje sobre este ambiente para su libro de 1999, *The Lifestyle,* la comunidad adoptó el término en las décadas de 1980 y 1990, cuando se hartaron de la demonización que hacían los medios sobre el intercambio de parejas.[36] Pero, desde luego, Internet ha renovado las comunidades del estilo de vida que podrían haber migrado a la red y eran menos accesibles en épocas anteriores. En este sentido, el estilo de vida reúne a una gama de comunidades o grupos tanto en línea como fuera de ella, y porque puede ser fácil de encontrar, muchos lo descubrieron en las redes sociales y las utilizan para conocer a personas y conectar con ellas.

Dave y Felicia, la pareja reservada, me dieron una visión general de la subcultura y me enseñaron algunas de las palabras que utilizaban, que distaban mucho de los términos facilitados en las reuniones de Synergy. Se podría decir que estas estaban más codificadas. A diferencia del lenguaje que se exploraba en Synergy, que se utilizaba principalmente en conversaciones en la vida real para afirmar una identidad, eran eufemismos utilizados en Internet como palabras clave para buscar tipos específicos de vínculos o actos sexuales, o como un apretón de manos secreto para transmitir discretamente que pertenecían a ese «club». Por ejemplo, «jugar» en general se refiere al sexo o a la actividad sexual. «Unicornio» se refiere a una mujer soltera y bisexual (o que está encantada de tener sexo tanto con hombres como con mujeres). «Intercambio completo» se refiere al sexo con penetración vaginal. Después están los símbolos, como la piña, tradicionalmente asociado a la hospitalidad, que se puede utilizar para significar que se es parte del estilo de vida, o las alianzas de boda negras, que son un código para indicar que se tiene interés en la no monogamia ética. Me enteré de que para muchos de los que están en el estilo de vida, el término «swinger» es un insulto que supone una forma machista de «intercambiar a tu mujer» y excluye a las personas solteras, que son una parte muy importante de este ambiente.

Dave y Felicia dijeron que sin Internet, no hubieran sido consensualmente no monógamos. Habría sido demasiado complicado logísticamente. Tienen un protocolo casi militar para mantener bajo control la doble vida que llevan. Casi siempre conocen a gente a través de páginas web como Kasidie, una red social popular que pone en contacto a personas que son, como dice la web, «socialmente sexuales».[37] A Dave le gusta Kasidie porque «su funcionalidad es como la de Facebook». También utilizan Swing Life Style, otra red social popular para encontrar a gente con la que ir a una cita sexual. O Kik, una aplicación de mensajería móvil anónima que no guarda los números de teléfono. Él está a cargo de las operaciones técnicas y maneja con cuidado los perfiles en redes y las direcciones de correo electrónico desechables para asegurarse de que nadie pueda rastrearlos. Intenté hacerlo, no lo conseguí.

Tienen un plan de emergencia en caso de que ocurra una enfermedad o muerte inesperadas. Así de preocupados están por los juicios sociales. Le han dado a un amigo muy íntimo del estilo de vida una llave de la casa y una lista con las contraseñas del ordenador y las redes sociales. Si les pasa cualquier cosa a ambos al mismo tiempo, han enseñado a sus hijos que tienen que llamar al hombre al que Dave se refiere como «Señor X». Oficialmente es su contable y sabe dónde están guardados los testamentos y la información financiera. Pero la verdad es que sabe cómo hacer que desaparezcan los mensajes sexuales, chats y perfiles en las redes. En cuanto reciba la alerta, hará un trabajo de limpieza para que sus hijos y familiares nunca jamás sepan la verdad.

Tras establecer que yo era «vainilla», es decir, que no formaba parte del estilo de vida (Russ, Emily y compañía me habrían llamado «vertical»), Dave me leyó una suerte de taxonomía que había preparado para nuestra conversación. Para algunos dentro del estilo de vida, es un deporte («lo tratan como una actividad o competición»). Están «los que llevan el estilo de vida de manera social», que disfrutan particularmente de conocer y relacionarse con gente nueva (donde dicen estar dentro del espectro). Están los «vacacionistas», o como los llama Dave, los que «viven la fantasía una vez y listo» dentro del estilo de vida, que se dan el gusto en ocasiones especiales (cuando están en el extranjero, por ejemplo). Se me quedó el último tipo que describió, «el que está en el estilo de vida a tope para conseguir conquistas sexuales», que son aquellos a quienes les mueve el sexo. Tenían el altavoz puesto; escuchaba a la pareja hablar uno por encima del otro y me los podía imaginar manteniendo el contacto con sus hijos de esta manera.

Sabía que el grupo del Delaware Valley Synergy era escéptico ante el universo contemporáneo de la no monogamia consensuada o ante la idea de tener sexo anónimo con desconocidos. Intentaban no juzgar a la gente, pero para ellos esa forma de tener sexo era demasiado transaccional e impersonal. La primera vez que hablé con Russ y Emily, hicieron hincapié en que no eran «swingers» y que no soportarían que los calificaran de esa manera. El tema salió a colación muchas veces durante el fin de semana que pasé con ellos. Russ y Ken dijeron que como swingers serían terribles (recordad que Ken denomina al sexo sin una conexión sentimental «masturbación vaginal»). Aunque no sea para él, lo cierto es que no juzga a los demás. De hecho, acuñó el término «swoli» para referirse a las personas poliamorosas que también disfrutan del sexo casual.

Dave y Felicia no querían arriesgarse con un encuentro en la vida real, así que probé con unas cuantas personas más que me contactaron después de ver el tuit de la Dra. Vrangalova. Empecé a intercambiar correos electrónicos con un hombre de cuarenta y nueve años llamado Joe, un científico que vivía en San Luis y estaba muy emocionado por hablar sobre cómo le había cambiado la vida esa alternativa a la monogamia. «Me ENCANTA el sexo… Tenemos una gran comunidad aquí, en San Luis, y son algunos de nuestros mejores amigos. Es genial poder ser nosotros mismos completamente estando con ellos», escribió. Empezamos a mandarnos correos electrónicos y a hablar por teléfono, y quedó claro que Joe era uno de los que estaba en el estilo de vida de manera acérrima. Pasaba la mayoría de los fines de semana y de su tiempo libre en fiestas sexuales o en clubs. A diferencia de los de Synergy, donde la comunidad y la amistad eran un atractivo fundamental, Joe tenía claro que había sido la no monogamia consensuada «sexual», no «afectiva», lo que le había cambiado la vida. Sentía como si hubiera descubierto un secreto, un modelo de relación natural, normal y absolutamente correcto. Me chocó lo poderoso pero mundano que había sido este «descubrimiento» que le había cambiado la vida. Ocurrió en su hogar, un miércoles por la tarde, mientras estaba en Facebook.

* * *

Joe es un padre divertido. Esa es su marca. Su perfil en Instagram está lleno de fotos alegres en las que salen su hijo e hija adolescentes. Lo mantienen al día con los últimos filtros y aplicaciones de animación, y publica vídeos de ellos vomitando arcoíris generados por ordenador o jugando al golf en su sala de estar o en una isla simulada. Cuando cumplió cuarenta y nueve años, le dieron una tarta y él subió una foto de ella a Instagram. Decía: «¡Feliz cumpleaños, papá!» en letras doradas junto con unas velas que decían «eres viejo». Cuando se divorció de su mujer, se mantuvo firme en que la custodia fuera compartida y en que la relación íntima y abierta que mantenía con sus hijos no quedaría dañada por su fracaso a la hora de mantenerse unidos como pareja.

Si alguien lo conociera en un bar o a la hora de recoger a los niños en el colegio, probablemente lo describiría como «normal». Por normal quiero decir que pasa desapercibido. En el contexto de las personas blancas de clase media que viven en la zona residencial de San Luis, no hay nada sobre él que destaque. Es un padre de mediana edad, un tipo estándar. Dado el estilo que suele llevar (polos, camisas y pantalones de vestir), se le podría confundir fácilmente con un republicano o, por lo menos, con alguien socialmente conformista.

Le encantan las celebraciones organizadas de manera comunitaria, como el Cinco de Mayo, el Día de San Patricio y el Orgullo, en las que disfruta de una cerveza artesanal o un vodka con refresco, y si tuviera un adjetivo favorito probablemente sería «loco» o «divertido». Le encantan los datos y los hechos, y mantiene listas y registros de los eventos más importantes de su vida, como la fecha y hora en que nacieron sus hijos, el momento en el que se enteró de que habían aceptado su tesis de doctorado o el número de personas con las que ha tenido sexo. Cuando conoció a su exmujer, la cuenta estaba en cincuenta, pero cuando se divorciaron (tras diecisiete años de monogamia), el número aumentó rápidamente hasta los cien. También tiene una lista de «récords» personales, como el número de parejas sexuales que ha tenido en un día (actualmente es de diez, gracias a una fiesta bastante ajetreada en Chicago).

Estaba divorciado y vivía en un piso de soltero, deslizando en Tinder, cuando una de sus citas mencionó que antes era swinger y que todavía mantenía un grupo secreto de Facebook para personas del lugar interesadas en lo que ella denominaba una «comunidad abierta de mente» de adultos que disfrutaban «jugando» entre ellos. Él adoptó la monogamia por «defecto»; era lo que estaba estipulado para las relaciones según la sociedad católica de Atlanta en la que creció en la década de 1970. No conocía ningún otro modelo alternativo. Descubrir esta nueva comunidad fue tan sencillo como tener una conversación y hacer *clic* en unos cuantos botones. Facebook era accesible, y sabía cómo utilizarlo. Pasó de compartir enlaces sobre fútbol americano a encontrar fiestas y parejas sexuales en la zona. Dos años después de que concluyera el proceso de divorcio, ya era miembro de unos cinco grupos, todos privados y dedicados a las personas en su área local. En cada uno de ellos hay entre doscientos y mil miembros.

En Facebook, fue como si su mundo hubiera estado escondiéndose a plena vista, y eso que llevaba viviendo en la misma ciudad unos veinte años. Mandó un correo electrónico al moderador, y tras unas cuantas preguntas y referencias por parte de amigos en común, lo invitaron a su primer evento. Lo que creía que era una fortaleza impenetrable solo estaba a unas cuantas invitaciones de Facebook de distancia. Se enteró de que durante ciertas noches, los bares de su barrio organizaban eventos privados en los que se reunían más de trescientos practicantes del estilo de vida. Incluso había un café-biblioteca prosexo no muy lejos de donde vivía. Fue y echó un vistazo al lugar, que estaba decorado con muñecas Barbie esposadas e infografías del tamaño de la pared que mostraban el espectro de la no monogamia. Se llevó prestados libros sobre masculinidad, feminismo y género.

El primer evento del estilo de vida al que acudió fue un encuentro en un bar de la zona. Durante estos eventos, la gente de los grupos de Facebook se reunía en persona durante unas horas para que pudieran conocerse en carne y hueso. Sentía vértigo al pensar que nunca había estado en una sala en la que los tipos de relaciones fueran tan diversos: «Hombres solteros, mujeres solteras, parejas poli… parejas en las que no tienes ni idea de que esa persona es su marido porque se ha pasado la noche con este otro tipo». Estaba siendo aventurero, acercándose a desconocidos, cuando una mujer más mayor le preguntó cuánto tiempo llevaba en el estilo de vida. Miró el reloj y dijo: «Unas cuarenta y cinco horas». Era su «noche de juegos» designada. Una mujer iba a ir a su casa para estar con su marido, y le preguntó a Joe si quería unirse. Fueron para allá, comieron pizza, bebieron más y, al final, se metieron en el jacuzzi, donde todos se quitaron la ropa, se emparejaron y se fueron a habitaciones separadas.

Se hizo amigo de un par de unicornios, y juntos crearon su propio grupo de Facebook: «St. Louis Blunicorns», exclusivamente para solteros en el estilo de vida, que rápidamente obtuvo cincuenta miembros. (Él era lo que en el estilo de vida del Medio Oeste estadounidense llamaban un «pez azul», que es un hombre soltero o el equivalente masculino del unicornio, que no tiene una etiqueta regional similar). Planeó el evento como un friki, poniendo el logo del grupo de Facebook en tazas de café: un unicornio rosa con un pez de color azul. Pidió condones a granel en Amazon y se aseguró de tener protectores de colchón resistentes al agua. «¿Para qué?», le pregunté, dado que acababa de abastecerse de condones. «Para las que hacen *squirt*», dijo sin parpadear.

El sexo era el pegamento que unía a Joe y a su prometida, Susie, como pareja. Cuando esta me habló de la noche en que se conocieron, no me soltó una historia de amor a primera vista, no hubo una conexión instantánea con una persona que estaba «al otro lado de la habitación» ni fue algo mágico. Cuando le pregunté qué era lo que le gustaba de él, lo que la había atraído, me miró, sonrió, agarró del brazo a Joe y dijo que cuando llegó a su fiesta, apenas pasaron quince minutos hasta que «me lo follé». Más adelante me dijeron que la primera vez que tuvieron sexo (un trío con otro hombre), fue la primera penetración doble para ambos. Para la primera cita que tuvieron oficialmente, Joe la invitó a una bodega junto con una mujer bisexual a quien había conocido el fin de semana anterior.

Tras unos meses de jugar juntos, Joe y Susie se convirtieron en una pareja oficial consensualmente no monógama. Empezaron a escuchar el pódcast de Dan Savage, que solía hablar sobre la no monogamia, y leyeron *Ética promiscua*. Establecieron reglas básicas para lo que Ken Haslam denominaría su «relación de diseño»[38] y decidieron que harían intercambios completos (lo que significaba que tendrían relaciones sexuales con sus otras parejas sexuales) y siempre jugarían juntos en la misma habitación, con algunas excepciones, que se acordarían siempre de antemano. Navegaron por páginas web de citas dentro del estilo de vida para poder conocer a gente cuando se fueran de vacaciones o de viaje por trabajo y acabaron en c4p (Club Foreplay),* un sitio para conseguir citas en el estilo de vida en la zona del sur y del Medio Oeste, y acordaron utilizar el apodo «ParejaBigBang» en homenaje al trabajo de Joe como científico. No obstante, preferían utilizar Facebook. Era transparente, había menos perfiles con fotos en las que no se ve la cara —lo cual da escalofríos—, y era más fácil organizar subgrupos y mantenerse al día con los mensajes y las conversaciones. Organizar eventos no venía con un aluvión de porno o de solicitudes. Los domingos se levantaban pronto y iban a clase de *spinning*. Después, a tomar el *brunch*. Si tomaban más copas de la cuenta, quizás empezaban a mandar mensajes a sus amigos de Facebook para ver si alguien quería pasarse.

Observaron y probaron las cosas despacio, aprendieron lo que les gustaba y lo que no a través del ensayo y error. Probaron la «experiencia de ir a citas», pero los mensajes privados y las llamadas con otras personas les daban la sensación de que estaban poniéndose los cuernos, y ninguno de los dos disfrutaba particularmente de que el teléfono se les llenara de fotos de penes y vaginas estando en el trabajo en pleno día. A Joe le gustaba coquetear en los mensajes de grupo, lo que significaba estar en

---

* «Club de los preliminares», en inglés. (N. de la T.).

un hilo con otra pareja y compartir fotos desnudos o describir lo que les gustaría hacer más adelante, pero eso no excitaba a Susie en absoluto. Mandar mensajes en un hilo privado era como poner los cuernos, pero no el sexo, siempre y cuando estuvieran juntos y en la misma habitación.

Estaban juntos en una aventura. Fue facilísimo adentrarse en la red global y nacional del estilo de vida. Joe se metió en Internet y encontró una lista de páginas web del estilo de vida ordenadas por lo que era más popular en las ciudades más importantes de cada uno de los estados (en Anchorage SLS, en Des Moines preferían Swing Village). Según Joe, había clubes sexuales «por todo el país». Sin la red de Facebook, era más difícil acceder a los eventos cuando estabas de viaje, pero no había demasiados obstáculos que sortear. Hicieron una lista con los diferentes clubs y fiestas a los que habían asistido como si fueran monumentos o parques temáticos: Chicago, Atlanta, Florida, Las Vegas, Nueva Orleans (donde iban a un evento llamado Naughty N'Awlins)*. Joe me mandó un meme de la cara de Willy Wonka con el texto «cuántos polvos» antes de partir hacia el evento de ese año que acapararía todo un hotel y los bares.

Hubo tríos y cuartetos, y entonces fue cuando Susie descubrió cuánto la excitaba ver a Joe tener sexo con otra persona. Me acordé del término que había aprendido Emily en Synergy, «candaulismo» ¿Cómo funcionaba eso exactamente? La excitaba ver cómo él le daba placer a otra persona mientras otra persona también le estaba dando placer a ella. Luego, cuando estaban a solas,

---

* En español sería «Nueva Orleans traviesa». N'Awlins es como pronuncian los turistas el nombre de la ciudad en inglés, y a los oriundos no les suele hacer gracia. (N. de la T.).

eso rebotaba en su vida sexual. Ella lo describió como un proceso en tres pasos. Primero tenían lo que se denominaba «sexo de reclamación». Estaban solos disfrutando del contraste que había en la intimidad después de acostarse con otras personas. Al día siguiente volvían a tener sexo, y recordaban el polvo grupal. Describían lo visto y lo hecho, y anticipaban volver a hacerlo. Todavía hablaban de un trío que habían tenido hacía un año y medio.

Cuando veía a Joe tener sexo con otra mujer, Susie se sentía poderosa. Era como si su conexión con Joe cargara de alguna manera el placer de la otra mujer. Susie podía separar el sexo del amor, pero este último seguía siendo importante para ella (estaba muy enamorada de Joe). De hecho, no creía en el poliamor, porque no creía que se pudiera estar enamorado de dos personas a la vez. Para ella el sexo era «animal». Al igual que para Joe, su no monogamia era sexual, no sentimental. Le pregunté a Joe lo que entendí que era una pregunta bastante normativa: «¿Prefieres el sexo cuando hay una conexión sentimental?». A Joe le costó encontrar una respuesta porque tener sexo con otras personas lo conectaba sentimentalmente con Susie.

* * *

¿Cómo debía vestirme para ir a una fiesta sexual en la piscina? Hurgué en la maleta, donde parecía que solo tenía la misma tela negra en diferentes formas: un mono de talla grande, un vestido largo que fuera de Nueva York, en el calor pegajoso del verano de San Luis, tenía la energía de una viuda griega; definitivamente, no era apropiado. Conociendo mis límites, me decidí por un vestido ligero sin mangas y eché el modesto bañador de dos piezas en el bolso, por si acaso.

Llegué a San Luis para conocer a Susie y a Joe la noche anterior. Me llevaron a cenar al bistró francés favorito de Susie. Esta llevaba gafas y un vestido de verano; su melena rubia lucía con mucho cuerpo por la humedad. Tenía una botella de vino entre los muslos, estaba en el asiento delantero al lado de Joe, recién afeitado, que seguía el navegador hasta nuestro destino. Durante la cena observé a Joe dejar que Susie tomara la iniciativa; esta pidió tuétano y cócteles de champán. De vez en cuando señalaba a mujeres que le parecían atractivas o especulaba sobre la manera en que se conocieron otras parejas. «Creo que están en una primera cita de match.com», dijo con una risita sobre un hombre mayor con traje y tupé que estaba tomando la cena torpemente con una mujer más joven. «Esa chica está buena», dijo apuntando a una joven pareja vestida de manera formal que esperaba una mesa. Sentí que estaba entre amigas íntimas en vez de con una pareja de amantes. El gran evento tendría lugar el domingo por la tarde.

Susie llamó con antelación para pedir permiso, para que yo pudiera acudir a la fiesta en la piscina. «¿Habrá sexo?», pregunté. «Durante el día es una fiesta apta para las familias, de noche será para los adultos», dijo con un destello en la mirada. Durante el camino hasta la zona residencial a las afueras de San Luis, que nos llevó cerca de una hora (los que llevan el estilo de vida bromean con que esta es la distancia media que harán para asistir a un evento), especularon sobre quién asistiría. Una desventaja de bloquear a personas en Facebook es que no puedes echar un vistazo a la lista de invitados para ver si estarán ahí tus enemigos (Joe tiene un sistema: si la lista muestra más invitados que nombres, normalmente puede adivinarlo por descarte). «Puede que venga ese rarito», dijo Susie refiriéndose a un hombre que le parece racista. Hacía poco que había bloqueado a Joe en Facebook después de que este le llamara la atención por publicar una foto manipulada de Obama. Yo estaba nerviosa.

Cuando llegué a su casa y vi a Joe con su polo y sus pantalones caqui, me sentí más relajada sobre la ropa que llevaba, pero tuve una sensación extraña. Estaba intentando entender qué era. Pensé en una historia que me contó Ken sobre un sociólogo que fue una vez a observar Synergy. Más tarde se burlaron de la torpeza con que se sumergió con ese cuerpo pálido en el jacuzzi mientras sostenía una libreta. Al llegar al chalet, que estaba en una zona residencial, aparcar, sacar la neverita y las sillas plegables y entrar por una puerta lateral, me di cuenta de lo que era: nunca había estado en una fiesta sexual, por lo que no tenía ni idea de qué esperar, cómo encajar y actuar de manera normal. La idea en que me estaba basando era un estereotipo: mujeres exageradamente femeninas y hombres musculosos con bañadores slip en la piscina, una versión que tan solo conocía por las películas de Hollywood o el porno.

Entramos en el jardín con todas las cosas. Las mujeres llevaban bikinis y los hombres, pantalones cortos. Estaban charlando al sol mientras los niños y los perros merodeaban por la enorme piscina, que estaba separada por una valla. Miré hacia una mesa donde había hombres y mujeres jóvenes bebiendo cerveza. Un niño gateaba por ahí, empapado, al lado de un columpio para bebés, hecho de plástico y con decoración de Minnie. Visualmente, Susie, con ese bikini, los tatuajes descoloridos y la pieza de ropa para cubrirse hecha de malla, encajaba. Pero Joe, que estaba sacando la mezcla ya preparada de Skinnygirl Margarita, con esa cara recién afeitada y la piel libre de tatuajes y de piercings, parecía un caso aparte. Pensé en lo poco probable que era que Joe hubiera terminado aquí de no haberse unido a aquel grupo de Facebook y dependiera de su red social en la vida real de padres y científicos.

Había piñas por todas partes. Bordadas en toallas, en disfraces de bañadores, en platos de papel, en las botellas de agua alcoholizada de sabores que había traído Joe en su neverita. Un grabado grande en madera de una piña colgaba sobre la piscina con un cartel que decía: «DOMINGOS DE DIVERSIÓN». Había incluso una señal tradicional de bienvenida con una piña en la puerta principal del anfitrión y una piña decorativa enorme encima de una tumbona, como si fuera una persona. «Uy, hola, señorita Alexa. Siéntase como en casa. Mi casa es su casa, mi mujer es su mujer», dijo Hammer, que se parecía a Greg Kinnear con bermudas holgadas. Me tomó de la mano y la sostuvo entre las suyas, haciendo una reverencia burlona.

Susie me describió como una reportera «vainilla» que estaba escribiendo un artículo sobre el estilo de vida (y, obviamente, cuando le dieron el visto bueno, fue para llevar a una periodista vainilla al evento). Entonces me enteré de quién era para ellos: Vainilla. Al hablar con Hammer me di cuenta de que los pies se me estaban hundiendo en la tierra, que estaba mojada por el tráfico de la piscina. No dejaba de sacudir barro de las sandalias, lo cual me hizo sentir aún más nerviosa que con el vestido negro, y parecía que todo se estaba confabulando para que quedara claro que yo era algo distinto, que era vainilla. Miré la mano de Hammer y me di cuenta de que tenía un corazón tatuado en el dedo como si fuera una alianza de boda. Vive con sus hijos y una mujer llamada Nicole; no están casados, pero la llama esposa. «El novio de mi esposa está por ahí en alguna parte», dijo señalando la piscina, donde uno de sus hijos estaba haciendo el tonto con una rodaja de sandía inflable.

Al darme cuenta de lo cerca que estaban las casas vecinas, le pregunté a Hammer, que había empezado a sacar una bandeja con hamburguesas y perritos calientes, qué pasaba cuando se terminaba la parte en la que las familias eran bienvenidas. Señaló dos cuerdas largas que se extendían desde cada lado de la casa hacia la piscina separada por la valla; había colgado en ellas una serie de cortinas de plástico para la ducha, para cerrar el patio del resto de los vecinos. Una disposición curiosa. «¿Crees que lo saben?», pregunté, teniendo en cuenta la curiosidad que despertaría en mí si mirara por la ventana y viera que mis vecinos han puesto una cortina separadora en la piscina. «Por supuesto. Pueden unirse o dejarnos en paz», dijo.

Me encontré a Susie en la cocina mientras preparaba un plato de patatillas y salsa para untar y le pregunté: «¿Estás mirando a todo el mundo para decidir con quién te quieres acostar?». No había nadie en quien tuviera un interés especial. «Puede que él», se autocorrigió, señalando a un hombre calvo con unas bermudas de la bandera estadounidense. Encontrar a una pareja con la que ambos pudieran liarse no era fácil. Susie se consideraba sexual pero no románticamente bisexual, por lo que el arreglo perfecto era otra pareja heterosexual. Ella tenía requisitos más rigurosos para sus parejas sexuales que Joe: inteligencia y política. Es el tipo de mujer que llevaba una pegatina a favor del derecho a decidir en la parte trasera del coche por si acaso tenía que infiltrarse en una protesta en contra del aborto. Tanto en la vida como en el sexo, intentaba no acercarse demasiado a los republicanos.

Hammer se unió a una mesa de pícnic donde había hombres y mujeres en bikinis y bermudas que estaban fumando, comiendo y riendo. Me sentía reticente a acercarme a ellos. Me preocupaba que pensaran que no era vainilla, que me iba el estilo de vida, lo cual querría decir que podían mirarme y considerarme como una posible pareja sexual, o como alguien dentro del estilo de vida a la que se le daba mal todo esto y no conseguía encajar.

Una mujer de más de veinte estaba de pie, llevaba un bañador de dos piezas de color negro y hablaba en voz alta sobre sus sueños y esperanzas. Describió las complicaciones que había tenido durante el embarazo, el parto y el cambio que había hecho recientemente, de trabajar en un bar sin sentirse realizada a la educación de los niños. Al otro lado de la mesa, un par de mujeres aceptaban e intercambiaban cumplidos sobre la pérdida de peso de cada una y sobre los mecanismos para lidiar con el duelo (una de ellas acababa de volver del funeral de su padre). Cuando una mujer de mediana edad sonriente que llevaba un bikini decorado con cerezas mordidas se acercó a Joe, que le preguntó por su marido, se lanzó a contar una historia enrevesada sobre su reciente divorcio. Nada de conversaciones triviales.

Después de unos cinco minutos en la mesa, me relajé. Era casi como si estuviera en una charla entre parejas en algún lugar de Filadelfia durante los primeros años del siglo XXI. Los hombres estaban discutiendo sobre la logística de una orgía, específicamente sobre cómo lidiaban con el contacto con personas del mismo sexo. «Encajo los golpes cuando me encuentro en situaciones delicadas», dijo Hammer. Cuando le pedí que definiera «delicado», describió una situación en la que él y otro hombre estaban teniendo sexo con una mujer: «El otro hombre me agarra la polla y se la mete en la boca a ella. Y yo como que: vale, me pone. Para cuando me quiero dar cuenta, se la saca a ella de la boca y se la mete él». El grupo escuchaba y asentía de manera pensativa. Todos estaban de acuerdo en que no había nada peor que el pánico homófobo en una fiesta sexual. Las partes del cuerpo se tocaban, las cosas se podían enrevesar y volver confusas. Como dijo Ken: «Cuando estás excitado, las reglas cambian».

Si un chico se ponía como un loco por tener un contacto accidental con otro hombre, cortaba el rollo, y eso se contagiaba.

Pregunté qué más cortaba el rollo (esperando que no dijeran reporteras vainilla con sandalias llenas de barro). Las conversaciones triviales sobre la familia no se recibían demasiado bien (como dijo Hammer, «si alguien está en plan ¿cómo están los niños?, es muy difícil follar»).

Todos los que estaban en la mesa, que tenían entre veinticinco y cincuenta y pocos años, descubrieron el estilo de vida por Internet. Me acordé del archivo de Ken Kinsey sobre el poliamor y aquellas cartas a Anapol. La amplitud y la profundidad de la búsqueda de cada uno de los que le escribieron. A pesar de que crecí en un país más o menos aislado antes del advenimiento de Internet, desde la perspectiva consentida del presente la diferencia en la velocidad era abrumadora. Sí, había redes y maneras de establecer contactos y conseguir información antes de nuestra entrada al momento de los medios en el que estamos, pero el viaje era mucho más largo. El camino no estaba del todo iluminado, en muchos casos ni siquiera existía. No existía la miríada de moldes diferentes de los que nos empapábamos cada día. A la mujer de Wyoming le llevó doce meses conseguir la información necesaria hasta para empezar a relacionarse con alguien que pensara de manera parecida.

Pero también me chocó el modo en que la norma, en realidad, no había cambiado demasiado. Cada miembro del grupo de San Luis tenía su propia relación con privacidad. Algunos, como Hammer, eran totalmente abiertos, mientras que otros iban con más cuidado sobre con quién compartían aquella información. El consenso era que nunca sabías cómo iba a reaccionar la gente, y la no monogamia seguía siendo un tabú en la mayoría de sus mundos sociales. Aunque la no monogamia ética podía ser más accesible y fácil de explorar, el estigma era prácticamente el mismo que habían experimentado los de Delaware veinte años atrás.

Una de las críticas que se hacían a las personas que estaban en matrimonios abiertos era que se movían en las sombras, eran unos hipócritas, tenían sexo sin compromiso y luego posaban para los retratos familiares, contribuyendo al mito de que el matrimonio monógamo con niños es lo mejor para todos. No era la no monogamia lo que juzgaban, sino el secretismo. Lo que yo pensaba era: les da miedo reconocer su identidad en público, por lo que se presentan como si adhirieran a la norma que establece un estándar que nos impacta a todos. Cuando hablé con el Dr. Heath Schechinger, el psicólogo que inició un grupo de trabajo en la APA* sobre la no monogamia consensuada dirigido a instruir a los practicantes sobre este tipo de relación, enfatizó que a pesar de que cuanta más gente fuera abierta más normalizado estaría el comportamiento, no había que empujar a las personas consensualmente no monógamas para que salieran del armario. Ciertas personas con identidades marginalizadas e interseccionalizadas no tenían tantos privilegios cuando se trataba de los riesgos de declararse. Y declararse muchas veces conllevaba sacar a la luz también a la pareja o parejas. Pero él animaba a la gente que podía hacerlo con seguridad a que fuera más pública, para reducir el estigma. Cuando la prensa informó que se había establecido el grupo de trabajo de la APA, recibió correos electrónicos por parte de personas que le daban las gracias y le decían que les había dado la confianza para declararse, porque ese reconocimiento institucional había hecho que se sintieran normales. Los ejemplos de personas en la vida real eran igual de significativos.

Si hubiera sido por Joe, se lo habría dicho a todo el mundo, incluyendo a sus hijos. Tras haber salido durante unas semanas con Susie, se fue a casa en Atlanta con un subidón. Se lo contó a

---

* Asociación Estadounidense de Psicología. (N. de la T.).

su mejor amigo de la infancia. También a su hermana, y estaba preparado para contárselo a su madre bautista cuando Susie le recordó que eso significaría sacarla del armario a ella también. Ella sabía lo mucho que la gente juzgaba la no monogamia y sentía que, al fin y al cabo, no era asunto de nadie. Yo sentí que los prejuicios se me estaban colando: Joe actuaba desde la base del deseo masculino de exhibir sus conquistas.

Sin embargo, no era justo. Joe quería ser abierto sobre su nuevo estilo de vida y ofrecer a la siguiente generación un modelo sacado de la vida real sobre una manera diferente de habitar el mundo, algo que él había descubierto cuando había alcanzado la mediana edad. Tenía un problema con el secretismo del estilo de vida precisamente porque quería que el sexo fuera algo abierto, quería que fuera normal. Uno esconde las cosas de las que se avergüenza, y él no estaba avergonzado de su modelo de relación. Estaba orgulloso. Ese orgullo era la razón por la que hablaba conmigo. Quería que sus hijos lo supieran y que si eran como él, no se pasaran la vida forzándose a entrar en un molde monógamo. Quería ser como Ken o Deborah Anapol, una inspiración y un ejemplo para que lo observaran otros y supieran lo que podía ser normal.

2

JULIA Y EILEEN, ANDREW Y JANE

A veces Eileen bromea con su mujer, Julia, que tienen que llamar a la brigada para el control de animales porque hay un puma en su piso.* ¿A quién se refieren con el animal salvaje? A Britney, una gatita llamada así por la estrella del pop a la que idolatraba Julia de pequeña. La gata Britney suele portarse muy bien. Merodea por ahí, da zarpazos a los paquetes vacíos de Amazon y arrima la nariz a las planchas para rizarse el pelo o caza pestañas falsas que están desperdigadas por el suelo como si fueran arañas muertas. A veces se sienta y ronronea sobre el alféizar, mirando de reojo la calle principal de Chelsea, alegre y llena de taxis negros y de londinenses ocupados, vestidos con trajes y tacones. De vez en cuando se pone violenta y araña y da un zarpazo a sus dueñas, como si fuera una pantera en miniatura. La última vez que ocurrió, Julia rápidamente encontró el kit de primeros auxilios y revistió con cuidado las heridas de su mujer. Britney fue la primera responsabilidad compartida que

---

* En inglés, el término *cougar* significa «puma», pero también se utiliza para referirse a una asaltacunas. (N. de la T.).

tuvieron como pareja. «Estoy segura de que los niños son mara-villosos, pero tengo a Britney y la amo con locura», dijo Eileen cuando me la presentó.

Julia y Eileen llevan juntas tres años y son inseparables. Re-corren juntas la calle King's Road, van de cita al cine (a Eileen le encanta cantar a coro cuando salen los créditos, lo cual hace que la introvertida de su mujer se hunda en el asiento) y en ve-rano nadan juntas en el lago de Hyde Park. «Por nadar quiero decir que chapoteamos y nos abrazamos, como cachorritos», dice Eileen. Hacía poco estaban subiendo penosamente por las escaleras después de un día de hacer recados cuando Julia se giró hacia su mujer y le dijo: «De verdad, me encanta hacer cualquier cosa contigo. Es que me encanta estar contigo».

A pesar de que sus perfiles en las redes sociales están llenos de imágenes de ellas en fiestas y eventos de moda, la mayor par-te del tiempo son muy caseras. Probablemente, el interés común más importante que tienen son las redes sociales. Les encantan, todas ellas. Instagram y YouTube son su oxígeno. Cuando actua-lizan su estado o vigilan sus «me gusta», Eileen se pone las gafas y sostiene la carcasa de cuero del móvil bien cerca, como si estu-viera leyendo un libro. Cuando Julia tiene el teléfono de pelo rosa en las manos, parece que está sosteniendo un algodón de azúcar. Entonces pasan a estar en una especie de trance con los ojos brillantes mientras estiman lo populares que son en función del número de *clics*, «me gusta» y veces compartidas.

La primera vez que vi a Julia y a Eileen fue en Internet, cuando se hizo viral un artículo en el que hablaban sobre ellas en la prensa amarilla británica.[39] La historia y el vídeo que la acompañaba esta-ban vinculados a la «noticia» de que su relación existía. El hecho de que estuvieran viviendo juntas como una pareja romántica y sexual y que en ese momento se hubieran comprometido era, literalmente, la noticia: era un anzuelo para que hicieran *clic*, del tipo de «madre mía, no te vas a creer lo que estás a punto de ver», que depende de elementos visuales chocantes y titulares que llamen la atención para convencer.

En una escena en la sala de estar, Julia le da de comer tarta a Eileen con todo su cuerpo apretujado contra el de ella. También hay fotos de ellas fuera de su piso en Londres encajadas en un beso muy apasionado y una foto de la pareja con la madre de Julia, que parece coetánea de Eileen, sonriendo con incomodidad conforme las tres se inclinan para hacerse una foto con el teléfono de Julia. La historia aparece bajo el titular: «Mujer de 24 años con una novia de 61 dice que la diferencia de edad de 37 años no afecta a su relación».

Busqué sus nombres en la red, donde me encontré con el canal de YouTube de Julia, que empezó en 2014, a los veinte años. Me puse cómoda para ver algunos vídeos. La mayoría de los vídeos que publica son del tipo en los que cuenta historias: monólogos íntimos, como si fuera un diario. En un vídeo en el que la pareja conoce a la madre de Julia en Brasil, Julia, que lleva un bikini puesto, salta a una piscina y a los brazos de Eileen, que lleva un bañador de una sola pieza (con falda). Le acaricia los brazos y le besa el cuello. Eileen va pataleando con un flotador mientras Julia arrulla: «Mirad a mi preciosa novia. Es guapísima, la quiero muchísimo».[40] Tanto a nivel visual como en conversación, Julia es como esos mensajes de texto que explotan con purpurina, corazones y frases de «jo, qué lindo» y «cariño». Su larga melena parece un charco de vertidos de una fiesta infantil: de color carmesí en las raíces y lavanda en las puntas. Eileen está estupenda con un corte de pelo bob largo y los labios de color rojo oscuro, con el escote salpicado por manchas de la edad.

En los vídeos no se muestra nada de sexo, solo son ellas en su día a día. Se van de fin de semana al campo y se alojan en un Airbnb, bailan en un festival de música y comen patatillas picantes.[41] Graban su rutina de mañana, en la que toman el desayuno en la cama y se lavan la cara.[42] Renuevan el apartamento juntas y deshacen cajas.[43]

Mientras veía estas escenas cotidianas de la pareja, estaba buscando lagunas, yendo por todos los clichés que había absorbido sobre las relaciones con una gran diferencia de edad. Viven juntas en Londres, pero Julia es de Brasil y Eileen es estadounidense, por lo que tal vez sea por un tema de visado. ¿Y de qué trabaja Eileen? Busqué por Internet y descubrí que era escritora y que ocasionalmente colaboraba en la radio haciendo comentarios sobre política estadounidense. *No tiene un trabajo «de verdad»*, pensé, lo cual me hizo sospechar. Probablemente viva de una herencia, así que tal vez Julia quiera su dinero. O dado que Julia es una *influencer* en YouTube con cientos de miles de seguidores, están sacando provecho del factor sorpresa de su relación para conseguir atención mediática: no están enamoradas, es solo un montaje para ganar dinero. Por una parte, era como si me negara a creer que esa relación no estuviera sostenida por el intercambio de algo secreto. Por otra parte, estaba patologizándolas por completo y preguntándome qué tipo de madre se siente cómoda con que su hija de veinticuatro años esté viviendo en una relación romántica y sexual con una mujer con los sesenta años ya cumplidos.

Mi respuesta, de la que no estoy orgullosa, fue típica. Cuando Eileen comenzó a aparecer en los vídeos de Julia, poco después de que empezaran a salir, se hicieron virales (así las descubrió la prensa amarillista). La audiencia de Julia suele ser un círculo cerrado de mujeres que en su mayoría la apoya, pero en este caso millones de personas terminaron en su canal de YouTube, y muchos dejaron comentarios indignados:

¡Esa vieja es una pedófila!
¡Julia tiene mamitis!
¡Se está acostando con su abuela!
Se está besando con una vieja verde, ¡qué asco!

No eran solo troles anónimos los horrorizados. Al ir caminando en público podían sentir los ojos de los desconocidos sobre ellas. Era como si el ambiente estuviera cubierto por las cosas que nadie dice: «¿Mantienen una relación? ¿Qué está pasando?». E incluso las personas que las conocen las juzgan. Cuando empezaron a salir, una de las amigas más antiguas de Eileen aludió al poder y al consentimiento cuando mencionó que el cerebro no está totalmente formado hasta que se cumplen los veinticinco años. La crítica más común entre quienes las conocían era «¿por qué está esta joven explotándola?», como si Julia fuera un P. T. Barnum* contemporáneo que estuviera exhibiendo a su novia falsa para conseguir más «me gusta» y seguidores, y que era imposible que su relación fuera real.

* * *

Cuando me puse a pensar de dónde venían mis preconcepciones sobre las relaciones con una gran diferencia de edad, me di cuenta de que no conocía ninguna en la vida real. De hecho, todas las ideas que tenía provenían del cine o de la televisión y

---

* Empresario, político y artista circense estadounidense del siglo XIX recordado por sus célebres engaños. (N. de la T.).

los titulares amarillistas, y estaban basados en relaciones heterosexuales, normalmente entre hombres mayores y mujeres jóvenes. El tropo más común es el del hombre mayor lascivo que colma a su mujer trofeo, totalmente indiferente (que está esperando que este se muera), de Versace y diamantes. En la década de 1990 estaba la *playmate* de Playboy Anna Nicole Smith, que se casó con un billonario de ochenta y nueve años en silla de ruedas. Durante la primera década del siglo XXI, a los principales medios de comunicación les gustaba hablar sobre la versión femenina, conocida como «la asaltacunas» o *cougar*. Según se dice, la primera vez que se publicó el término fue en una página web de citas canadiense en 2001, cougardate.com. Una de sus fundadoras oyó por casualidad a su sobrino utilizar esa palabra al hablar de los hombres con los que ella solía salir. Antes de eso, la jerga (que puede que originalmente se utilizara para describir a las mujeres que andaban con equipos de hockey) se refería a mujeres que ligaban con hombres más jóvenes en los bares. Los fundadores de cougardate.com salieron en periódicos y recorrieron el circuito de programas de entrevistas, y como ha argumentado la geógrafa humana Rosemary-Claire Collard, en cuanto los medios empezaron a hacer circular el término, el empuje posfeminista que tiene —la celebración del poder de la sexualidad femenina de más edad— quedó debilitado.[44]

La sexualidad de la *cougar* fue percibida como algo sospechoso y agresivo, como si esta estuviera permanentemente cubierta de sudor, pasando el rato en algún sitio de terciopelo dándose placer a sí misma, como una gata gigantesca, sobre la pierna de un hombre joven y vulnerable. En 2005, Demi Moore, de cuarenta y dos años, se casó con Ashton Kutcher, de veintisiete, y se convirtió en la primera *cougar* famosa. La prensa amarilla la atacó despiadadamente, asegurando que era una persona inestable y moralmente cuestionable por exponer a sus hijos pequeños a una situación así. Luego llegó la serie dramática para televisión *Cougar Town*, donde Courteney Cox hace de una *cougar* graciosa recién divorciada y que se lo está pasando bien. Cuando la *cougar* no es agresiva ni asquerosa, es una broma, está pasando por una fase regresiva y utiliza a un amante más joven para renovar su sexualidad. Si tú, al igual que yo, cuentas con los medios de comunicación principales para moldear cómo se perciben este tipo de relaciones, no cabe duda de por qué tienes tus sospechas.

En un estudio de 2001 llevado a cabo por la Universidad de Mánchester, los autores encuestaron a ciento veintidós personas sobre las actitudes que tenían hacia diferentes relaciones heterosexuales con una gran diferencia de edad, y descubrieron que las impresiones negativas aumentaban cuando la diferencia de edad era más acusada y que cuando la parte mayor era una mujer, recibía una oposición más firme que cuando era un hombre. Entre las suposiciones que tenían los encuestados estaban que era probable que las relaciones con una diferencia de edad dispar no duraran, que sus participantes tenían poco en común y que estaban buscando una figura materna o paterna.[45]

La poca cantidad de investigaciones realizadas sobre relaciones entre personas de edades dispares muestra que son una minoría. Las opiniones sobre las relaciones entre personas que tienen una gran diferencia de edad puede que se expliquen por el hecho de que, en realidad, no son tan comunes. Los datos más recientes de Estados Unidos muestran que de las parejas heterosexuales muestreadas, solo el 8 % de los hombres tenía diez o más años que su mujer; solo el 2 % de las mujeres tenía diez o más años que su marido.[46]

Pero las diferencias de edad en relaciones entre personas del mismo sexo son más comunes. En 2014, el Instituto Williams de la Facultad de Derecho de la UCLA descubrió que el 31 % de las parejas de mujeres casadas tiene una diferencia de edad de cinco a diez años y el 16% tiene una diferencia de diez años o más en comparación con el 21% y el 8% de sus compañeros heterosexuales casados.[47] Las teorías sobre por qué se dan más uniones de este tipo en las relaciones homosexuales son infinitas, como que el mercado para ligar es más pequeño o la relación con los marcadores tradicionales del desarrollo «normal», como criar hijos y casarse, es ya de por sí más complicada. En un artículo en Internet sobre relaciones lésbicas en las que existe una diferencia de edad, la escritora Butch Wonders defiende que la diferencia de edad está más aceptada en el colectivo queer porque ya se están embarcando en una relación que desafía la norma: «Que además exista una diferencia de edad es solo la guinda del pastel de la depravación».[48] Pero las lesbianas también juzgan a Julia y a Eileen. A sus espaldas, durante una cena, una amiga que tiene unos cincuenta años y una novia de treinta y pico se puso intensa al intentar convencer a quienes estaban ahí de que Julia y Eileen fingían estar enamoradas. Sus opiniones fueron tan tajantes que la educada anfitriona británica no pudo sino tacharla de hipócrita.

Pregunté a varios terapeutas de parejas que trabajan con parejas de edades dispares qué opiniones tenían sobre el poder, pero también sobre el estigma. La Dra. Gail Saltz, una psiquiatra que trabaja en Nueva York, repasó la lista de suposiciones comunes. La búsqueda de un beneficio secreto, una «transacción» como un visado o dinero, puede explicarse por los celos; «las personas infelices traen su propio bagaje cuando juzgan cualquier relación». Según esta lógica, cuando la pareja parece feliz (y las personas en relaciones con diferencia de edad suelen ser muy felices o, por lo menos, tienen que proyectar esa imagen, porque su amor está sujeto a mucho escrutinio y estigma), la naturaleza humana quiere saber. ¿Qué les ofrece? ¿Qué pasa con la tendencia a patologizar a las personas mayores, en particular a las mujeres, que se sienten atraídas por parejas más jóvenes? La Dra. Saltz sugiere que aparte de que existe cierta incomodidad cultural con la idea de que las mujeres mayores son seres sexuales, podría ser que nos sintamos incómodos con el hecho de que las personas mayores tengan sexo, punto. Cuando una persona es mayor, el sexo ya no consiste en la procreación, y eso sigue siendo un tabú cultural. «Como cultura, entendemos la edad como sinónimo de decrepitud; el sexo afirma la vida, por lo que la idea de tener sexo con la decrepitud es asquerosa… Como si te estuvieran llevando a la tumba».

Para la trabajadora social clínica Karen Osterle, de Washington D. C., el mayor obstáculo hacia la aceptación es que las personas proyectan una relación de padres e hijos en ellos e interpretan dichas relaciones como si fuera incestuosas. A menudo percibimos a la parte más joven como una víctima incapaz de dar su consentimiento. Obviamente, el poder es un asunto a tener en cuenta en cualquier relación, y el desequilibrio de poder puede estar muy acusado en una relación con una gran diferencia de edad, porque con la edad suelen venir la riqueza, el estatus y la experiencia vital, los cuales equivalen a poder. Pero no podemos asumir una dinámica de poder basándonos solo en la edad. El poder puede estar presente en una variedad de formas, y asumir que la parte mayor siempre tiene más poder es tan erróneo como asumir que las personas mayores siempre saben lo que les conviene. Y el poder no es algo estable en el transcurso de una relación. Una manera obvia en la que esto se revierte en relaciones con diferencia de edad es que la parte mayor terminará perdiendo poder al ir cumpliendo años o al sufrir alguna enfermedad.

La Dra. Saltz cree que dada la intensidad del tabú social, las personas que entran en una relación con una gran diferencia de edad suelen actuar sobre un fuerte deseo, y aunque mantenerse unidos a través del juicio social puede amenazar el vínculo que tienen, es igual de probable que lo refuerce. De hecho, desarrollar habilidades para lidiar con el estigma social es una de las razones principales por las que las personas en relaciones con diferencia de edad buscan su ayuda. Ken Page, un trabajador social y psicoterapeuta «abiertamente gay», coincide con la Dra. Saltz en que como ocurre con otras minorías sexuales, las personas en relaciones con diferencia de edad crean un vínculo por el estigma social; muchas veces tienen que lidiar con la vergüenza causada por las proyecciones de otras personas, que toman la forma de opiniones crueles: la parte más joven es una cazafortunas o tiene un fetiche con las abuelas. La parte mayor es un perdedor superficial que se sintoniza con la juventud para validar su relevancia, como si estuviera engañando a alguien joven e ingenuo porque no es lo suficientemente bueno para alguien de su edad. Además, son «disidentes» trazando un camino sin el apoyo de la sociedad, lo cual se compara con la experiencia queer. Según los clientes a quienes han atendido, ¿qué es lo que normalmente hace que las relaciones en las que hay una diferencia de edad se derrumben? Lo mismo que causa la mayoría de las rupturas sentimentales: una comunicación pobre. La Dra. Saltz coincide en que lo más importante en cualquier relación es que tengan valores morales y objetivos similares, y que se puedan comunicar de manera efectiva.

En uno de los pocos estudios cualitativos de relaciones con edades dispares —un libro de autoayuda escrito por Jill Pitkeathley y David Emerson, basado en entrevistas con cien personas— los autores hallaron que estas conexiones suelen darse cuando las personas están lejos de su forma de vida «normal», como en vacaciones.[49] Al escribirlo en 1995, antes de las redes sociales y de ligar por Internet, notaron que hubo un «aumento» de relaciones entre personas de edades dispares conforme más y más servicios de agencias para encontrar parejas conectaron a personas cuyos caminos podrían no haberse cruzado de otra manera.[50] ¿Es más probable que se den estas relaciones en la era hiperconectada, en la que personas de diferentes condiciones sociales se pueden encontrar más fácilmente?

* * *

En Internet descubrí el término «relaciones con diferencia de edad», que ha sido adoptado por personas que están en relaciones de edades dispares como una especie de identidad. No existe un fundador de un «movimiento» concreto de la diferencia de edad: son personas reales que están en estas relaciones conectando entre ellos y dándose a conocer en varias comunidades virtuales. Al igual que el «estilo de vida», esta metacomunidad es típica de la era de los medios hiperconectados. Está unida por un lenguaje común e incluso una etiqueta en inglés (#agegaplove), pero no existe un club o una sociedad oficial. Hay una variedad de grupos esparcidos por las redes sociales públicas y privadas. En espacios más públicos, como la May December Society* (una red social fundada por una pareja con una gran diferencia de edad) o en YouTube e Instagram, el objetivo es normalmente hacer activismo y dar visibilidad: la gente se une

---

* *May-December romance* (en español, «romance de mayo a diciembre») se refiere a las relaciones románticas en las que hay una diferencia de edad considerable. (N. de la T.).

a una comunidad o se va a Internet para representarse porque quieren el apoyo y la aceptación de otras personas que comparten su experiencia, y quieren hacer que su modelo excepcional de relación sea visible. Quieren que los vean.

Busqué #agegaplove en Instagram y encontré miles de publicaciones etiquetadas. Hay casi treinta años de diferencia entre Lisa, de veintidós años, y su novio Marc, de cincuenta. Fui bajando por su perfil y miré las fotos en las que utiliza un iPhone con una funda de flores para tomar fotos de ellos en un espejo manchado con grafitis. Ambos llevan zapatillas de lona. Melanie y Paul, que tienen veintiocho y cuarenta años respectivamente, publicaron un retrato de ellos agarrados frente a una limusina de color blanco durante la noche en que se comprometieron. También comparten frases inspiracionales: «El amor verdadero no tiene fecha de caducidad»; «Cuando amas de verdad a alguien, la edad, la distancia, la altura y el peso son solo un número»; «Algunas personas son mayores a los 18 años, y otros son jóvenes a los 90. El tiempo es un concepto creado por los humanos», Yoko Ono.

Fisgoneé por la página web de la May December Society y exploré los perfiles de algunos de sus miembros. Todos parecían embriagados de amor y muy dispuestos a presumir de sus relaciones ante una audiencia que les diera apoyo. Algunos utilizaban con orgullo su nombre completo, otros incluían fotos, pero no daban nombres. Hay casi treinta años de distancia entre Jill Carpenter y Eric Langley. Jill no escribe mucho, pero comparte fotos de ella y del hombre de veintitrés años a quien conoció por Internet y con quien se casó el día que cumplió cincuenta y dos años. Su foto de boda es un selfie de la pareja sacando la lengua.[51]

Había una foto de una mujer de sesenta y picos años llamada Jane Beckman con su marido de treinta y picos años, Andrew

Crockett, dándose un fuerte abrazo. Jane y Andrew no se esconden y están muy orgullosos. Hay publicaciones largas sobre cómo se conocieron y cómo es su día a día, y una variedad de fotos que los muestran como pareja: en un concierto del grupo Nightwish, haciendo campaña por los demócratas, de vacaciones en un campo de amapolas.[52] Jane se describe como un «espíritu libre», se identifica más como *millennial* que como *boomer*. Comparte largas publicaciones sobre su historia familiar. Al igual que ella, muchos de sus familiares están en relaciones con diferencia de edad. Les cuenta a sus amigos virtuales que está ahí para ayudar a normalizar estas relaciones excepcionales: «Voy a establecer a mi familia como la nueva normalidad. De este modo, podréis tener un punto de referencia para señalar y decir: Mira, en comparación con la familia de Jane, no somos tan diferentes».[53]

Había unas cuantas mujeres en relaciones del mismo sexo. Ailene, de sesenta y un años, y su pareja Taylor, de diecinueve, de Florida del Sur, tienen una diferencia de edad de cuarenta y dos años. Parecía como si Taylor fuera la responsable de los selfies adornados con dibujos de orejas de ratón y de tiaras que dicen «amor».[54] Suelen publicar entradas con foto, como si fuera un diario, poniendo al día a la comunidad sobre su relación, la cual tienen que mantener en secreto de la familia religiosa y conservadora de Taylor. En su segundo aniversario compartieron una publicación en la que anunciaban que se habían comprometido, y después de una larga separación, daban las gracias a la comunidad por haberles permitido «compartir su amor… es casi el único lugar en el que podemos estar orgullosas de quienes somos».[55]

El fundador de la página web, Joe Leon, que en aquel momento estaba en una relación con Angela Di Pasquo, treinta y nueve años más joven, me contó que la idea de crear la comunidad surgió mientras reflexionaba sobre el hecho de que nunca ve en los medios a personas normales y corrientes en relaciones con diferencia de edad. Sentía curiosidad por lo que podía ocurrir si existía una página web en la que todos pudieran conocerse y ponerse en contacto. Vio con asombro cómo su pareja, ducha en las nuevas tecnologías, se sentó y creó la página aquella misma tarde. Aunque algunos de sus seis mil usuarios la utilizan para ligar, funciona mayoritariamente como un espacio seguro en el que la gente va a conocer a otros que apoyarán su relación. La petición de administración más común que recibe es por parte de gente que quiere actualizar su foto de perfil para añadir a su pareja. Están orgullosos de su relación, pero a menudo los rechazan en su comunidad en la vida real. «¿Ante quién más pueden presumir?». Detrás de las escenas, provee mucho asesoramiento. Los familiares, preocupados, quieren consejos sobre cómo llevarlo, y oye muchas historias tristes sobre distanciamientos, secretos y vidas dobles. Cuando hablamos, acababa de comunicarse con una mujer a quien habían excluído de la boda de su hermano porque mantenía una relación con un hombre mucho mayor.

También se ponen en contacto con él periodistas o productores de telerrealidad que quieren sujetos para sus historias. Explicó que existe una sospecha real cuando se trata de los medios, que típicamente explotan a estas parejas, con la esperanza de que los engañarán para que caigan en esos estereotipos. El mismo Joe ha tenido malas experiencias. Cuando apareció en un programa de telerrealidad con Angela, les indicaron que se tiraran cosas el uno al otro, y las imágenes fueron editadas para que pareciera que Angela estaba siempre de compras en el centro comercial. Cuando hice un llamamiento en el foro para entrevistar a participantes, recibí una respuesta por parte de un usuario de hacía mucho tiempo advirtiéndome de los problemas que la gente había tenido con los reporteros: «Incluso los que afirman querer ser comprensivos terminan escribiendo historias que nos hacen parecer locos; hay personas a quienes han acosado en el puesto de trabajo, que han recibido correos electrónicos degradantes, etcétera». Como nadie se puso en contacto conmigo, pregunté directamente a unas cuantas personas. Jill y su pareja dijeron que no querían hablar porque querían tener el control de su historia. Cuando les escribí un correo electrónico a Jane Beckman y a Taylor y Ailene, no recibí respuesta.

También hay salas de chat y espacios cerrados o más privados en Reddit o en Facebook en los que la visibilidad es menos importante. La gente acude allí para encontrar apoyo y recibir consejos por parte de compañeros comprensivos. En Reddit, me uní a r/AgeGap y me pasé horas leyendo publicaciones en las que encontré debates entablados sobre estos modelos de relación que se contemplaban con recelo. El estigma y rechazo al que se enfrentaban se basaba en la negativa a aceptar a aquellos a quienes querían. La gente hablaba de declararse y compartía consejos para gestionar los prejuicios recibidos por parte de terapeutas o de otros profesionales de la salud. Había conversaciones sobre el impacto de que les dijeran que su amor era amoral y pervertido, y la gente ofrecía apoyo sobre cómo lidiar con los juicios sociales, incluyendo los de la familia y los amigos.

Había discusiones sobre vivir abiertamente frente a hacerlo de manera escondida, y me enteré de que existía una queja común: que los mantuvieran en secreto del ámbito profesional y social de la pareja. Muchos hacían hincapié en que a pesar de las grandes diferencias de edad y de experiencia vital, los unía una conexión implacable. En muchos casos, esta conexión se daba a pesar de sus propias reservas sobre la gran diferencia de edad.

Hablaban de cómo habían asumido personalmente salirse de las normas sobre la edad a la hora de ligar. Había conversaciones sobre la salud y la discrepancia en los niveles de energía, actitudes contradictorias hacia los hijos o el deseo de construir una familia. Y, por supuesto, el peso siempre presente que afecta a estas uniones, sobre todo a aquellas en las que hay una diferencia de edad enorme: que una de las partes lo más seguro es que enferme o muera antes que la otra.

Cuando hablé con el moderador de r/AgeGap (un hombre del Reino Unido que ha estado en varias relaciones con mujeres más jóvenes y que insistió en mantenerse en el anonimato porque le preocupaba el estigma), me dijo que el debate crítico estaba bien siempre y cuando no se echara mano de estereotipos o argumentos clichés en contra de las relaciones con diferencia de edad, como que el cerebro no está del todo desarrollado antes de los veinticinco años, o que las personas que salen con gente mayor tienen una relación sin resolver con sus padres (es decir, que tienen mamitis o papitis), o que las personas mayores que salen con quienes han cumplido dieciocho años son unos pedófilos. Estaba encantado de permitir que los colaboradores debatieran sobre temas como el poder y el consentimiento, porque, en sus propias palabras, «a veces hay gente que publica algo diciendo que su relación es maravillosa cuando no lo es, y de verdad necesita escuchar las señales de alarma». O como escribió un moderador en un hilo reciente: el espacio no está diseñado para ser un «círculo de autobombo» sobre la diferencia de edad.

Las respuestas no tardaron en llegar cuando hice un llamamiento para que hablaran conmigo, pero los veinte que me respondieron querían permanecer en el más absoluto anonimato, porque no les habían contado a sus amigos y familiares lo de sus relaciones. Nos comunicamos a través del teléfono y del correo electrónico. Al igual que Pitkeathley y Emerson más de veinte años atrás, encontré una cosa en común en cómo se habían conocido, ya fuera por Internet —a través de una aplicación para ligar o un foro en una comunidad sobre la diferencia de edad— o en una situación social que los había sacado de su sector demográfico típico (un curso en un centro de estudios superiores, un evento social o de caridad, o de vacaciones).

A los usuarios de Reddit con los que hablé les preocupaba lo que pensaran los demás sobre la parte mayor en la relación de pareja: que dedujeran que su interés por la juventud era depredador y la evidencia de un abuso de poder. Esa es una de las críticas más férreas sobre las relaciones con diferencia de edad y la base de la normatividad, que ser mayor equivale a poder. Nina, una mujer de veintisiete años que mantiene una relación con un hombre de cincuenta y cinco, me dijo que no le preocupaba lo que la gente pensara sobre ella, pero que le daban miedo los juicios que emitían sobre el interés que tenía su pareja por una mujer más joven. Otra mujer, que a los veintinueve años tenía un novio de sesenta, me suplicó que no incluyera sus nombres porque para su familia se trataba solo de un amigo íntimo. Al igual que a Nina, le daba miedo lo que pensaran de su novio, que tenía dos años menos que su padre. Las suposiciones que más le molestaban eran la idea de que debía haber una transacción secreta que justificara su amor —el estereotipo del *sugar daddy*— y que no tenía poder en la relación. Se fue a Internet para buscar apoyo cuando se sintió sola al estar en una relación que no se parecía a la de sus amigas íntimas: «Esperaba encontrar apoyo por parte de personas que no lo ofrecieran solo por conocerme y quererme, sino porque de verdad entendían cómo es».

Estaba revisando la lista de seguidores del May December Society en Instagram cuando me encontré con una mujer de dieciocho años de Texas llamada Jordan, que moderaba un grupo de Facebook para relaciones entre lesbianas con diferencia de edad. La página utilizaba una foto de Julia y de Eileen en la que salían juntas, sonriendo y vestidas de fiesta, como logo. Jordan inició ese grupo de Facebook cuando su pareja de cuarenta y nueve años, que tenía más problemas con el tema del estigma que Jordan, dijo que encontrar una comunidad podía ayudarla a sentirse más cómoda sobre su relación transgresora. Buscó grupos de encuentro locales, pero no había ninguno. En sus propias palabras: «No deberíamos buscar la aprobación de los demás, pero es agradable contar con apoyo. Ver a otra gente pasando por las mismas cosas hace que las cosas sean un poco más fáciles».

La aspirante a poeta conoció a su novia de cuarenta y nueve años en match.com. Su novia, que tiene un trabajo corporativo en un gran banco, era reticente a involucrarse, pero entablaron una conversación, se conocieron en la vida real y empezaron una relación. Jordan dice que prefiere a las mujeres mayores, que simplemente se siente atraída por ellas. Esperó hasta que pudiera perseguir sus intereses de manera legal con la ayuda de Internet antes de actuar sobre sus sentimientos. Como dice, «en la vida real nadie lleva una señal sobre la cabeza que diga: ME GUSTAN LAS MUJERES JÓVENES». Sí pueden y lo hacen, no obstante, en Internet.

Mientras intentaba comprender su preferencia, los vídeos de Julia y Eileen en YouTube y sus publicaciones en Instagram le resultaban reconfortantes. No solo se sentía menos sola al ver otra pareja lesbiana con una gran diferencia de edad, sino que además la tranquilizaban los comentarios de apoyo que recibían de sus seguidores. Quería que su grupo de Facebook hiciera que más personas hablaran sobre las relaciones con diferencia de edad, que las hicieran más «normales». «Eso solo ocurrirá si la gente sale y empieza a contar su historia. Por el momento, la gente solo mira estas relaciones y piensa que la parte joven está utilizando a la mayor por dinero y que la mayor está usando a la joven por sexo, pero no es así para nada».

La segunda vez que Jordan y yo hablamos por teléfono, estaba molesta. Su novia acababa de romper con ella. No podía hacer frente al estigma, le daba miedo lo que pensaran sus amigos y familia: «A ella le parece bien, pero sabe la manera en que la sociedad percibe las relaciones con diferencia de edad y no quiere tener que mantenerse firme o lidiar con los juicios que se nos imponen. A ella no le parece mal, pero la manera en que otras personas lo ven le hace sentir lo contrario». Jordan cree que la discriminación contra las relaciones con diferencia de edad no se distingue de la homofobia y que, al igual que esta, es resultado de la ignorancia: «La gente se siente mejor al odiar a personas que son diferentes; por lo general simplemente aceptan lo que dicen otras personas. Al fin y al cabo, las parejas homosexuales, las heterosexuales y las que tienen una diferencia de edad son lo mismo. No hay diferencia más allá de la apariencia física. Es juzgar en base a lo que se ve, no a lo que se conoce». En ese momento me di cuenta del poder que tenía la autorrepresentación de Julia y Eileen: al estar al descubierto y codiciar de manera agresiva la atención mediática, intentaban normalizar su tipo de relación única.

Les escribí un correo electrónico a Julia y a Eileen preguntándoles si les interesaba hablar, y recibí una respuesta inmediata por parte de Eileen: «Estando en la supuesta vanguardia de esta nueva forma de amor, nos sentimos agradecidas por la oportunidad de normalizar lo que para nosotras es, en realidad, otra manera más de experimentar la íntima gracia conocida como amor romántico».

Cuando conectaron en Tinder, lo primero en lo que se fijó Eileen sobre Julia fue en que no estaba utilizando la típica foto de las páginas para ligar, glamurosa y con una pose estándar. Estaba haciendo una mueca con un ojo cerrado. Esto, además de su breve descripción (vegetariana, estudiante de música, pelo brillante, brasileña, veinticuatro años), le sugirió a Eileen que había algo auténtico sobre esta mujer, quien —razonó— debía tener mucha confianza para desafiar las convenciones del ligue por Internet con una foto imperfecta. Hizo lo que haría cualquier persona soltera cuando está en Internet buscando sexo, amor o ambas y siente el pinchazo de una posible conexión: deslizó hacia la derecha y se alejó del móvil.

Pasarían dos semanas antes de que recibiera una alerta indicando un *match*. Eileen describe su conexión inicial como «implacable». «Fue como si los planetas se alinearan. No soy muy propensa a este nivel de cursilería», dice. *Parece agradabilísima*, pensó para sí misma, y rompieron el hielo con bromas coquetas. Se pasaron los días chateando, y fueron de los mensajes de texto a las llamadas de voz. En ningún momento sintieron que tuvieron que forzarlo, la conversación fluía.

Ninguna de las dos estaba buscando el amor. Julia acababa de terminar una relación y quería distraerse con un interés nuevo y casual. Eileen, que acababa de salir de un largo período sexual latente, se unió a Tinder porque quería tener sexo y se había enterado de la reputación que tenía como aplicación para conseguir polvos. Había ganado peso de manera significativa y llevaba tanto tiempo sola que no se creía capaz de dar el salto saliendo y teniendo que conocer a alguien en la vida real. No tenía ni la energía ni la confianza para ir a bares y discotecas, e incluso después de establecer una relación por Internet, la idea de quedar con una desconocida era abrumadora. Tinder era un laboratorio que le permitía conectar con alguien y explorar su sexualidad.

A pesar de que quería sexo, la intimidad sin una conexión sentimental o intelectual no le terminaba de funcionar, por lo que establecer esa relación era importante para Eileen. Contactó con unas cuantas mujeres que tenían una edad más cercana a la suya, pero le pareció difícil relacionarse con ellas. Tenían diferencias políticas, como una peluquera de las afueras de Londres, con quien habló un tiempo pero era demasiado conservadora, por lo que nunca llegaron a quedar. Muchas volvían a estar en el mercado tras haber salido del armario, y habían dejado matrimonios largos e infelices con hombres, se habían pasado la vida entera en las zonas residenciales, estaban absortas con hijos adultos y nietos o se habían quedado estancadas en la mediana edad. Era difícil encontrar a personas que hubieran tenido experiencias variadas como ella, que había vivido en diversos países. Por mucho que lo intentara, no conseguía «conectar».

Conectar de manera sexual tampoco era fácil. Hubo una mujer francesa que fue a pasar el fin de semana con ella, pero en la vida real no se sentía atraída por el gran cuerpo de Eileen (más adelante, cuando empezó a conocer a Julia, Eileen le mandó un mensaje que decía: «Debo avisarte que soy un poco gordinflona»). A otra mujer le iba mucho lo de los pies. «Intento no juzgar a nadie, y me encanta un buen masaje en los pies, pero se convirtió en el centro de atención, fue algo obsesivo y se me quitaron las ganas». Eileen fue franca sobre los objetivos que tenía con todas las mujeres con las que estuvo en contacto, por lo que durante las primeras conversaciones con Julia después de haber ligado, hacer bromas y saber cosas sobre la vida de cada una, establecieron rápidamente lo que Eileen describe como una serie de intercambios «eróticamente íntimos», iniciados por Eileen, pero aceptados con entusiasmo por Julia.

La inquietud por su diferencia de edad se instruyó en su relación desde el principio. Eileen insiste en que no había problema cuando se trataba de su dinámica real, pero le preocupaba lo que pensaran los demás. Es «hiperconsciente» de la impresión que se lleva la gente: «No lo digo como para implicar que me siento insegura por ello, es solo que sé que [para aceptarlo] la gente tendrá que cambiar de bando en la primera impresión». De hecho, mintió sobre su edad en el perfil y dijo que tenía cincuenta y pocos, pero le contó la verdad a Julia antes de quedar; su relación virtual escaló tan rápidamente que sintió la obligación de ser totalmente sincera. Cuando Julia recibió el mensaje de Eileen diciendo que tenía que confesarle algo, aguantó la respiración y esperó su siguiente mensaje: «Tengo 60 años, siento no habértelo dicho. No quería que me juzgaras, y la gente juzga mucho a las mujeres de más de 60 años». La novia anterior de Julia tenía cincuenta cumplidos, por lo que no le preocupaban los años de más. Tenía la preferencia de edad establecida de manera amplia: desde los dieciocho hasta los cien años. Su última novia estaba en el armario cuando se conocieron a través de una página web de citas, y aunque al final salió, mantuvo a Julia en secreto en ciertas partes de su vida, por lo que le preocupaba más que Eileen fuera a revelarle algo parecido.

¿Estaba buscando Eileen específicamente a una mujer más joven? Sí. Aparte de haber vivido siempre en ciudades donde ligar y los grupos de amistades no estaban tan estrictamente segregados por generación, Eileen nunca se había sentido de su edad: no tenía «expectativas rígidas» sobre cómo debían ser las cosas o sobre cómo debía comportarse siendo una mujer de sesenta años. Había tenido muchas relaciones con mujeres diez y quince años más jóvenes, y sus círculos de amistad siempre habían sido mixtos.

Pero más que eso, se sentía atraída por la juventud. Y decía ser una persona visual. «Soy una putita de la belleza; me gustan los coches bonitos, el arte bello. Julia es una mujer preciosa y profundamente erótica, lo cual es, simplemente, una poderosa y extraordinaria combinación. Si la gente pudiera dejar de juzgar por un momento, verían que no hay nada patológico en celebrar lo que no soy». Pero su inclinación por la juventud no era solo física. Eileen fue franca sobre el hecho de que le atraía la energía jovial de Julia, su afabilidad, su falta de cinismo, como resultado de que había pasado treinta y siete años menos siendo apaleada por la vida. Como dice Eileen, «el mundo no la ha amargado» aún. Le atrajo su espontaneidad y su energía: «Cuando te haces mayor, te refrenas de alguna manera, y es triste y frustrante, pero es lo que hay». Se negaba a ver a Julia como una víctima. Al celebrar su juventud, estaba celebrando su poder.

Así como Eileen siente preferencia por la juventud, Julia se siente atraída por la madurez. Más o menos al mismo tiempo en que lo suyo se hizo oficial, esta última publicó un vídeo en YouTube donde se dirigía a sus seguidores para hablarles sobre su relación con diferencia de edad. Vestida con una camiseta que decía «POR QUÉ ESTÁS SIENDO RACISTA, MACHISTA, HOMÓFOBO O TRÁNSFOBO CUANDO PODRÍAS ESTAR CALLADO», dice que preferiría observar el cuerpo de Madonna a los sesenta y un años que el que tenía cuando era joven, y que encuentra a las mujeres mayores más atractivas físicamente que a las jóvenes.[56] Para ella es simplemente un «tipo», igual que a algunas personas les atraen las rubias o las personas que son altas. Ha estado recordando su infancia para encontrar un momento que «explique» la atracción que siente. Era hija única y pasó mucho tiempo en compañía de adultos. Su madre la crio estando soltera, y la relación que tiene con ella se parece a la de compañeras: cuidan la una de la otra, y en muchas ocasiones Julia asume un rol maternal (cuando hablamos sobre esto, Eileen se mostró pensativa y luego dijo: «Tener una relación íntima con una madre soltera te ha dispuesto a tener una manera muy madura de relacionarte con mujeres mayores»). Su preferencia romántica y sexual refleja sus amistades; se siente atraída por la madurez y la conversación intelectual.

Aparte de sentirse físicamente atraída por Eileen, a Julia la atrajo el profundo conocimiento político que tenía, su estilo de comunicación directo y honesto y, después de conocerse en la vida real, lo elocuente y tranquila que es cuando se expresa cara a cara. En secreto, agradecía que Eileen no fuera de una generación que utilizara Google para investigar a todas las citas en potencia; a Julia le llevó un mes confesarle que era youtuber, porque pensaba que a esa mujer mayor le parecería algo inmaduro y vacuo. Eileen mostraba su identidad, no pensó en ocultar su nombre ni apellido, así que Julia la espió en Internet y encontró sus cuentas de Twitter e Instagram. Leyó sus tuits y le gustó ver que parecía ser capaz de transmitir de manera elocuente la misma opinión política que tenía ella.

La primera cita que tuvieron fue en el sofá de Eileen. Mientras se estaba preparando, Julia recuerda que pensaba en lo íntima que se sentía ya para entonces con la mujer que se había convertido en su confidente las veinticuatro horas del día. Eileen decoró el apartamento con lucecitas; comieron pizza (Julia intentó comer, pero estaba tan nerviosa que solo pudo con un trozo) y bebieron prosecco. Terminaron la noche con un beso, pero no hubo nada de sexo hasta que quedaron por segunda vez.

Su relación avanzó rápidamente. Las citas se convirtieron en algo regular y enseguida empezaron a pasar todo el tiempo juntas. Cuando no estaban una al lado de la otra, utilizaban el teléfono para mantenerse en contacto. Los horarios que tenían funcionaban bien juntos, lo cual podía ser un obstáculo importante cuando se trataba de negociar las dinámicas de una nueva relación. Ninguna tenía un trabajo de oficina de nueve a cinco, y Eileen estaba contenta haciendo lo suyo mientras Julia se pasaba horas frente al ordenador editando vídeos para cumplir con la fecha de entrega de los patrocinadores de YouTube. Eileen podía acompañar con facilidad a Julia cuando se pasaba la tarde de un día laboral grabando. Tras unos meses juntas, Julia estaba en una de sus llamadas diarias con su madre y Eileen le pidió que le tradujera algunas palabras al portugués.

Llevaban nueve meses siendo pareja oficialmente cuando Julia se mudó al pequeño piso de un dormitorio de Eileen. Julia llenó la habitación con su colección de zapatos y ropa, y dejó las estanterías de la sala de estar para que Eileen tuviera su amaro y su ginebra. Armada con una pistola de clavos y pinceles, empezó un proyecto de renovación colocando estanterías para que la habitación de Eileen pudiera albergar sus pertenencias, y juntas adoptaron a la gatita Britney. «Puede que estéis pensando: "Vaya, os acabáis de conocer y ya estáis viviendo juntas"», dijo Julia a sus seguidores en un vídeo de YouTube cuando dio la noticia. «No estamos actuando de manera impulsiva, hemos hablado las cosas», dice una Eileen más seria, sentada a su lado.[57] Llevaban juntas casi un año cuando Julia se puso en cuclillas en el suelo de la cocina utilizando el iPhone para grabarse, mientras la pizza daba vueltas en el microondas. Susurró para que Eileen no la oyera y les dijo a sus fans que había decidido pedirle a Eileen que fuera su mujer.[58]

* * *

Era el verano de 2019, unas semanas después de su boda, cuando llegué a Londres para conocer a Julia y a Eileen en carne y hueso. Eileen es estadounidense, pero su madre es irlandesa; se mudó a Londres con treinta años. Julia es brasileña de ascendencia alemana, por lo que también heredó un pasaporte europeo y fue a Londres sola a los dieciocho años. Estuvimos en contacto la mayor parte del año, sobre todo mediante llamadas de WhatsApp o con mensajes de voz, la manera preferida de Eileen para mantenerse en contacto: le encanta hablar y odia tener que ir a por las gafas. Salí del metro en South Kensington y zigzagueé entre turistas perezosos que intentaban encontrar museos locales durante el corto camino que hice hasta llegar a su piso en Chelsea; llevaba agarradas las cajas de macarrones con queso instantáneos de la marca Kraft que Eileen me había pedido para darle una sorpresa a Julia —una «delicia» estadounidense que no había probado—. Se habían casado el mes anterior a que yo llegara, y en la sala de estar tuvieron metidas a la mejor amiga de Julia, Lara, a su tía y a su madre durante dos semanas mientras se preparaban para la boda, por lo que estaban agotadas y sin dinero. Decidimos pasar nuestro primer día juntas en su piso. Julia podía prepararnos un arroz con habichuelas: las sobras de sesenta comidas que había congelado para alimentar a la casa llena de mujeres.

Me recibió Eileen, que iba con ropa de andar por casa y zapatillas para correr, y una Julia sin maquillaje, que parecía más pequeña y tímida en la vida real (la mayoría de la gente que la conoce se queda desconcertada por su introversión). Acababan de terminar de escribir un largo correo electrónico a los productores de un programa de telerrealidad en el que decidieron no participar cuando los productores mencionaron que querían centrarse en parejas que tuvieran una diferencia de edad y fueran ricas. Julia, que es mucho más ducha en eso de los medios que Eileen, sabía que era una manera de indicar que se trataba de algo en lo que las iban a explotar. Y además, ninguna tiene mucho dinero. El estereotipo que más molesta a Julia es el tropo de la cazafortunas. Ella es independiente y trabaja duro. Llegó a Londres por su cuenta siendo adolescente sin saber nada de inglés, trabajó durante un desalentador invierno friendo churros en un puesto de mercado, le pagaron poquísimo trabajando como niñera, ingresó en Goldsmiths, de la Universidad de Londres, para estudiar canto clásico y trabajó hasta llegar a los casi trescientos mil seguidores en YouTube. Todo ello antes de cumplir los veinticinco años.

Al pasar tiempo con ellas, quedó claro que existía un intercambio productivo intergeneracional y una diferencia en el núcleo de su relación que hacía que las cosas fueran emocionantes. Era como si fueran aventureras explorando juntas los mundos de cada una. Si hubiera que asignarles un rol en la relación, Eileen sería la comunicadora. Suele ayudar a Julia con los borradores para responder a correos electrónicos o a mensajes de texto y también a resolver conflictos que tiene con sus colegas. Durante el segundo día que pasé con ellas, se desató una larga y enrevesada «charla de sentimientos» cuando Julia, que tiene problemas para ser directa, no le pidió a una amiga que se marchara cuando yo llegué. Julia le da consejos a Eileen sobre cómo responder mensajes directos y, en general, sobre cómo gestionar su presencia en las redes sociales. Le ha dicho que es mejor que no interactúe, porque entonces se convertirá en una conversación «y no puedes tener una conversación con miles de personas». Eileen quiere contestar cada comentario y mensaje que recibe; no está acostumbrada a términos como «dejar en visto» o *hacer ghosting*, y fue socializada durante una época en la que no había tantas maneras de utilizar la tecnología para evitar la comunicación directa.

Eileen dice que tiene «un porte, una piel» mucho más curtida que la de Julia, que es tan sensible que a veces se echa a llorar en mitad de una frase. Pero si alguna ocupa un rol materno en la relación es Julia. Le prepara té a Eileen cuando está mala, se encarga de la comida, se asegura de que no coma demasiada comida basura y vigila sus finanzas. Eileen no tiene tanta disciplina como Julia, criada por una madre soltera y trabajadora que le enseñó a estirar los recursos que tuviera. Pero en el ámbito doméstico, Eileen es más organizada. Queda maravillada ante la manera en que Julia gestiona su propio negocio de YouTube mientras que ella no puede ni mantener su habitación limpia.

Eileen es más rígida a la hora de hacer algunas cosas, como cortar la comida de cierta manera u hospedarse en un determinado hotel; tiene el tipo de rutinas cómodas que vienen con la edad. Como dice Eileen, cuando «una se hace mayor, surge la necesidad de controlar o manejar la vida». Julia es creativa. Eileen bromea con que toma cualquier cosa, desde hacer una tostada hasta envolver un regalo, y lo convierte en una forma elaborada de autoexpresión. Eileen es realista, mientras que Julia es optimista. Eileen no es tan abierta de mente o políticamente correcta como Julia; le cuesta entender conceptos como la fluidez de género y utilizar el pronombre «elle». A Julia no le da vergüenza regar a Eileen con afecto y elogios. Tanto en cámara como en la vida real, se queda mirándola y dice repetidamente: «Eres preciosa; ¡estás tan buena!». Se entrega a formas extremas de afecto público. La primera vez que tuvieron una cita en un restaurante, Eileen quedó desconcertada cuando Julia la besó de un modo descarado bajo las luces brillantes en un bar de sushi de calidad.

Cuando la amiga de la infancia de Julia, Lara, estuvo en Londres para la boda, se dio cuenta de que no podían ir a ninguna parte sin que esta abrazara o acariciara a Eileen y le dijera lo mucho que la quería. «Es en plan: "Dios mío, te quiero, te quiero todo el rato", y yo pienso ah, ¿que os queréis? Menos mal. ¡No me habría dado cuenta si no lo hubierais dicho tres veces!».

En una función a la que asistimos juntas, un evento para *influencers* en una discoteca del lugar, volví del bar y me encontré a Julia montada sobre Eileen; se estaban comiendo la cara como si estuvieran solas en su suite de luna de miel. Vi a Julia acomodar la cabeza sobre el pecho de Eileen y deslizarse hasta su regazo, y debo admitir que pensé *¿de verdad esto es necesario?*

Una cosa que contribuyó a su conexión inicial fue el hecho de sentirse más cómodas expresándose en Internet. De hecho, tal vez «conectaron» sobre todo a través del amor que compartían por las redes sociales y su deseo de expresarse, de que las vieran. Pero mientras que Eileen había experimentado lo de expresarse en línea antes de conocer a Julia —por ejemplo, en el período previo a las elecciones presidenciales de EE. UU. de 2016, se pasaba veinte horas al día en Twitter—, cuando se conocieron, YouTube era un mundo desconocido para Eileen, que pensaba que estaba sobre todo lleno de vídeos que te enseñaban a hacer cosas, como preparar pan o cambiar una rueda. Poco después de que se fueran a vivir juntas, Julia animó a Eileen a que intentara hacer algún vídeo por su cuenta.

* * *

De niña, Eileen ni siquiera consideró que el matrimonio pudiera ser una opción. Nació en 1957 y creció en Nueva Jersey, donde vivió lo que denomina «una infancia de Mark Twain». Era una marimacho en un barrio de la generación *boomer* en el que los niños parecían salir en masa de casas biparentales como si fueran payasos saliendo de un coche. Vagaba por las calles, tenía las rodillas magulladas y raspadas de jugar al hockey o al fútbol americano con grupos de niños, y el dedo gordo del pie se le salía de la zapatilla. No se sentía presionada a llevar vestidos, a sumergirse en color rosa o a jugar con muñecas. Como dice ella: «El mundo estaba totalmente abierto para mí. No me vi forzada a ser una nena».

Su familia se informaba a través de los medios que emitían desde Nueva York, que estaba a unos cuarenta y cinco minutos en coche desde su hogar. Cada día su padre volvía del trabajo como repartidor de pan de la marca Wonder con una copia del periódico del condado y el *Daily News*. El consumo de los medios era comunitario y venía de una sola fuente; no había ordenadores en las habitaciones ni películas en el teléfono entre las manos. Había un autocine, la radio estaba puesta en una emisora de Nueva York y la televisión estaba siempre encendida, pero siendo pequeña no vio ni escuchó nada sobre relaciones sexuales entre mujeres en ningún lugar. Recuerda a la tenista lesbiana Billie Jean King, pero más como estrella del deporte y mujer fuerte. Si hubo rumores sobre la sexualidad de King, Eileen no se enteró, y estaba en la veintena cuando sacaron del armario a King en 1981. Ninguna cadena importante de televisión sacó una escena en la que hubiera dos mujeres besándose hasta 1991, en L. A. Law. Y cuando Ellen DeGeneres se declaró lesbiana en 1997, fue la primera mujer que lo hizo en horas de máxima audiencia en la televisión.

Al echar la vista atrás, puede ver que el primer flechazo que tuvo fue con una niñera. Cada vez que sus padres anunciaban que tenían planes por la noche, ella se ponía contentísima. Los sentimientos que tenía por esa mujer no eran sexuales; era una fuerte sensación de cariño y conexión que nunca había sentido por ningún chico. Se hizo mejor amiga de su vecina, una gimnasta, cuya compañía le pareció «embriagadora»; de nuevo, no era nada sexual, sino más bien que quería estar con ella constantemente. Era adicta a su presencia. Quería inhalarla como si fuera una droga. Tuvo esos mismos sentimientos apasionados por una compañera de clase. Estaban jugando al billar en su sótano un día cuando, de manera espontánea, Eileen la miró fijamente a los ojos y le dijo: «Pareces un tigre». Recuerda que se puso roja y se sintió avergonzada mientras su amiga la miraba confundida. Tuvo un novio durante el último año del instituto con el que perdió la virginidad. Al decir estas palabras hoy en día, dice que le parece espeluznante, «como si hubieran asignado a las mujeres la idea de la virginidad que un hombre puede arrebatar», como si fuera un pedazo de oro o algún otro tipo de trofeo para colocar en la repisa. «La verdad es que yo elegí acostarme con él; él no me estaba arrebatando nada». No fue la mejor de las experiencias, no hubo una conversación previa, simplemente ocurrió. Encontró algo de placer al besarlo, pero cuando lo recuerda, puede ver que simplemente se estaba dejando llevar y que no estaba reconociendo las emociones más potentes que sentía por las mujeres.

Durante su segundo año en la universidad, conoció a una cantante de quien dice que se enamoró, pero no tuvieron sexo. La cantante era heterosexual, que es lo que Eileen seguía considerándose en aquel momento. Tuvieron lo que ella llama una «amistad romántica». Una noche fueron a una charla que dio el orador motivacional Leo Buscaglia, que hablaba sobre el amor. De vuelta hacia la residencia universitaria, Eileen se volvió hacia su amiga y le dijo: «Te quiero de verdad». En aquel momento lo dijo de una manera platónica para describir aquella intensa amistad, pero, de nuevo, echando la vista atrás, puede ver que estaba teniendo problemas para articular una pasión que no sabía cómo expresar.

Pese a que Eileen cree que la invisibilidad cultural de lo gay la desconectó de su identidad sexual, también reconoce el impacto que tuvo su caótica vida doméstica, que le arrebató mucha energía sentimental durante su desarrollo. A la madre de Eileen le diagnosticaron artritis reumatoide a los treinta años, justo después de su nacimiento. No recuerda ningún momento en el que su madre no sufriera dolor. Tenían una cama de hospital a medida, una enfermera y horarios para que se tomara la medicación. Al final le quitaron las articulaciones de manos y pies y las reemplazaron con plástico. Hubo momentos en los que Eileen se sintió más como una cuidadora de su madre que como su hija, pero quería mucho a aquella mujer con un acento irlandés muy marcado (en una ocasión se la llevó al colegio para exhibirla delante de toda la clase; la veía como un souvenir exótico, como un dinosaurio que le dieron durante unas vacaciones en Florida). Eileen tenía veinticuatro años y vivía en casa, después de haber dejado la universidad, cuando su padre la despertó y le dijo que se diera prisa. Fueron imágenes crudas, sin editar: su madre muerta, con el camisón de noche puesto, tirada en el suelo de la cocina; estaba azul, el beicon se estaba friendo.

Eileen dice que se enteró de lo que era ser gay por el boca a boca. Era la década de 1980, antes de Internet. Hubo dos mujeres que fueron importantes guías conforme se adentró en ese viaje. Una de ellas fue una amiga a la que conoció en una clase de fotografía en la universidad, que reveló que se sentía sexualmente atraída por las mujeres. Se pasaron el verano juntas en la playa. Se emborrachaban y a veces se besaban. Dice que esa fue la primera vez que se planteó ser algo diferente a heterosexual; ser lesbiana simplemente no estaba en su conocimiento. Un año más tarde, más o menos, una amiga del instituto a la que siempre había admirado y a quien quería emular, que había dejado la Universidad Dartmouth y se mudó a Nueva York, le dijo a Eileen que se había acostado con una bailarina. Expuso la historia de manera prosaica, como si solo fuera otra historia más de su sofisticada vida en Nueva York, pero al igual que la confesión de su otra amiga, tuvo un impacto real sobre ella: «Despertó algo dentro de mí. Otro paso destapando el edificio de mi identidad sexual».

Estaba estudiando psicología en la universidad y cada semana leía religiosamente el *The New York Times Book Review*, donde descubrió a la poeta feminista-lesbiana Adrienne Rich y buscó sus obras. Todavía recuerda sentarse en la biblioteca con una montaña de libros, leer los poemas de Rich y sentirse excitada. Era algo visceral. Tenía una fuerte sensación de identificación con el tipo de erotismo que Rich sentía por las mujeres: «Verlo ahí mismo, en la página, fue una experiencia muy poderosa». Entonces empezó a conectar con su sexualidad. «Lo que me parecía extraordinario sobre aquello era que estaba escondido; no que yo lo estuviera escondiendo de nadie —dice Eileen—, sino que estuviera escondido de mí misma en el sentido de que no sabía que se podía ser de esa manera. No puedes meterle prisa al cerebro para que aprenda cosas que no aparecerán a no ser que se encuentre con detonantes. Fue una joya verdaderamente poderosa encontrar a alguien que sintiera lo mismo que yo».

Se puso en contacto con la amiga que tenía en Nueva York y le dijo que pensaba que era lesbiana. La mujer la animó a que lo explorara más y le dio la dirección de un bar en Manhattan. Eileen era valiente e independiente, pero embarcarse en ese viaje a solas le pareció aterrador. Aun así, no se le ocurrió pedirle a nadie que fuera con ella. No contaba con experiencias similares a las que pudiera apelar, como «fulanita ya lo hizo, tal vez pueda ver si quiere hacer esto conmigo». Dice que para forjar vínculos tuvo que «saltar de un precipicio sola».

Nunca olvidará la ansiedad que sintió aquella noche. Había una puerta pesada y un largo y oscuro camino hasta el bar lleno de mujeres preciosas que parecían estar en parejas establecidas o, por lo menos, en una cita. Mantuvo la atención en un teléfono de pago que había hacia el final de la sala, en el que insertó una moneda e hizo como si estuviera llamando a una amiga. El teléfono era una especie de armadura protectora, la versión de la década de 1980 de estar mirando el iPhone para hacer saber a la gente que tienes a personas en alguna otra parte. Luchó contra la ansiedad, pidió una bebida y cuando le dijo a la camarera que era la primera vez que estaba ahí, esta le dijo que había una discoteca que era más adecuada para las solteras (eso fue antes de que se pudiera buscar en Google algo como «mejor bar de lesbianas para conocer a gente en Manhattan»).

El fin de semana siguiente volvió a hacer el viaje. Nunca había ido a una discoteca, así que se presentó a las 09:00 p. m. en punto y se quedó ahí, con sus mejores vaqueros blancos, viendo cómo limpiaban una sala vacía. Estaba matando el tiempo comiendo comida china en el coche cuando un sintecho golpeó en la ventanilla. El susto hizo que se echara brócoli con ajo sobre el regazo. Respiró profundamente y entró en la discoteca sola, con el olor de la salsa de soja como un aura. La primera mujer con la que habló fue una neoyorkina directa que, tal vez sintiendo que estaba fuera de lugar, le preguntó: «¿Eres lesbiana?». «No, soy bi», respondió Eileen, y el cliché hizo que su nueva amiga se riera.

Se volvió a presentar el fin de semana siguiente, y esta vez, después de que una mujer le invitara una copa, le habló a Eileen de otro bar que había en el West Village. La primera noche que acudió, conoció a alguien y se fue a su casa en Staten Island para acostarse con ella. «Es difícil describir la sensación de llegar a casa y de saber que es tu hogar. Fue en plan me encantan las mujeres; he encontrado mi hogar con ellas», dice. Ha tenido sexo con hombres, y lo ha descrito como «interesante», pero no satisfactorio. «¿De verdad las mujeres lo encuentran satisfactorio?», me preguntó una vez. Hay una parte en ella que no cree que la heterosexualidad sea real. Pero el sexo que tuvo con aquella mujer fue todo sobre lo que había fantaseado, y en ocasiones ni sabía realmente sobre qué fantasear. No había visto siquiera sexo gay en el porno. Se encontró al final de un largo y analógico túnel.

Eileen se declaró en 1983, y para ella, esto culminó cuando tuvo su primera novia (aquel rollo de una sola noche se convirtió en una relación de tres años). No hubo un anuncio oficial a su familia, se «entendió» que era lesbiana cuando se fue a vivir con su novia y empezó a llevarla a las reuniones. En aquel entonces habría dicho que no sentía la necesidad de poner etiquetas o definir quién era su compañera. Pero hoy lo entiende de una manera distinta. Su diferencia le provocaba timidez. Quería evitar conversaciones incómodas y no quería llamar la atención hacia sí misma o «forzar la hora hasta su crisis».* Su desarrollo sexual no fue tenso, pero tampoco contó con una dirección: fue un viaje hacia una identidad con una ruta que tuvo que averiguar por sí misma. Y no fue capaz de expresarlo hasta que tuvo

---

* T. S. Eliot (1963), «La canción de amor de J. Alfred Prufrock», en *Collected Poems 1909-1962*. Traducción de Carlos Llaza. (N. de la T.).

los veintipico. Nunca sintió que no la aceptaran: «En aquel entonces, no se nos ocurría preguntar mucho por la cultura». En sus palabras: «No tenía ningún límite en mi sexualidad, solo que me faltaban modelos».

Julia cumplió la mayoría de edad casi treinta años más tarde, a finales de la primera década del siglo XXI, en São Paulo, con su madre soltera —una diseñadora industrial—, una de las poquísimas mujeres que trabajaban en un edificio lleno de hombres trazando planos para torres telefónicas. Mientras que los medios de comunicación que consumía Eileen circulaban principalmente en una sola dirección por parte de compañías que realizaban la producción desde una sede central, la mayoría de edad de Julia coincidió con el aumento de visibilidad de mujeres jóvenes heterosexuales, como Britney Spears, Paris Hilton y las gemelas Olsen, en las pantallas de televisión. Se creó toda una identidad para su audiencia —la preadolescente— con su propio lenguaje feminista comercial de «las chicas al poder». Fue testigo del aumento en el ancho de banda de Internet durante la era naciente de los medios hiperconectados.

De pequeña no se sintió atraída por los chicos y, al igual que Eileen, no sabía qué quería decir aquello. Como dice ella: «No sabía que era lesbiana porque no era algo de lo que se hablara». A través de la ropa y el maquillaje, mostraba su diferencia en la escuela católica a la que acudió. Le encantaba el rosa, los brillos y todas las trampas de la feminidad normativa. Llevaba una mochila de color fucsia y se ponía deportivas de tacón con su uniforme escolar. Estaba obsesionada con el concepto del amor y el romance y anhelaba tener novio. Quería un compañero constante, alguien que la invitara a una cita, y sobre todo le gustaba el día de San Valentín. Cada año, cuando pasaba el día, le decía a su mejor amiga, Lara: «El año que viene tendremos novios. No quiero volver a pasar sola otro San Valentín». Seguía adelante con el discurso que la cultura le había dado.

Julia deseaba casarse, pero no quería que el matrimonio «significara lo que es». Recuerda un momento de cuando era niña: su madre y su prima estaban teniendo una profunda conversación sobre productos de limpieza. Cuando vio que Julia ponía los ojos en blanco, su madre le dijo: «Cuando crezcas y tengas marido, tus amigas y tú también hablaréis sobre productos de limpieza». Julia no se podía identificar con aquella mujer que estaba emocionada por casarse y hacer acopio de limpiacristales. «Creo que es sobre todo cuando te casas con un hombre y en Brasil; es un lugar machista, por lo que lo asocié con una vida triste», dice. O en palabras de Eileen, resumiendo el proceso mental juvenil de Julia: «Creo que acabas de describir la comprensión y el rechazo de un rol concreto que se te iba a imponer».

A los catorce años, Julia tuvo su primer flechazo con su profesora de Literatura. Tuvo cuidado y mantuvo la información tabú en secreto: Brasil sigue siendo un país católico muy tradicional. «Pensaba que era algo pervertido», dijo años después. A sus amigas las confundía el hecho de que siempre estuviera rechazando las citas que le pedían los chicos, por lo que a los diecisiete años accedió «para poder mostrarme a mí misma que podía ser normal», me dijo en una ocasión, apuntando a su corazón y dibujando comillas en el aire.

Estaba con un grupo de amigas cuando alguien preguntó: «Si tuvierais que besar a una chica, ¿quién sería?». La gente empezó a soltar nombres de famosas, pero una levantó la mirada y dijo: «Julia». En un reto, se fueron a los baños, y Julia miró a la chica linda con el cabello oscuro y rizado que estaba delante de ella; se dio cuenta de que ambas eran mujeres, por lo que no tenía ni idea, por parte de las películas románticas o la televisión, de quién se suponía que tenía que dar el primer paso. Después se sintió tan liberada como culpable. El peso se volvió insoportable. Se lo contó inmediatamente a su madre, que siempre fue su mejor amiga. Ella aceptó su sexualidad desde el principio, y cuando se enteró de la noticia, sonrió y le preguntó a Julia si le había gustado. Ella estaba demasiado avergonzada como para decir que sí. A pesar de que su madre es una persona abierta y está lejos de ser homófoba, admitir el placer que había sentido le parecía vergonzoso debido a la actitud cultural general que había absorbido de pequeña, así que le restó importancia y escondió sus sentimientos. Incluso suplicó a su madre que lo mantuviera en secreto; cuánta vergüenza había interiorizado sobre su sexualidad.

Para Julia, ser lesbiana daba «un poco de vergüenza», y basándose en los estereotipos y la jerga, no era algo con lo que se sintiera identificada. Se acuerda de una palabra en portugués, *sapatão*, que significa algo así como «zapatos grandes». «No es que haya nada malo en ser una mujer masculina, pero yo siempre fui superfemenina. No me identificaba con aquello», dice. No veía a ninguna mujer homosexual a su alrededor, ni en la vida real ni en la pantalla. Estaba la cantante Ana Carolina, de quien se reían porque era bisexual. Los hombres gais que veía en las telecomedias tenían papeles estereotípicos y negativos; normalmente eran el complemento afeminado del héroe y su masculinidad o servían de remate a una broma.

Pero ella tenía acceso a algo que no tenía Eileen: Internet. Era 2011 y Julia tenía diecisiete años cuando vio a una lesbiana, a sabiendas, por primera vez. Pero no fue una lesbiana que viera en la vida real, sino en una serie dramática sobre las vidas de un grupo de jóvenes lesbianas que vivían en Los Ángeles, The L *Word*. Esto fue un punto de inflexión en la autopercepción de Julia. La encontró en línea, ya que la serie no salía en la televisión brasileña, donde existía una gran censura. Fue una revelación: la primera vez que una ventana le mostraba un futuro en el que pudiera ser normal. Estas mujeres estaban casadas, tenían hijos, iban al trabajo; no estaban solas ni se sentían miserables. Todo el mundo sabía que eran lesbianas: sus amigos, su familia, sus compañeros de trabajo. Estas mujeres ficticias le dieron un guion para saber quién era, cómo podía habitar el mundo. Como dijo más adelante: «Al ver la serie me di cuenta de que se puede ser homosexual y aun así tener una vida normal».

Aquella representación fue poderosa. Lesbianas existiendo, siendo humanas, en el mundo. Eran ficticias, vale, pero Julia se podía sentir identificada con los personajes, verse reflejada en ellas, y lo guardó en el fondo de su mente. Ojalá hubiera existido una serie así en la televisión cuando tenía trece años. Antes de eso, decía que era bisexual porque le daba vergüenza decir lo que era realmente, cómo se sentía. Pero después de ver *The L Word*, por fin ganó la confianza para decir dos palabras poderosas: «Soy lesbiana».

¿Qué iba a hacer con su deseo? ¿Podía tener una novia? ¿Cómo la encontraría? Era menor de edad, por lo que no podía ir a las discotecas. En cualquier caso, tampoco conocía ninguna que fuera de ambiente. De ese tipo de cosas sencillamente no se hablaba en su círculo. Sabía que las personas heterosexuales utilizaban Internet para conseguir citas, así que hizo lo que la mayoría de los adolescentes que nacieron en la década de 1990 en adelante hacían, y se metió en Internet. Conoció a su primera novia en «un Facebook de lesbianas del lugar», y cuando planearon su primera cita, aquella mujer le hizo una petición a Julia: que llevara a su madre. Quería contar con su aprobación, ya que existía una diferencia de edad y Julia era una desconocida a la que había conocido por Internet.

Julia y su madre fueron en coche hasta el centro comercial, justo a las afueras de São Paulo. Julia estaba pasando por una fase gótica y llevaba puesto un corsé. Rompieron el hielo tomándose unos batidos, pero estaba tan nerviosa que no podía hablar. Siempre había sido atrevida en Internet, pero con la presión de la presencia social inmediata, era más probable que se contuviera. Más o menos hacia la mitad de la cita, Julia le pidió que la acompañara al baño, y lejos de su carabina se besaron por primera vez.

A diferencia de Eileen, Julia se siente profundamente incómoda con lo de «no preguntes, no digas nada», o haciendo como que sus amantes son sus amigas. Jamás estaría interesada en el tipo de acuerdo que tienen Joe y Susie o los de Synergy. Se sentía humillada cuando su novia se lo hacía de vez en cuando. Dado lo invisible que se sintió de jovencita, le da mucha importancia al hecho de que la «vieran». Determinó que era importante ser abierta, y es algo con lo que sigue comprometida. «Si escondemos las cosas, siempre será un tabú y se lo pondremos difícil a las generaciones futuras, pero si hablamos abiertamente sobre con quién estamos, entonces lo normalizaremos», dice. Si está en una relación y su novia la mantiene en secreto, pensará: «¿No me quiere lo suficiente como para enfrentarse a la sociedad y decir la verdad?». Ser abierta es lo más importante para Julia, y lo ve como una acción política directa. No siempre es fácil, pero es importante.

* * *

Julia empezó a hacer vlogs unos años después de mudarse a Londres. Al principio grababa tutoriales sobre cosas como decorar huevos de Pascua o preparar comida brasileña, y de media conseguía unas diez visualizaciones. Pero experimentó y vio que la respuesta era más entusiasta cuando publicaba contenido más personal, como vídeos confesionales en los que contaba historias embarazosas o cuando mostraba su habitación. La relación que tenía con sus seguidores se volvió más íntima, y se dio cuenta de que no había hablado sobre su sexualidad, lo cual era una parte demasiado importante de su identidad como para mantener escondida, así que en 2016, con más de veinte mil seguidores, hizo un vídeo sobre salir del armario, que consiguió más de sesenta mil visitas.[59]

Quería hacer por los demás lo que *The L Word* había hecho por ella. En sus propias palabras: «Ser gay o lesbiana es mucho más normal ahora, pero cuantos más, mejor. Quiero mostrar a las personas más jóvenes que no están solas y que no pasa nada por ser quienes son y por ser felices». Pero a diferencia de los personajes ficticios de la serie, aquí no hay director, equipo de producción, editor ni empresa audiovisual que controlen su imagen; ella tampoco es un personaje guionizado. Es una persona que sigue existiendo cuando se apaga la cámara. Tiene el control total a la hora de representarse utilizando su iPhone y las herramientas de edición en el ordenador, y la facilidad de acceder a una audiencia en línea es algo que ninguna generación anterior ha conocido.

Hay un realismo en su autorrepresentación que resulta importante. Al igual que los miembros de May December Society, los usuarios de Instagram que toman el control de su representación publicando fotos de ellos mismos en las redes o los usuarios anónimos de Reddit, ella muestra a la gente que no es como ella que existe y hace saber a personas que tal vez hasta ese momento no han visto su propia experiencia reflejada que no están solas. Como dice Julia: «Creo que puedo ser mucho más cercana con las personas en YouTube porque no existe un guion, no hay directores ni normas importantes que haya que seguir, como en la televisión; y eso puede ser muy poderoso. Cuando ves a alguien lo suficiente, puede parece un amigo íntimo, por lo que cuando doy consejos para salir del armario, es como cuando un amigo íntimo te da consejos sobre algo por lo que ya ha pasado». La confesión de Julia en línea es personal, pero también es generacional. De existir un objetivo oculto en la representación que tiene en los medios, sería que la vean en sus propios términos para que su sexualidad se vuelva normal.

El activismo de Julia sobre la diferencia de edad es un resultado de su búsqueda para tener visibilidad como mujer lesbiana. La relación que tiene con sus seguidores es profundamente personal, por lo que cuando le ocurre algo, lo comparte: desde describir la espantosa textura de su primer beso con un hombre hasta bromear sobre por qué se deja una uña más corta que el resto. Pero también quiere normalizar su deseo, haciendo saber a la gente que se siente sexual y románticamente atraída por una mujer mayor. Eileen admite que al principio le pareció un poco incómodo, pero al final le asombra lo abierta que es Julia: «Así aprenden las personas a estar cómodas con las cosas difíciles. Así se vuelven normales las cosas».

Cuando Eileen publicó su primer vídeo en YouTube, que era un monólogo sobre declararse en la década de 1980, recibió unas ciento veinte mil visitas (en su debut Julia consiguió veinte).[60] Cuando lo vi, pensé en esa mujer descubriendo su identidad sola en una discoteca en la década de 1980, con unos vaqueros empapados en salsa de soja, y me pregunté qué pensaría si pudiera mirar al futuro y viera a su versión adulta compartiendo con el mundo su despertar. Empezó a hacer más, y le pareció que el género encajaba con su deseo de ser vista. Era algo catártico.

Consiguió más y más seguidores, el subidón de los *likes* y los comentarios era adictivo, como una droga.

De hecho, una de las cosas de las que más se arrepiente Eileen en esta vida es que nunca alcanzó su potencial. Siente que ha malgastado su talento escribiendo documentos técnicos y copy, y siempre ha querido expresarse creativamente, escribir una autobiografía, una obra de teatro, una novela. Dice que su fracaso en este campo es el resultado directo de su falta de disciplina o, en sus momentos de autorreprobación más acuciantes, «porque soy un poco desastre». Cuando reflexioné sobre la manera en que el poder está presente en la relación entre Julia y Eileen, una cosa que me pareció clara es que cuando conoció a Julia, Eileen encontró una manera de acceder a ese todopoderoso rayo de poder —el mediático— porque le mostraron una manera útil para expresarse, por fin, a sus más de sesenta años.

Farzana, una amiga de Eileen, describe la transformación que sufrió como una mariposa que emerge de la crisálida: «Salió después de un período oscuro de no expresarse demasiado y conoció a alguien en Tinder que le cambió la vida». Eileen dice que conocer a Julia fue un regalo: «Es como cuando escuchas a alguien preguntarle a un escritor: "Bueno, ¿cómo aprendiste a escribir?". Y dice que de pequeño alguien le regaló una libreta vacía. Siento que eso es lo que ha hecho Julia por mí con YouTube».

* * *

La tendencia que tenemos a juzgar las cosas que no nos son familiares es poderosa. Cuando Julia se estaba acomodando en el piso de Eileen, esta la puso al día con los cotilleos sobre los vecinos. La mujer que vive en el piso de abajo es todo un personaje. Eileen estaba charlando con ella, una mujer mayor, la típica yaya inglesa, sobre lo finas que son las paredes. «Espero que no oiga los fuertes pisotones que doy, porque no soy ligera», bromeó Eileen. Pero a su vecina no le molestaba, estaba planeando su propia disculpa: «Espero que no me oigas masturbándome», dijo. «¡Lo dijo dos veces! —me contó Julia con los ojos abiertos y riéndose—. Pero ¿ves? No parece que sea… —Pausó y escogió las palabras—: No parece ser el tipo de mujer que haga… eso. Es mayor y tiene una pinta muy seria».

Les sorprendió no solo que una mujer de más de mediana edad experimentara deseo sexual, sino que lo hablara descaradamente con una desconocida. Y a mí también me sorprendió la historia. Al fin y al cabo, la cultura no nos ha enseñado que las mujeres mayores pueden seguir siendo seres sexuales complejos cuya libido no estalla de repente durante la menopausia. Hay una disonancia cognitiva y no podemos sostener esas dos ideas al mismo tiempo. Julia y Eileen se dieron cuenta de que la respuesta que tuvieron ante la abuelita que se masturbaba fue hipócrita. Pero así de poderosas son las normas sociales y culturales.

De hecho, Eileen dice que juzga abiertamente las relaciones heterosexuales con diferencia de edad, ya que percibe que la dinámica de poder es inherente. Cree que el poder es diferente entre dos mujeres. «Parte de ello es la mera naturaleza transaccional que tiene, que me indigna sobre la heterosexualidad en general. Donde más claro se ve es en una relación entre un hombre mayor y una mujer joven», me dijo, lo que dio lugar a que Julia interpusiera: «¡Eso no lo sabes, Eileen! La gente dice lo mismo sobre nosotras». Cuando Julia expuso su hipocresía, Eileen no intentó defender su postura; admitió que su respuesta instintiva era que ese tipo de relaciones resultaban sospechosas. Entonces, cuando se puso a reflexionar sobre su opinión, dio con algo importante: «Es porque no me resulta familiar». Eso me hizo recordar que una vez dijo que no entendía el deseo femenino heterosexual, porque sentirse atraída por un hombre no le resultaba familiar y una parte de ella no creía que la heterosexualidad fuera real. Para que algo se convierta en normal, tiene que resultar familiar, pero al mismo tiempo vale la pena aceptar que hay algo en la manera en que decidimos qué es normal que tiene más que ver con nuestra propia subjetividad, y por mucha exposición o empatía que haya, eso no tiene por qué deshacerse.

Una de las razones por las que Julia y Eileen permitieron a un equipo de telerrealidad grabar su boda y por la que planearon un gran lanzamiento para cuando publicaran las imágenes en el canal de YouTube de Julia, fue que querían que un guion alternativo del matrimonio resultara familiar. Cuando apareció en Internet unos meses después de que las conociera en Londres, me puse cómoda para verlo.[61] Ambas iban de blanco y llevaban el pelo de color rosa. La boda se celebró en un hotel en el centro de Londres; la cuñada de Eileen la llevó hasta el altar; a Julia la acompañó su madre, y las del registro civil fueron dos mujeres. Eileen tomó la mano de Julia y dijo: «Durante mis largos y variados sesenta y un años, nunca he conocido a nadie tan verdaderamente buena y gentil como tú. La recompensa de tu amor es un regalo tardío que no estoy segura de merecer. Y, como lo más seguro es que vivas más tiempo que yo, quiero que sepas que quiero que siempre estés tan abierta al amor como lo estabas antes de mí, para que sepa que después de mí siempre te amarán y apreciarán completamente, durante toda tu preciosa vida». He escuchado a muchas parejas con diferencia de edad en las que la parte más mayor expresa ese sentimiento, y cada vez me ha hecho reflexionar sobre algo importante que exponen las relaciones con una diferencia de edad extrema. La pareja mayor, que ha tenido una vida larga y llena de amor y pérdida, sabe que la felicidad es momentánea. Ninguna relación dura para siempre. Si te tropiezas con una oportunidad para ser feliz que tal vez llegue sin una plantilla o un precedente, y si conseguirlo implica que no estás haciendo daño a nadie, la tomas. O como dice Eileen: «Da las gracias por las cosas a las que realmente no te puedes aferrar; tenlas mientras puedas». ¿Por qué tiene que ser el objetivo final la permanencia?

* * *

Poco después de conocer a Julia y a Eileen, volví a tener noticias de Jane Beckman, una mujer con la que había contactado a través de la May December Society y a quien también había visto en una serie de documentales británicos sobre relaciones con diferencia de edad. La escritora de sesenta y seis años, que vivía en San José, estaba casada con Andrew Crockett, de treinta y cinco. Dada la falta de representación mediática cuando empezaron a salir en 2007, antes del Internet ubicuo, de Instagram, YouTube y las etiquetas del tipo #agegaplove, se sintieron llamados a contar su historia para intentar normalizar la relación que tenían y hacer saber a otras personas en relaciones intergeneracionales que no estaban solas. Actualmente mantienen ese sentido de la responsabilidad. Tuvieron experiencias variadas cuando aparecieron en la televisión —salieron en el programa de la TLC *Asaltacunas* y en el de *Age Gap Love* del Channel 5 del Reino Unido—, por lo que se tomaron un tiempo para considerar mi propuesta.[62] «Siempre hemos intentado mostrar a los demás lo que es posible fuera de lo normal y del camino bien establecido», escribió.

Primero nos conocimos por Skype. Andrew, un analista financiero y antiguo jardinero a tiempo parcial, llevaba lo que llegaría a conocer como su *look* característico: un bigote encerado, una corbata de bolo y una «falda escocesa de trabajo» vaquera de Portland. El hombre de cabello oscuro, alto y atractivo combinaba el estilo de Charlie Chaplin con la energía de un profesor universitario de estudios culturales. Jane, una redactora técnica, llevaba un vestido de verano y una coleta gris floja. A los veintiún años, cuando Andrew conoció a Jane, de cincuenta y tres, tenía una lista bastante rigurosa de cosas que quería evitar. Las tres primeras eran los gatos, los tatuajes y la predilección por las rosas. «¿Rosas?», me aseguré, dando por sentado que tenía un problema con el romanticismo comercial o tal vez con el olor que desprendían. El botánico cualificado explicó que eran una pesadilla a la hora de podar. Jane no solo tenía cuatro tatuajes y dos gatos, sino que vivía en un sitio llamado Casa Rosa en la Rosaleda Municipal de San José. «Puede que el amor no sea como crees que será», dijo, a sabiendas, cuando contó aquella historia.

Cuando Jane conoció a Andrew en un curso de autorrealización, se vio desbordada por un sentimiento de familiaridad: su corbata de bolo y comportamiento calmado le recordaba al de su hermano mayor, que tenía setenta y muchos años, pero también tuvo una sensación de reconocimiento. «Casi como conocer a una versión de mí misma siendo algo más joven», dice. Esta sensación de familiaridad es vital para Jane; sencillamente, es lo que necesita para conectar. Pero la fuerza y la intensidad no tenían precedentes. Andrew también sintió este tirón de familiaridad; miró a aquella mujer mayor vestida con una chaqueta haori japonesa y pensó que era como si la hubieran transportado desde un mundo diferente. «Si eres una persona poco convencional, aprendes a identificarlo en otros», dice.

La fuerte conexión intelectual que tuvieron enseguida se puso de manifiesto. Hablaron un poco sobre historia, las diferentes colecciones que tenían y botánica. Andrew estaba trabajando a jornada parcial en un vivero, y el primer título que se sacó Jane fue el de etnobotánica histórica. Dice que Jane fue la primera persona a la que conoció con quien la conversación fluía de manera impecable. Era como si sus «mentes conectaran». Se hicieron amigos y empezaron a estudiar juntos, pero Andrew ni siquiera consideró que pudiera ser una pareja sexual o romántica. No era una posibilidad, nunca había visto una relación así. Bueno, había una mujer que vivía al final de la calle en la que creció él. Tenía un marido mucho más joven y se cotilleaba tanto sobre ella que los niños del barrio se escondían cuando la veían. En un momento dado le dijo a Jane: «Es una pena que tengamos esta diferencia de edad, porque eres exactamente el tipo de mujer con la que me gustaría salir».

Jane dice que «no ve la edad» de las personas por quienes se siente atraída. Siempre le ha llamado la atención la gente inteligente e interesante. Tuvo una relación duradera con una persona que tenía quince años menos, pero salía con gente de más y menos edad que ella. Dada la familia de la que provenía —su padre se volvió a casar con una mujer dieciocho años más joven—, una diferencia de quince años ni siquiera la detectaba. «Era simplemente el mar en el que navegaba», dijo ella. Está dispuesta a probar nuevas estructuras de relación. Ha estado en relaciones poliamorosas y ha sido monógama. Cuando estaban solos, Jane se sorprendía observando el cuerpo de Andrew, sus brazos, su largo torso. «Deja de pensar así, vieja verde», se reprendía a sí misma. Puede que «no viera la edad», pero una diferencia de treinta y un años era empujar los límites hasta de su propio sentido de lo normal. Cuando al final empezaron a salir, Jane dice que tuvo la sensación de estar «navegando por el confín del mundo y en caída libre». Se estaban involucrando en algo bastante transgresor.

¿Cómo reaccionaron las personas en su vida? Algunos fueron directamente insultantes. La novia del compañero de piso de Andrew dijo que debía ser el «chico esclavo» de Jane. Cuando fueron de viaje a San Francisco un fin de semana para desconectar y se registraron en el hotel, la recepcionista preguntó en broma si necesitaba una llave para su hijo. Jane lo gestionó de manera directa: «No es mi hijo, es mi amante». Aquella acusación escoció, pero apreciaron que la recepcionista reconociera abiertamente quiénes eran porque era como llevar un dispositivo con el que cubrirse. La gente simplemente no los reconocía como pareja. Como señaló Andrew: «Si no se tiene un concepto para nombrar algo, no se puede ver». Andrew y Jane dicen que, con el tiempo, la incomodidad de la mayoría de la gente se desplomó al observar de primera mano el vínculo que tenían. Probablemente, a quienes más duro resultó fue a sus padres, ya que soñaban con aquello tan convencional de que su hijo se asentara y les diera nietos.

Durante nuestra primera conversación hablamos de la primera vez que tuvieron sexo, de su filosofía sobre la monogamia (están en contra de ella, como dice Jane: «Pedirle a una persona que te garantice la felicidad total es muy injusto»), y el peso de forjar una vida que el mundo juzga. Tenían ganas de hablar sobre las dos experiencias que tuvieron saliendo en la televisión, en la que en una instancia los prepararon para actuar —en palabras de Andrew— en un «espectáculo minstrel sobre una *cougar*».* Estaban contentos con que pasara un fin de semana con ellos para que pudiera conocer a los «verdaderos» Jane y Andrew.

---

* Género teatral propio de Estados Unidos, popular durante los siglos XIX y XX, en el que se representaban canciones, bailes y números basados en los estereotipos de las personas negras. Normalmente, los actores eran blancos, pero se pintaban la cara de negro. (N. de la T.).

Llegué a la Casa Rosa, un chalé de la década de 1930 en el centro de San José, durante un sábado soleado de otoño. Después de admirar la colección de adornos y decoración que se esparcía por el porche, un Andrew optimista me hizo pasar hacia el salón. Su casa parecía un museo, con las estanterías llenas de libros de cocina de época y revistas para mujeres del siglo xix de Jane y la colección de Andrew de libros raros sobre política y filosofía. «Enséñale el más antiguo», sugirió, tocando con suavidad a Jane en el brazo. Jane, que parecía una princesa Leia del norte de California con el cabello cano recogido en un moño asegurado por unos palillos kanzashi y con el vestido de andar por casa largo y vaporoso que llevaba, rescató un libro pequeño de 1614 y me mostró las recetas que tenía para hacer cosas como «pasta de hojaldre» y «pastel de membrillo». Seguramente fuera de ese tamaño para que pudieran sostenerlo con una sola mano mientras cocinaban, como si fuera un iPhone, dijo.

Me chocaron sus semejanzas, aquella familiaridad o «conexión» que sintió Jane cuando se conocieron. Coincidían al unísono con un lento «ajá». Andrew escuchaba pacientemente las historias de su mujer. Ella, claramente, era una escritora. Contaba historias entrelazadas con detalles sucintos, dando las «notas al pie» verbales, añadiendo otro punto de vista o algún detalle que se le hubiera escapado. Aquello era un despliegue monumental de escucha atenta y la evidencia de que Andrew había absorbido los detalles de la vida de su mujer como si fuera la suya propia (de hecho, en una ocasión asistió a una charla sobre la historia de una de las compañías para la que ella había trabajado antes de que se conocieran). Eran como gemelos. Jane me pilló mirándolos y sonrió, explicando que su principal diferencia era la organización: ella era caótica y él un neurótico del orden. Cuando se fueron a vivir juntos, él organizó los armarios de la cocina, y Jane no reaccionó bien cuando no pudo encontrar las esponjas para la limpieza. Ahora, la palabra en código para referirse a una pelea tonta es «estropajo».

Nos sentamos en el salón mientras hablábamos de la infancia que tuvieron. El padre de Jane fue un director de arte venerado que tuvo una larga carrera en Hollywood, montando decorados para películas como *Gypsy* y programas de televisión como *Cheers*. Al crecer en un mundo antes de Internet, expandió sus horizontes a través de los libros y la estimulación intelectual de los compañeros creativos de su padre. Se hizo mayor en el Estudio 5 de la Warner Bros. y Tyrus Wong, el artista estadounidense de origen chino cuyas ilustraciones inspiraron la estética de Bambi, solía pasarse por su casa. Fue una niña precoz: a los dos años recitaba *El búho y la gatita* y escribía su nombre.

Socialmente, Jane destacaba de sus compañeros. Cuando empezaba a caminar, desarrolló un defecto en el habla después de que casi se ahogara en una piscina para niños. Hoy en día no hay rastro de ello, pero solía pronunciar las palabras arrastrándolas lentamente, «como Elmer Gruñón»; se estremece pensando en eso. Para cuando se le arregló con terapia del habla, el daño social ya estaba hecho. También llevó zapatos ortopédicos, lo cual hizo que se ganara los apodos de Pies de Pato y Frankenstein. Lidió con las personas que se metían con ella de la misma manera que lo sigue haciendo: de frente. «¿O sea que soy Frankenstein? ¿Sabes lo que hace? ¡Va a por la gente!», gritaba. Se convirtió en la protectora de los oprimidos. Si plantar cara a los matones la metía en problemas, desafiaba a sus profesores. Desde una edad temprana fue consciente de que los adultos podían ser «injustos y arbitrarios», y que la edad y el poder no equivalían necesariamente a virtuosidad.

La dedicación de Jane por nutrir a los menos afortunados continuó a lo largo de su vida: ayudó a su vecina a criar a su hija y hace las veces de tía para tantos hijos de amigos que ha perdido la cuenta. Solía leer para niños ciegos y conoció a su primer marido en uno de los primeros grupos de Usenet creado para personas que se sentían «incomprendidas»; de ahí derivó un grupo llamado «Lista de correos para empáticos». Tiene muchas historias sobre defender al más débil, pero mi favorita es la de cuando puso una espada encima del novio violento de su vecina al oír de noche que le estaba pegando. Después de la universidad, Jane consiguió un trabajo en Silicon Valley, donde ha trabajado desde finales de la década de 1970 escribiendo manuales técnicos. Su inteligencia y lista de logros intimidan: ha publicado un artículo de una revista académica sobre la comida del sudoeste que sale en «Dining with the Dons» (es una versión íntegra de lo que terminará siendo su libro de recetas, me informó Andrew), forma parte de varias sociedades históricas, tiene numerosos reconocimientos universitarios, está escribiendo una novela y le interesa la ficción erótica, la poesía y el francés.

Hasta que Andrew conoció a Jane, no había experimentado mucha amabilidad por parte de la sociedad. Creció en un hogar lleno de amor, pero cuando empezó a ir a preescolar y se dirigió a su posible primer amigo y le dijo: «Soy Andrew y te quiero», no salió demasiado bien. El abuso que sufrió fue mayoritariamente verbal, pero lo aisló. Se metían con él, lo señalaban, ridiculizaban e insultaban con cosas como «maricón». La exclusión que sufrió inculcó en él un sentimiento que persiste: el de no ser bienvenido en el mundo. La relación de Andrew con figuras autoritarias mayores fue diferente a la de Jane. Si existía la opción de quedarse dentro con el profesor durante el recreo, la tomaba. Para el joven Andrew, la madurez y la edad eran sinónimo de refugio, mientras que sus compañeros eran el enemigo.

Estábamos mirando las fotos de su infancia cuando me contó esto, y me di cuenta de que tenía ojeras y una pinta estresada al lado de su proyecto para la feria de ciencias, como si fuera un hombre de negocios preocupado por una fusión. «Esta es la cara de un niño que acaba de pasar su primera noche en vela», dijo. Era muy duro consigo mismo. Se frustraba si no completaba las tareas escolares a la perfección. Para cuando cumplió los dieciséis años, ya medía un metro ochenta, lo cual lo desconectó de sus compañeros. No podía mirarlos a los ojos.

Durante el fin de semana que pasamos juntos, tomaron la iniciativa y me hicieron un tour por su hábitat natural. Comimos injera en su restaurante etíope favorito y hablamos sobre la historia de la migración a San José. Me llevaron al Museo Egipcio Rosacruz, donde observamos la reproducción de una antigua sala de partos egipcia mientras Andrew hablaba en alto sobre el aborto y las costumbres matrimoniales globales. Jane era meticulosa, leía con detenimiento cada cajita informativa, buscando hechos interesantes sobre las mujeres y el día a día. «Así son nuestras vidas», dijo Andrew con orgullo tras hacerse amigo de la bibliotecaria del Museo Egipcio, cuyo conocimiento sobre la Trigésimo Primera Dinastía me intimidó tanto que me callé. Me costaba mantener el ritmo. En un momento cité mal a Hunter S. Thompson, lo cual provocó un desafío por parte de Andrew tan vertiginoso que ni siquiera simulé escabullirme («Es una suposición interesante, porque esa frase viene del protestantismo»). Mantuve la boca cerrada cuando nombraron todas y cada una de las plantas de semillero en el Jardín de la Paz y debatieron alegremente sobre los orígenes de la okra. «Nos complementamos en el conocimiento de cada uno —dijo Andrew sonriendo—, como cuando se encuentran dos enciclopedias». Aunque me gustó su compañía, no pude imaginarlos en una relación con cualquier otra persona.

Pero al igual que Julia y Eileen, también se sentían físicamente atraídos el uno por el otro. Jane dice que después de más de una década juntos, tienen sexo cinco veces a la semana (aunque Andrew insiste en que una vez al día es más preciso). El sexo con los hombres de su edad a menudo parece requerir mucho esfuerzo, pero con Andrew, Jane puede ser «joven y enérgica». Muchos de los hombres mayores con los que ha estado no tenían demasiado apetito sexual. Para Andrew, que solo ha tenido otra pareja sexual más, la parte negativa es que Jane ya ha probado todo lo que puede ser novedoso para él. A veces llega absorto en su emoción y dice: «¡Mira lo que he leído!», y ella contesta: «Ay, eso ya lo probé en los setenta». Esa es un área en la que la diferencia de edad no funciona a favor de Andrew. No parece que se estuviera embarcando en una aventura junto con ella como compañera.

Dado que llevaban juntos más de una década, quería saber cómo había evolucionado la diferencia de edad a lo largo del tiempo. ¿Tuvieron algún problema conforme se fueron haciendo mayores? Sentía curiosidad particularmente por el tema de la salud y el deseo de Andrew de tener hijos. ¿Qué pasará cuando Julia se jubile? ¿Y si enferma? Es una persona activa, suele ir a clases de *fitness* con regularidad y lleva una dieta saludable, pero ha tenido problemas de corazón y le han diagnosticado artritis reumatoide. Han decidido que están abiertos a modelos de relaciones alternativas, a las cuales se adaptarán en el caso de que su edad los restrinja a la hora de hacer cosas juntos, como ir de senderismo o explorar la naturaleza. Oficialmente son poliamorosos, y aunque no hayan salido con nadie más, lo investigarán con más profundidad en el caso de que la salud de Jane le impida acompañar a Andrew. Cuando lo conoció, Jane no quería tener hijos, pero ahora se da cuenta de que era porque nunca había encontrado a nadie con quien quisiera traer vida a este mundo. El compromiso de Andrew con los nuevos límites implica que está dispuesto a investigar caminos no normativos para conseguirlo, tal vez mediante la gestación subrogada o una tercera pareja.

Una de las reacciones más típicas cuando alguien tiene una pareja mayor es que tienen mamitis o papitis. Según esta teoría psicológica de pacotilla, la parte joven tiene una relación tensa con su madre o con su padre y está proyectando esos problemas en su vida sexual y romántica. Como resultado, busca a una figura materna o paterna, lo cual es incómodo y nada «normal». Al anticipar esta reacción por parte de los lectores, pero reacia a patologizar o a implicar que las relaciones en las que hay una gran diferencia de edad necesitan una explicación, como si existiera un desarrollo normal resentido, les pregunté a Jane y a Andrew por la relación que habían tenido con sus padres, y me sorprendió enterarme de que Jane, al igual que Eileen, había crecido cuidando de una madre enferma.

La madre de Jane tenía síndrome pospolio y complicaciones por la cesárea practicada durante el parto de Jane. Cuando tenía alrededor de doce o trece años, en su despertar, Jane era más la compañera de su madre que su hija. Vivían juntas en una casa en el campo, y la madre mantenía la enfermedad en secreto del hombre al que había elegido para que fuera su compañero de vida. Él se pasaba la semana trabajando en Los Ángeles, y cuando llegaba a casa para pasar el fin de semana, ella actuaba como si estuviera en un plató de rodaje: todo iba bien. Jane cargaba con la condición de su madre como si tuviera la madurez emocional de una persona adulta. A los veinte años, su madre terminó rindiéndose ante la lucha por la vida y con una pistola se pegó un tiro en la cabeza. Jane me contó esto de manera objetiva mientras abría las puertas del coche para llevarme a casa.

Cuando me enteré de eso, me sentí tentada de psicoanalizar tanto a Jane como a Eileen y darle la vuelta al discurso estándar sobre el discurso de la «mamitis». Puede que subconscientemente rechazaran el rol de la cuidadora. Me imaginé que yo querría juventud, ligereza y evitaría cuidar de un compañero enfermo o que se está muriendo si esa hubiera sido mi infancia. O tal vez tenga sentido: están acostumbradas a ser la persona más madura en una relación amorosa. O puede que signifique que la edad y el tiempo son diferentes en los mundos de los que provienen. Cuando hablé con la Dra. Saltz sobre las madres de Jane y Eileen, señaló que no existe un modelo parental único a las parejas con diferencia de edad: las relaciones que tenemos con nuestros padres son una relación primaria para crear modelos. «En todas las relaciones existe una cierta comparación, contraste, búsqueda y reunión de cosas que tienen que ver con la relación de la familia de origen como el modelo para el amor y los cuidados», dijo la Dra. Saltz. Tal vez sea algo que los vínculos con diferencia de edad extrema muestran: todos estamos averiguando la relación que tuvimos con nuestros padres o cuidadores en nuestras vidas sexuales y románticas.

Andrew odia la palabra «asaltacunas» y sus connotaciones depredadoras. Cree que «infantiliza al hombre en la relación». Si no hubiera llevado puesta una falda escocesa de trabajo al decir aquello, habría seguido mi instinto y cuestionado su machismo. Pero continuó y aclaró que llamar a Jane asaltacunas resta importancia al hecho de que «es tremendamente atractiva, intelectualmente robusta y un ejemplo magnífico y espiritualmente diverso de la humanidad». A Jane no le molesta. Acepta el poder que conlleva y siente que al reclamar la palabra, hace un alegato: como mujer mayor a la que le han denegado la satisfacción sexual sus compañeros hombres incompetentes, ha optado por una inyección de sexo juvenil, reemplazando a los hombres mayores. Tal vez la razón por la que la figura de la asaltacunas molesta tanto a los hombres mayores sea la misma que lleva a que las mujeres se vean amenazadas por los hombres que salen con mujeres jóvenes: ponen en duda su valía sexual.

Al igual que Julia, Andrew considera el mero hecho de existir como pareja como una oportunidad para hacer activismo. Durante el fin de semana que pasamos juntos, literalmente pararon el tráfico: una tríada de hombres en moto estaban tan ocupados mirando fijamente a la pareja que iba de la mano que se les pasó el semáforo en verde. Cuando fuimos a comer a un restaurante de comida etíope, todo el mundo miraba. En un momento desconfié, al ver a un hombre observando fijo con el teléfono en la mano. Incluso uno de los cocineros salió de la parte de atrás para echar un vistazo, como si se hubiera enterado de que había alguien famoso comiendo. El deseo de ser vistos, de ofrecer un modelo para guiar a otros, fue el motivo por el que salieron en televisión, y también por el que accedieron a hablar conmigo. Andrew me recordó: «Estadísticamente estamos fuera de lo normal, pero no psicológicamente. Somos un caso atípico, y por eso el número de personas que se han encontrado con una pareja como nosotros es en realidad muy bajo. La falta de familiaridad de la gente hace que los prejuicios campen a sus anchas. Esa es una de las cosas buenas de los medios de comunicación masivos: hacen que las cosas se den a conocer».

Pero también pueden distorsionar la realidad. Andrew describe *Asaltacunas* como un programa de «explotación». Dice que los productores estaban intentando encontrar el tipo de relación que causara más indignación y frustración para incrementar el índice de audiencia, y se decidieron por las asaltacunas después de haber hecho una encuesta que mostraba que las relaciones con diferencia de edad entre mujeres mayores y hombres jóvenes contaban con la menor aprobación social. La pareja dice que los productores los atrajeron haciendo como que eran de mente abierta y estaban comprometidos con contar su historia, pero cuando empezó la grabación, quedó claro que tenían una versión predeterminada de la realidad que querían que ellos rellenaran. Empezó con la exageración, y cuando eso falló, se inventaron cosas. Un productor quería que fingieran que tenían planes para adoptar a un niño, y se presentaron con un niño hiperactivo de cuatro años que iba corriendo por el vecindario golpeando las tapas de los contenedores de basura. Grabaron a Andrew revelando «sus planes de adopción» a su hermana, pero ella le mostró tanto apoyo que cortaron la escena. Peleando por encontrar algo de drama, los productores les pidieron que hicieran como que iban a echar a un compañero de piso. Jane, que estaba más entretenida que enfadada por la experiencia, bromeó con que habían conseguido hacer que el sexo matrimonial pareciera lascivo, «¡menudo éxito!». Pero sabía cómo la veían —igual que la cultura—: como «una mujer mayor y triste con un friki por objeto sexual y un fetiche por la ropa interior de la Guerra Civil», según sus palabras. Por eso Jane recibía con los brazos abiertos cualquier oportunidad que le ofreciera la May December Society para autorrepresentarse: al igual que Julia y Eileen, quería ser visible en sus propios términos.

Disputé con Jane y Andrew la decisión que tomaron de casarse. Ella había renunciado a él tras un primer matrimonio desastroso y se cuestionaba firmemente la monogamia. ¿Por qué no rechazar también esa institución? Andrew dijo que existía un incentivo para el matrimonio que lo atraía, sobre todo dado que se había metido en una relación que era juzgada y considerada sospechosa y destinada al fracaso. El matrimonio legitima su unión. Muestra que no es algo pasajero, es real. «Expresa: estoy supercomprometido con esta mujer. No tengo la intención de apartarme de su lado hasta que la naturaleza nos separe», dijo.

Después del fin de semana que pasé con ellos, contacté con Jordan, la fundadora de dieciocho años del grupo en Facebook para las parejas lesbianas con diferencia de edad. Respondió rápidamente y dijo que había vuelto con su novia mayor y que todo iba bien. Fui a su página de Instagram y vi que había cambiado su foto de perfil por una en la que salía sonriendo con una mujer con el pelo canoso. Su pareja había decidido salir de la sombra y vivir abiertamente como parte de una relación con diferencia de edad. Navegué por sus publicaciones, donde había muchos primeros planos de ambas juntas. En la playa, Jordan sostenía la cámara y ambas estaban inclinadas juntas, se reían, llevaban gorras de béisbol y debajo ponían: «Un día precioso con una mujer aún más preciosa a mi lado. ¡No podría ser más feliz!».

En la era hiperconectada existen más oportunidades para tomar cartas en el asunto y representarse a uno mismo si en los medios principales no se ven reflejadas la identidad o las experiencias personales. Y puede que eso implique que en un futuro haya ciertas formas de ser que tal vez se conocerán más, que serán más normales. ¿O estamos condenados a juzgar siempre las relaciones de otras personas según lo que nos resulte personalmente familiar? ¿Estamos todos sesgados?

3

MADDY

Maddy es muy divertida. Es inexpresiva, autocrítica y graciosa, de eso que te ríes en voz alta. Sobre su apariencia: «Tengo 26 años, pero puedo pasar por una de 17 que está cansada». Sobre su prima discapacitada, que es un bebé (y no puede hablar): «Como compañía, ¡genial!». Sobre su sexualidad: «Mi madre me acepta como lesbiana, pero no lo soy». Y sobre la maternidad: «Puede que done óvulos. Total, no los voy a usar. Y te pueden dar mucho dinero, sobre todo si eres de una minoría étnica. Incluso he pensado en lo que podría decir mi perfil: *Arromántica, asexual, dejó la universidad, prefiere no hablar. Es tan introvertida que no se anima cuando toma cocaína. Si quiere un hijo que no la moleste, ¡utilice mis óvulos!*».

Esta forma impecable de hablar que tiene se la debe al hecho de que edita con esmero todas sus bromas. Se las envía a sí misma a través de Facebook Messenger o por mensaje de texto para poder pulirlas y no quedarse nunca sin material. Como persona introvertida socializa utilizando el correo electrónico y los SMS, no le gusta que la pongan en un aprieto: dice que necesita prepararse mentalmente para levantarse por las mañanas.

¿Por qué es tan graciosa? ¿Es porque se ha pasado la vida en los márgenes sociales, observando el mundo como si fuera una antropóloga en una ubicación remota? ¿O viene de su madre, que te hace reír a la manera de las viejas desventuradas? Los filipinos no tienen el sonido /f/ en el idioma, por lo que la madre de Maddy lo sobrecompensa de manera intencionada: pincel se convierte en «fincel», perfecto es «ferfecto». También dice que cuando pasas de los cincuenta años, pierdes el control sobre los pedos; se los tira de manera que se pueda oír en público, en el centro comercial o en uno de sus muchos viajes de madre e hija a Disneyland. Deja de caminar y mira a los ojos de Maddy mientras realiza la acción.

Maddy creció con la televisión. Dice que aprendió lo que era el romance y los flechazos casi exclusivamente por series como *Yo y el mundo* y *Embrujadas* o cualquier cosa que pusieran en Disney Channel, de quien dice, bromeando, que es su segunda madre. Le atraía la trama de la chica popular y el chico impopular, lo cual hoy en día cree que es porque se sentía identificada con el friki. También quería que la chica popular se fijara en ella.

Se sentía particularmente atraída por las narrativas alrededor de las «amistades basadas en el trauma», donde dos personas atraviesan juntas un momento difícil. Buscó sus series favoritas de televisión en Internet y descubrió la fanfiction. Muchas de las historias eran eróticas, y así aprendió lo que era el sexo. A pesar de que estaba contenta leyendo escenas sexuales cuando complementaban la trama narrativa, le molestaba cuando eran el centro de atención. En una ocasión escribió una reseña mordaz señalando que «H puede significar otras cosas» y quejándose de que quien lo escribiera creía que al recurrir al sexo, estaba diciendo algo profundo. Es algo que hoy en día sigue frustrándola, habiéndose acomodado en su identidad como arromántica y asexual.

Los veintiséis años que lleva Maddy observando el comportamiento y los rituales que no se aplican a ella le han afectado en la manera en que ve las películas y la televisión. Detesta cuando hay personajes que no encajan y los fuerzan a tener una relación romántica o sexual. Piensa: «¿Por qué no hay una persona que vaya por la vida a solas o alguien cuyas relaciones más valiosas sean de amistad, que sean lo suficientemente buenas para la historia?». ¿Por qué está la gente resuelta a creer que una vida sin romance ni sexo es una señal de debilidad o de disfunción? No consiguió poner palabras a su identidad hasta que cumplió los veinte años, pero si alguien le hubiera dado la definición a los trece o catorce años, o si hubiera habido alguien como ella en la televisión, se habría reconocido a sí misma de manera instantánea.

Cuando no va con ella, a Maddy no le importa oír hablar de sexo y romance; no es lo que se consideraría una «repelida por el sexo», que se refiere por lo general a una persona que se siente angustiada o incómoda incluso al pensar sobre sexo. Cuando se conocieron, su compañera de vida platónica a veces le reenviaba algunos de los mensajes más provocativos que recibía por parte de sus amantes masculinos. «He recibido fotopollas, me llegan a través de una amiga», bromeó en una ocasión. ¿Le parecen atractivas las personas? Por supuesto. De hecho, modera un subgrupo de Reddit llamado «POC LadyBoners».* Cuando la administradora principal pidió ayuda para filtrar fotos de sikhs desnudos en *selfies* sensuales tomadas en el baño (con vapor y erecciones incluidos) o de jóvenes dominicanos en bañadores slip, Maddy se ofreció voluntaria, pensando «tengo habilidades para moderar y puedo apreciar la estética, de la misma manera que puedo apreciar algo bonito, como un coche».

Conocí a Maddy en 2018 en Algiers Point, el segundo barrio más antiguo de Nueva Orleans, donde pasamos el fin de

---

* «Excitación sexual femenina con personas racializadas», en español. (N. de la T.).

semana en el calor húmedo del verano en Luisiana, en una cafetería a la que va con asiduidad y que está a unas manzanas de su casa. Quedamos después de que me dirigiera al grupo de Facebook de asexuales y arrománticos que ayudaba a moderar, buscando a gente que se identificara como ambos. Quería ver el mundo a través de los ojos de una mujer arromántica y asexual, expresamente para aprender cómo era rechazar la expectativa social de que el objetivo último en la vida es casarse y tener hijos. Pero luego mencionó que estaba viviendo con una mujer a la que conoció en Reddit y que estaba ayudándola a criar a sus dos hijos. Conforme fui pasando el tiempo con Maddy y aprendiendo sobre su mundo, descubrí en su amistad con esta mujer una historia tan buena como cualquier romance.

* * *

La madre de Maddy, una enfermera de Filipinas, conoció a su padre, un chef comercial de Sri Lanka, en el trabajo, en un hospital de Kuwait. Se mudaron a San Diego, donde se casaron y tuvieron a Maddy y a su hermana mayor. La matriarca pagaba las facturas, cocinaba, arreglaba los grifos estropeados y gestionaba los horarios de sus hijas mientras su marido, que nunca estuvo en el mismo trabajo durante más de unos años, se sentaba frente a la televisión y bebía vodka o brandy. De pequeña, su madre era estricta y le daba miedo el mundo exterior, por lo que prohibió a sus hijas pasar mucho tiempo con amigos o llevar a cabo cualquier actividad sin supervisión. Maddy se apuntó a todas las actividades extraescolares que pudo. La iglesia la mantenía ocupada los fines de semana; editaba el boletín informativo del grupo juvenil y era monaguilla. Pero al cumplir los dieciocho, se volvió atea y lo dejó.

Como la mayoría de los niños de clase media nacidos a mitad de la década de 1990 —la era naciente de los medios hiperconectados—, empezó a socializar en Internet siendo joven. Tenía diez años cuando a su hermana le dieron un ordenador que se conectaba a Internet mediante cables, y Maddy la molestaba para que le dejara jugar a un juego de cuidado de animales virtuales llamado *Neopets*, que era muy popular entre sus compañeros de clase en ese momento. Disfrutaba del trabajo rutinario que conllevaba el cuidado de sus mascotas. A los doce años su vida se vio dominada por *MapleStory*, un juego de rol que todavía estaba en versión beta. Le gustaba escaparse a un mundo imaginario y convertirse en maga o en arquera, pero el mayor atractivo era que podía relacionarse socialmente con sus compañeros. Era parte de la vida social del colegio, lo que molaba hacer, sobre todo entre los chicos de su clase. Planificaba misiones de grupo con sus compañeros de clase y quedaban en línea en mitad de la noche. Probablemente fueron sus primeros amigos de Internet.

Su madre no hizo mención ni de la regla ni del sexo más allá de las típicas precauciones que les hacía a sus hijas sobre que no deberían «hacer el tonto». A partir del último año de la escuela primaria, la educación sexual de Maddy consistió en un currículum cristiano y conservador lleno de eufemismos llevado a cabo por un excombatiente serio que les explicó las diferentes partes del cuerpo, pero no qué hacer con ellas, hasta que en un momento dado se puso nerviosa por la falta de claridad y exclamó: «Mira, lo voy a decir. El pene se mete en la vagina». Al fondo de la clase un chico popular dio un puñetazo al aire y gritó: «¡Lo sabía!». Esto hizo que toda la clase se riera. Maddy ya sabía estas cosas por el fanfiction que había leído en Internet, y recuerda sentirse desconcertada por la ingenuidad de su compañero de clase. El programa fue más exhaustivo en el instituto público al que acudió: a los niños les enseñaron cómo utilizar preservativos, y en clase de biología hubo una semana en la que se centraron en el sexo.

Conforme se fue acercando a la adolescencia, Maddy sintió como si estuviera esperando a que ocurriera algo que le iba a cambiar la vida. Como si fuera una entomóloga, observó esta metamorfosis comunal que pareció llegar de repente y sin previo aviso; fue como si alguien hubiera aporreado a sus compañeros en la cabeza con un martillo con aroma a sexo. Pero no a ella. ¿Por qué el desarrollo sexual «normal» no la asaltó a ella como al resto? En ese momento se dio cuenta por primera vez de que era diferente. Sabía lo que se suponía que iba a ocurrir. Había visto a las chicas en las series de Disney riéndose tontamente y deseando a sus flechazos. Vio las identidades de sus compañeras de clase ser secuestradas por cualquiera que fuera el chico por el que estaban coladas, pero ella simplemente no se sentía así por nadie, o por nada, en absoluto.

Pero esto no quería decir que pudiera escabullirse del drama que estaba ocurriendo a su alrededor. Estaba encima de una silla escribiendo los deberes que les habían mandado para casa en la pizarra cuando un chico le pidió que fuera con él al baile de fin de curso. Se sintió fría, le temblaron las manos y perdió el sentido de dónde se encontraba. Asintió, a regañadientes, pero no recuerda gran cosa del evento. Dice que lo ha bloqueado de manera activa, un hábito que tiene cuando se trata de recuerdos desagradables. Estaba claro que a él le «gustaba», a pesar de que ella mostrara poco interés por él. De hecho, apenas hablaban. En una ocasión ella lo felicitó por un *home run* que hizo en clase de béisbol, pero ese «buen trabajo» fue el alcance que tuvo aquella interacción.

En una excursión de la escuela, su admirador se escabulló y volvió con un peluche de Minnie gigante con un corazón rojo entre las manos. Cuando Maddy lo llevó a casa, su madre lo envolvió en celofán para preservarlo y lo dejó sobre la repisa hasta que el recuerdo espantoso del afecto de aquel chico se fundió con el papel pintado. Su madre parecía más contenta por aquello que ella; tal vez lo viera como una señal de que su hija se estaba desarrollando de manera «normal». Como dice Maddy: «Recuerdo pensar que tal vez fuera porque sabía que no me gustaba la gente *de esa manera*, así que la tranquilizaba».

Momentos así la hacían sentir de una manera particular cuando era más joven, y hoy en día sigue siendo igual: le producen un hastío que va en aumento ante la sensación cada vez más alta de que está obligada a ser recíproca, una cosa que describe como un «sentimiento de descomposición». Es como si alguien estuviera fermentando algo en el fondo de sus entrañas y una nube oscura se aproximara a sus hombros con el peso de la angustia. Entonces lleva a cabo todos los escenarios posibles. No siente miedo ni repulsa, es una crisis ansiosa sobre su percepción; se obsesiona con la manera en que debe existir en la mente de alguien como ser romántico o sexual y siente como si la hubieran encerrado en un guion y le hubieran asignado un papel que no quiere desempeñar.

El despertar sexual repentino de sus compañeros vino acompañado por otro supuesto rito de paso que también la dejó helada. En un retiro juvenil de la iglesia, separaron a las chicas en grupos y les dijeron que se maquillaran las unas a las otras. Incómoda entre estas desconocidas de otra escuela, Maddy, a quien le sigue pareciendo más fácil dejarse llevar que llamar la atención sobre sí misma montando un numerito (odia el conflicto y siempre optará por evitar un enfrentamiento), cedió. Cerró los ojos e inclinó la cabeza hacia atrás mientras una compañera amable la maquillaba como si fuera a desfilar en un concurso de belleza.

Parezco una idiota, nunca lo conseguiré. Mis características faciales son muy raras. ¿Cómo podría una aficionada arreglarme la cara?, pensó tragando aire e intentando esconder las manos, que le temblaban.

El pintalabios, el rubor y el lápiz de ojos llegaron a simbolizar un club al que no se podía unir: ser una chica adolescente normal. Se cuestionaba por qué no le importaba su apariencia de la misma manera en que se cuestionaba por qué no le gustaba nadie románticamente, y las dos cosas juntas parecían una prueba sólida de que algo iba terriblemente mal. Durante mucho tiempo, cuando pensaba en maquillarse o en ponerse tacones, tenía ese mismo sentimiento de descomposición que la golpeaba cuando pensaba en alguien pidiéndole una cita. Como dice ella: «Tal vez, si tuviera un cuerpo femenino y llevara maquillaje, aumentaría mis probabilidades a la hora de conseguir un trabajo. También creo que la gente no se preguntaría en voz alta si soy virgen o no».

Aunque no sintiera atracción sexual o romántica ni hacia los chicos ni hacia las chicas, desarrolló intensos sentimientos de admiración hacia las mujeres. De haber un hilo común, sería que todas parecían ser muy independientes, fuertes y capaces —normalmente, más mayores o populares—, y cuando fantaseaba sobre ellas, no estaban practicando sexo ni planificando una boda, sino pasando tiempo juntas como amigas. Conocía lo suficiente las normas de la feminidad como para callarse estos intensos sentimientos platónicos. No obstante, no intentaba acercarse a ellas; no quería hacerlo. En sus propias palabras: «Me bastaba con vivirlo dentro de la cabeza».

Tenía sentimientos especialmente intensos por su profesora de Química del segundo año de instituto, a quien describe como el tipo de persona «fuerte y callada». Un día, la profesora entregó a cada estudiante su propia pizarra personal y advirtió: «Si no podéis ser responsables, me las llevaré todas». Cuando sus compañeros hicieron garabatos por todas ellas, Maddy observó con asombro cómo cumplió aquella mujer con su promesa. Pero no solo le iban las personas fuertes y calladas. Durante el séptimo curso, se sintió fascinada por una católica malhablada más mayor, rebelde y popular; era la líder del grupito asiático del centro escolar. «Quería ser su versión del séptimo curso», dice. Durante misa, Maddy estiraba el cuello para estudiar la manera en que se mantenía de pie para poder copiarla después. Había otra profesora aquel mismo año, una joven filipina fan de la música rap.

Quería tener sentimientos románticos o sexuales hacia alguien, y era capaz de apreciar que alguien fuera objetivamente atractivo, pero cuando intentaba imaginar más que eso, había una desconexión. Sentía que antes de que llegara la sensación del deseo sexual debía tener un flechazo, y eso fue, en sus palabras, «lo que más me retuvo». Se imaginó que tal vez ocurriría con el tiempo, y empezó a fingir flechazos por chicos con los que encajaría. Para el año siguiente, lo dejó estar: el numerito era demasiado extenuante. En cambio, esperó que aquella maza sexual que había golpeado a sus compañeros la abrumara y revelara que era normal.

Al terminar el instituto, se dio cuenta de que no iba a ocurrir. Llegó a ver las relaciones como una señal de debilidad. Dejó de esperar que algo cambiara, y se siente culpable al admitirlo ahora —al igual que se avergüenza de decir que se entretiene leyendo columnas en las que se dan consejos sobre relaciones, porque ve los problemas de las parejas como algo cómico—. Piensa: *¿Por qué necesitas depender de otra persona para ir por la vida? Si no puedes ni siquiera funcionar si tienes que dormir sola por la noche, puede que tengas cosas en las que trabajar.*

* * *

David Jay, que nació en 1982, alcanzó la mayoría de edad en San Luis, en un hogar liberal con padres arquitectos que lo llevaron a centros de educación progresistas. Durante el período de los doce a los catorce años, en la escuela, se dio cuenta de que cuando sus compañeros empezaron a preocuparse de repente por el sexo y los enamoramientos, a él aquello lo dejaba frío. Años más tarde me dijo: «Teníamos una sensación real de que era un rito de paso. Hablabas de los flechazos que tenías por ciertas personas como una manera de mostrar que estabas creciendo y que ya no eras un niño. Pero yo no sentía las cosas que ellos sí, y aquello daba miedo y era desconcertante». *¿Qué quería decir?*, se preguntaba el niño inteligente. Fue a la biblioteca pública y rebuscó entre los libros; también visitó el laboratorio informático del instituto, donde jugueteó con palabras clave utilizando las primeras herramientas de búsqueda de Internet con la esperanza de encontrar una explicación para lo que no sentía. El sentido común le dijo que buscara la palabra «asexualidad», pero cuando lo hizo, lo único que encontró fueron artículos científicos refiriéndose a organismos autorreproductivos como los lagartos o las patatas. Lo intentó con diferentes palabras y frases, como «alguien que no tiene sexo» o «personas que no se sienten atraídas por personas», pero esto solo lo llevó a libros sobre el celibato o disfunciones sexuales como la impotencia o el apetito sexual bajo causado por la depresión. ¿Dónde estaba toda la información sobre las personas que podían disfrutar de la estimulación sexual, pero que no tenían el deseo de compartirlo con otra persona? Había un puñado de cafeterías LGB (así era el acrónimo en aquel entonces) que David también registró sin suerte.

Se preguntaba si se iba a desarrollar más tarde, pero pasó por la pubertad a los doce años y llegó al metro ochenta y cinco, por lo que esa teoría no tenía mucho sentido. ¿Por qué razón no iba un adolescente a ser un desastre hormonal y estar loco por el sexo? Sentía que no era normal; debería haberse sentido atraído por alguien, y no estaba seguro de cómo hablar sobre lo que creía que era una diferencia catastrófica. Estaba aterrorizado, estaba seguro de que había algo que iba muy mal.

Un verano, mientras estaba tratando de entender en privado su diferencia enajenante, sus padres, con quienes tenía una relación cercana, lo mandaron a un campamento de verano «inclusivo». Una monitora del campamento estaba definiendo palabras desconocidas cuando escribió el acrónimo «LGBA» en la pizarra. *¿Y esa A?*, se preguntó David y levantó la mano para preguntarlo. «Bueno, si vamos a cubrir todas las posibilidades, probablemente haya algunas personas que seas asexuales y que no tienen problema con ello. Puede que te resulte difícil de entender», dijo clavando la mirada en él; su explicación parecía estar cargada con la implicación de que el desinterés por el sexo sería imposible de entender para un adolescente cachondo. Aunque lo malinterpretó, aquella monitora fue la primera persona en hacer que la asexualidad humana pareciera posible. Se fue del campamento con una sensación que no había tenido antes: había otras personas como él.

Fue una señal cuya importancia no debe ser subestimada. Lo había pasado mal durante tanto tiempo, en parte, porque se sentía completamente fuera de lo normal. Si no hay nadie más que sea como tú, ¿qué otra conclusión se puede sacar? Ahora sabía que la asexualidad humana existía. Había otras personas como él allá fuera y tal vez, si miraba con la suficiente atención, las encontraría.

Cuando llegó la hora de ir a la universidad, eligió una independiente de artes liberales Wesleyan en Connecticut y se fue al campus en el año 2000, confiando en que encontraría a otros asexuales. *Ahora estoy en la Coste Este. Seguro que está a rebosar de una infraestructura y apoyo a la asexualidad. Este lugar se ha puesto las pilas con lo queer*, pensó, convencido en aquel momento de que lo que había restringido su acceso a una comunidad era que estaba en el Medio Oeste estadounidense. Se abrió una cuenta de correo electrónico anónima e hizo un borrador con una nota para el director de la alianza queer, pidiendo que le indicaran la dirección de los organizadores o estudiantes asexuales del campus. «No sabemos lo que es la *asexualidad*» fue, en esencia, la corta respuesta que recibió.

Por un momento desconcertado, David empezó a leer cosas sobre personas que no experimentaban atracción sexual. Rebuscó en la biblioteca universitaria y aprendió lo que eran los matrimonios de Boston, aquellas uniones en la Nueva Inglaterra de finales de siglo entre mujeres que querían evitar depender económicamente de los hombres. Encontró el estudio de referencia del sexólogo Alfred Kinsey, publicado en 1948, sobre la sexualidad de los hombres estadounidenses, que mostraba que alrededor del 1,5 % de la población adulta masculina se incluía en lo que él clasificó como X —quería decir que no experimentaban ningún «contacto o reacción socio-sexual»—, pero David anhelaba hablar con otras personas que se sintieran de la misma manera que él.[63] Si existía una comunidad asexual, era muy difícil de encontrar.

Durante sus primeras vacaciones de invierno, tomó un avión hacia el oeste para visitar a un amigo del instituto que iba a Stanford. Estaban despiertos de madrugada en la residencia cuando David oyó a estudiantes de teatro y literatura entusiasmados por un nuevo motor de búsqueda en Internet que les iba a cambiar la vida: «¿Lo has probado? ¡Tienes que hacerlo!». En cuanto volvió al campus (esto fue antes de que todos tuvieran portátiles), se sentó frente al ordenador y tecleó la palabra en una caja rectangular fina, luego se recostó y esperó a que salieran los resultados de su primera búsqueda en Google. Uno de sus primeros éxitos fue un relato titulado «Mi vida como una ameba», publicado en una revista digital estadounidense por alguien que se llamaba Zoe O'Reilly. «Ha habido mucha cobertura sobre los gais, bisexuales y la mayoría de los grupos con una orientación sexual diferente. Pero hay un grupo que siempre se pasa por alto: el asexual», escribió Zoe.[64]

David leyó con entusiasmo que ella anhelaba la misma visibilidad de la que gozan otras orientaciones sexuales marginalizadas, que tienen lazos, insignias y un día dedicado a su concienciación. Se quejaba de la ausencia de asexuales en los folletos sobre educación sexual del instituto y explicó los beneficios de su identidad. Él se sintió tan conmovido que tuvo que parar un momento para recomponerse. Se pasó los siguientes días procesando la sensación de validación que sintió simplemente sabiendo que había alguien más allá fuera —en esta ocasión, una persona real con nombre— que se sentía de la misma manera que él. Aunque no le hubiera visto la cara ni hubiera escuchado su voz, lo que pensaba y sentía encajaba perfectamente con él.

Y hubo más. Tras absorber el peso de su descubrimiento, se dio cuenta de que había una sección de comentarios. Había personas que también estaban describiendo esta experiencia por primera vez:

¡He encontrado a alguien más que es asexual! Durante muchos años he pensado que era el único; nunca he encontrado a otra persona en ningún lugar. Físicamente soy un hombre, pero no hay nada dentro de mí que me diga lo que soy, ningún impulso.[65]

¡Qué alegría saber que existe un nombre para la gente como yo y otros! ¿Alguien sabe dónde podría conseguir pegatinas para el coche o insignias de la asexualidad? No creo que hayan aislado un gen para ello ni nada por el estilo. No nos respetan.[66]

De verdad pensaba que la falta absoluta de deseo que sentía por cualquiera de los sexos era una anormalidad psicológica. No puedo expresar el alivio [que siento] de que haya otras personas que se sienten igual. Qué alegría haber encontrado este grupito. Me siento mucho mejor.[67]

Este sentimiento de comunidad les cambió la vida. Cuando David fue a casa por vacaciones, en San Luis, sentó a sus padres y les contó lo que era: asexual y feliz de serlo. Planeaba «declararse» públicamente y quería que primero lo supieran ellos.

De vuelta en el campus universitario, se puso a ejecutar su ambiciosa visión. Estaba determinado a crear un espacio para que se reunieran las personas asexuales, para que interactuaran y compartieran sus experiencias en tiempo real, así que creó una página web. Se decidió por una definición de la asexualidad que hoy en día se sigue referenciando: «Una persona asexual no experimenta atracción sexual; no se sienten atraídos por las personas de manera sexual y no desean actuar sobre la atracción a los demás de manera sexual. A diferencia del celibato, que es la decisión de abstenerse de la actividad sexual, la asexualidad es una parte intrínseca de quiénes somos, igual que cualquier otra orientación sexual».[68]

Alcanzó la mayoría de edad escuchando a sus amigos queer hablar sobre su sexualidad, y creía firmemente que la identidad sexual era algo que tú, y solo tú, podías definir. Si alguien dice que es asexual, es asexual. Nadie más tiene el derecho de etiquetarte o negarte el derecho a identificarte de esa manera. Las personas asexuales no están rotas ni enfermas ni necesitan una cura, y como cualquier sexualidad, no hay ninguna necesidad de diagnosticar ni de buscar un momento traumático en la infancia en el que se torcieran. Llamó a su página web Red de Educación y Visibilidad Asexual (AVEN, por sus siglas en inglés) porque desde la adolescencia lo habían hecho sentir como si no existiera.

Tras su lanzamiento inicial en el año 2001, David retiró la página del servidor de la universidad y compró un dominio nuevo, lo cual quería decir que estaría mejor posicionado en las búsquedas de Google, y consiguió su visión: se convirtió en el primer resultado que salía cada vez que alguien hacía lo que hizo él, ir a Internet y poner en Google la palabra «asexualidad». Entonces vio que la gente empezaba a registrarse. Un puñado al mes se convirtió en unas cuantas personas a la semana y luego en una persona al día. Era como si estos camaradas asexuales hubieran sido igual de persistentes, y tras años de lucha aislada, aprovecharan ese nuevo y más sofisticado motor de búsqueda, pensando *tal vez si miro aquí, encontraré lo que soy*. Plenamente consciente del aislamiento que había experimentado, David se armó y estuvo disponible las veinticuatro horas del día en el foro de bienvenida para recibir a los nuevos miembros. Quería ofrecerles exactamente lo que él había ansiado: una señal de que no estaban solos.

David también sabía, de haber investigado la historia de otras orientaciones sexuales marginalizadas, que la manera en que los científicos las estudiaban —y los medios las refleja-ban— tenía un impacto serio en la manera en que se daban a conocer al mundo. Por ejemplo, durante la mayor parte del siglo XX, la homosexualidad había sido considerada un trastorno mental, y se había retirado por completo del DSM en todas sus formas en 1987. Desconfiaba, con razón, de la manera en que los psicólogos podían alimentar a los medios cuando ambos intentaban entender la experiencia asexual, y él quería controlar el discurso.

Hasta el presente, la guía de AVEN para tratar con los medios, que fue redactada por David durante la primera década del siglo XXI, se centra en presentar la imagen de una persona asexual «normal» con quien la gente se pueda identificar. Se enumeran consejos generales como «sonríe» y se advierte de que las preguntas de los periodistas sobre la asexualidad normalmente se dividen en dos categorías, la excitación y los sentimientos, por lo que hay que intentar centrarse en los sentimientos, ya que eso «pone de relieve que en el fondo estamos pasando por las mismas cosas que los demás; hace que la gente empatice con nosotros».[69] David quería humanizar la asexualidad y acabar con los estereotipos existentes de que las personas asexuales eran sabandijas, alieníge-nas o robots sin alma.

En 2004, tan solo tres años después del lanzamiento de AVEN, contactó con él un periodista del *New Scientist* que estaba trabajando en un artículo sobre la asexualidad basándose en el advenimiento de AVEN y en el descubrimiento reciente por parte de Anthony Bogaert, un psicólogo canadiense, de que el 1 % de la población podría ser asexual (Bogaert encontró los datos en un estudio sobre el estilo de vida británico cuando investigaba sobre los orígenes biológicos de la orientación sexual).[70] David estaba equipado y preparado para ser la cara normal y simpática de esta nueva identidad.[71] Y entonces los correos electrónicos por parte de periodistas empezaron a circular y las personas asexuales empezaron a llegar a la página de inicio de AVEN. El aumento de nuevos miembros parecía coincidir con las oleadas del interés mediático.

El pico más alto de nuevos registros en AVEN desde 2004 llegó en 2006, cuando David apareció en diferentes programas de televisión, incluyendo el de la CNN *Showbiz Tonight* y los de la ABC *20/20* y *The View*. «¿Supone algún problema?», preguntó Joy Behar, confuso. «Entonces, ¿por qué necesitáis organizaros?»,[72] Tucker Carlson, que entonces era el conservador de turno de la MSNBC, fue especialmente brutal. Parecía estar a la defensiva, como que no se lo creía, y se sintió ofendido por la propia idea de la asexualidad cuando bombardeó a David con preguntas como: «Eres consciente de que el hombre medio tiene una peli porno en la cabeza, en un bucle continuo, todo el rato, ¿y a ti no te pasa? ¿Qué haces con tu tiempo libre? Muchos de los espectadores dirán que eres gay y que simplemente estás reprimido; ¿te lo dicen mucho? ¿Es verdad? ¿Sientes que te estás perdiendo algo? ¿Por qué no lo pruebas una sola vez y entonces estarás seguro y sabrás si te gusta o no?».[73] La incapacidad que tenía para asimilar la asexualidad era típica. En palabras de David: «Creo que éramos fascinantes por todas las razones por las que nos sentíamos tan aislados. La gente pensaba que no podía ser».

Al año siguiente, Montel Williams dedicó un episodio de su programa de entrevistas a las personas que eran «asexuales y que no tenían ningún problema con ello» («La gente dirá: Sí, claro, un profesor abusó sexualmente de ti, o un conductor de autobús o el repartidor de leche», especuló Montel, utilizando los dedos para contar las posibles «causas» de la asexualidad de David).

Pero, de nuevo, los miembros de AVEN aumentaron.[74] David era atractivo y bueno en las interacciones sociales; sonreía cuando la gente mostraba asco, impresión y asombro porque no podían creer que no le interesara el sexo y que fuera perfectamente feliz con eso. Tal vez los periodistas y presentadores de programas disfrutaran confirmando su sexualidad supuestamente normal analizando minuciosamente a David Jay, pero la exposición a la que se sometió implicó que ahora era posible tener un molde para aquella identidad. Ya se había hablado de eso, y existía una experiencia para que la gente se fuera a Internet y explorara. En estos días, los foros en inglés de AVEN tienen una media de unos cien registros nuevos al día de personas asexuales y aliados.

Cuando los asexuales del mundo se unieron, las cosas como el sexo o el amor (o el deseo de tener compañía) estaban separadas. El hecho de que no experimentasen el deseo sexual no quería decir que no quisieran ir a citas, tener hijos, casarse o vivir con un compañero de vida. Como vimos en el Delaware Valley Synergy y en San Luis, el amor y el sexo y el sexo y el amor no tienen por qué ser indivisibles. Se formó un lenguaje y subidentidades. «As» se ha convertido en un término general, como «queer» o «consensualmente no monógamo», para describir las diferentes identidades dentro del espectro de la asexualidad. La gente en Internet se reunía en foros para compartir ideas y crear un lenguaje para dar palabras a todo el alcance de la experiencia asexual. Hay quienes son heterorrománticos (se sienten atraídos románticamente, aunque no necesariamente sexualmente, por un miembro del sexo o género contrario), homorrománticos (atraídos románticamente por miembros del mismo sexo o género), birrománticos (atraídos románticamente por ambos sexos o géneros), demirrománticos (solo pueden experimentar atracción romántica por alguien con quien conecten sentimentalmente) y arrománticos (no experimentan ningún tipo de sentimiento romántico, o muy poco).

* * *

En 2010, Maddy se mudó de San Diego a la Universidad de Alabama, a Tuscaloosa, una ciudad universitaria obsesionada con el deporte, para estudiar un grado de ciencias, pero el tiempo que pasó ahí fue duro. Para empezar, estaba el choque de provenir de una comunidad liberal y mayormente filipina de la Costa Oeste al sur, donde no era raro que fuera el único rostro no blanco en la sala. Para el segundo semestre, estaba desconectada de los estudios. Se comparaba con sus compañeros, que parecían haber pasado sus años adolescentes explorando los intereses que tenían e ir por el buen camino para seguir las carreras que los apasionaban. Ella no tenía historias sobre relaciones sexuales o exnovios, ni siquiera tenía un círculo de amigos o vida social, por lo que evitaba las conversaciones que se volvían demasiado profundas. Sus notas empezaron a empeorar, y se obsesionó con el dinero que estaba gastando. Se estresaba pensando que terminaría la universidad sin nada que mostrar excepto deudas. Ocultó sus sentimientos con el humor («¿Sabes eso de que la gente empieza a gustarse a los 12 años? Aún estoy esperando que ocurra», bromeaba con sus compañeros de clase, intentando quitarle hierro al asunto), pero la verdad era que su falta de interés por el romance o el sexo la hacía sentir dañada, inadecuada y que se estaba quedando atrás.

La primera vez que Maddy escuchó la definición científica de la asexualidad fue en clase de Biología, donde no se referían a humanos, por lo que la definición de AVEN («Una persona asexual no experimenta atracción sexual, no se siente atraída sexualmente por las personas y no desea obedecer a la atracción que sienta por otros de una manera sexual») fue nueva para ella cuando la descubrió en línea. Siguió un camino digital iniciado en un hilo de Reddit en el que había personas compartiendo opiniones controvertidas que nunca soltarían en la vida real. Había un usuario que pensaba que la demisexualidad (alguien que solo experimenta atracción sexual hacia una persona con la que tiene una conexión sentimental, definición que Ken Haslam había encontrado en línea y con la que se había identificado) era «una mierda muy grande». ¿Qué es la demisexualidad?, se preguntó Maddy, que lo buscó en Google. Eso la llevó a una página web que ofrecía un término para nombrar algo que había experimentado con frecuencia, pero para lo que nunca había encontrado palabras: «arrobamientos», que en los foros arrománticos de AVEN se definía como la versión asexual y no romántica del enamoramiento. Este deseo platónico irresistible por conectar con otra persona es análogo al «enamoramiento de amigos», ese sentimiento de adoración y admiración intensas que se puede sentir al pretender a un nuevo compañero no sexual. Al igual que el flechazo o enamoramiento, el arrobamiento puede ser absorbente. Una persona que tenga un arrobamiento puede estar obsesionada con pensamientos sobre su objeto de afecto y sentirse sobrepasada por un deseo de estar con esa persona o ser como ella.

Maddy estaba ahí leyendo sobre este fenómeno llamado «arrobamiento» y la inundó un sentimiento de alivio. Nunca había escuchado a nadie más describir los sentimientos que había tenido con tanta fuerza y que había asumido que eran únicos a ella. Si las personas arrománticas tienen arrobamientos en vez de flechazos, supo de inmediato que eso era exactamente lo que era. Analizó los sentimientos que había tenido por sus profesoras y las chicas populares que parecían desafiar el lenguaje y sintió ese mismo confort de comunidad que también había sentido David Jay hacía años. Estaba construido sobre una premisa sencilla pero poderosa: otras personas también habían experimentado eso. Existe un nombre para lo que soy. No estoy sola.

Ella fue pasando cada vez más tiempo en los foros de AVEN, leyó publicaciones de blogs y habló con personas asexuales, y descubrió que había muchos recursos y que el mundo en línea albergaba muchas herramientas para relacionarse con otros. Había una conferencia internacional sobre la asexualidad y grupos de encuentro a los que acudía mucha gente en Los Ángeles y Nueva York. Había páginas web para salir con asexuales, redes sociales y un equipo de científicos de datos especializado en hacer encuestas en línea para establecer un censo anual sobre la asexualidad. En el mundo académico había un subcampo que empezaba a prosperar sobre la sexualidad llamado «estudios de la asexualidad», y en las ciencias de la salud los psicólogos investigaban sobre ello.[75] Incluso había una semana sobre la concienciación asexual, una revista literaria y varios libros dedicados al tema.[76]

Mientras que la asexualidad le resonaba, Maddy no se sintió cómoda adoptando esa identidad de inmediato. ¿De verdad soy asexual o solo tengo una libido baja?, se preguntaba. Por lo que durante el período que pasó cuestionándose la asexualidad, intentó salir con gente. Primero fue a una cita con un colega. Se enrollaron unas cuantas veces, pero la experiencia la dejó sintiéndose como si un dentista le hurgara la boca con un dedo enguantado. Su segundo intento fue con un chico al que conoció en Tinder (optó por una «persona con una pinta de friki del montón»; como dijo: «Entiendo que probablemente yo sea un caramelito para una persona normal»). Quedaron para tomar un café —y tener una conversación incómoda—, pero no sintió por él nada más que lo que alguien sentiría por un amigo. Le pidió salir otra vez, y ella aceptó, pero bloqueó los recuerdos de lo que hicieron; recuerda que tuvieron una charla tensa y el final de la cita, cuando él se inclinó para darle un beso. Maddy pensó: *No voy a tener muchas oportunidades como esta, así que de perdidos al río*. Pero cuando él le dio un pico en los labios, fue como si apagara un interruptor. Le pidió salir una tercera vez, pero ella ignoró el mensaje de texto. Estaba intentando «arreglar» el sentimiento de descomposición que siempre había sentido por la intimidad física, pero no funcionó, y aquel fue su último intento.

Maddy nunca ha mirado a una persona y ha pensado: *Quiero acostarme con ella*. En una ocasión me preguntó: «¿Es así como funciona? ¿Es eso lo que piensa la gente cuando se siente atraída sexualmente por alguien? A mí me parece una locura. Suena a que es falso». En estos días, utiliza bromas genéticas para hacer que quienes no le creen entiendan que no lo está negando ni está reprimida. «Imagina que la habilidad para que te guste alguien de manera romántica fuera algo que estuviera en el ADN, como un gen. Esto da a entender que para mí no es algo opcional», dice.

Cuando empecé a hablar con personas asexuales, respetaba la definición de AVEN que dejaba claro que no se trataba de si se era capaz de sentir excitación, sino del hecho de que no experimentaban una atracción sexual. Pero seguía resultándome curioso: ¿se masturbaban las personas asexuales? ¿Tenían fantasías sexuales? David Jay dijo que había tratado de desviar a los periodistas de esa pregunta en el circuito de los programas de entrevistas. ¿Por qué? Preguntar por la masturbación sugiere que estás buscando evidencia de que los asexuales realmente solo están reprimidos o son unos estirados, inmaduros, poco atractivos o que tienen miedo de acostarse con alguien. Si son capaces de excitarse por sí mismos, ¿por qué no les interesa el sexo con las personas? Por otra parte, si alguien dice que no se masturba, la gente puede asumir que eso significa que su cuerpo está roto o que sus hormonas, de alguna manera, no están bien, y según David Jay, centrarse en la mecánica del cuerpo de un asexual medicaliza la asexualidad. Así que no saqué el tema a colación.

Pero la mayoría de las personas asexuales con las que hablé sacaron el tema. Stephanie, antiguo miembro de una sororidad que trabaja como publicista en Los Ángeles, me dijo que cuando está premenstrual llega un punto en el que tiene que masturbarse: «No me imagino a mí misma haciendo nada, siempre me imagino a otras personas sin cara y sin nombre». De igual manera, Maddy me comunicó esta información sin que yo se la pidiera un día por correo electrónico: «Podría ver una película en la que saliera alguna escena de sexo o leer un libro para mayores de 16 o una fanfiction o incluso ver porno y conseguir sacar algo de ello. Cuento con las partes necesarias y funcionan». A veces se masturbaba para dormir mejor. Su interés sexual se revelaba en fantasías sobre personajes ficticios, pero nunca se involucraba personalmente. Así lo dice ella: «Creo que tengo una libido, pero no me preocupo por utilizarla. He intentado fantasear desde mi propio punto de vista y tengo la misma sensación que cuando besé a aquel tío, la de tener un guante de dentista en la boca, la de que es una intervención. Soy asexual por la manera en que puedo ver a otras personas y en tanto al papel que desempeña el sexo en mi vida, que es casi nada».

Puede que la asexualidad prospere en los foros en línea y en las redes de contacto, pero lo que no ha cambiado demasiado es su presencia limitada en los medios generalistas. Las representaciones positivas que existen tienden a ser de animación, fantasía o ciencia ficción, con la notable excepción de un mago asexual en la comedia web y de televisión *High Maintenance* y un personaje secundario en un episodio de la serie para adolescentes *Sex Education*, que se estrenó en 2020.[77] El personaje en *Sex Education* es una estudiante de teatro segura de sí misma que no tiene ningún vínculo con el sexo. Cuando habla con una terapeuta sexual sobre su falta de deseo, recibe un consejo reafirmante: «El sexo no nos hace completos, por lo que ¿cómo puedes estar rota?» (tras su emisión, un miembro de AVEN apuntó: «Acabo de ver ese episodio y, la verdad, no puedo dejar de sonreír»).[78] Hay un personaje asexual en *Juego de tronos* y en la serie de dibujos animados para adultos *BoJack Horseman*. Cuando el cómic *Archie* fue adaptado para la televisión en el drama adolescente de 2017 *Riverdale*, a su personaje asexual, Jughead, lo volvieron sexual. Esto enfureció a muchos en los foros de AVEN: «La verdad es que necesitamos ver a más hombres jóvenes heterosexuales en la televisión, esa experiencia nunca se ve», dijo Cole Brown, CTO de AVEN. En 2012, una pareja asexual apareció en *House*, la serie de Fox, y fue la primera vez que una cadena principal de televisión estadounidense sacaba a un personaje autoidentificado como asexual, pero patologizaba la asexualidad (el marido tenía un problema en el cerebro que mataba su apetito sexual, y su mujer hacía como que era asexual para mantener su matrimonio intacto).[79] Tal vez Sheldon Cooper en *The Big Bang Theory* sea la persona asexual más conocida. Pero es un obseso de la física cuántica y un friki de los ordenadores cuya falta de interés romántico o sexual se termina tratando con una novia.

La asexualidad y el arromanticismo suponen un reto sobre lo que muchas personas asumen que es un aspecto básico de la humanidad, lo que se supone que nos recarga: un interés por el sexo y el deseo de encontrar una pareja a la que amar y con la que compartirlo. O como dice Anthony Bogaert: «Es casi como si la humanidad y la sexualidad se hubieran vuelto tan arraigadas que asumimos que cualquiera que viole eso es un gusano o un coche o un cacho de césped o un alienígena».

Si le preguntan a Maddy si estaba contenta siendo arromántica y asexual cuando empezó a identificarse como tal, la respuesta es «no». Tenía que vivir en el mundo analógico, donde se comparaba con todos a su alrededor y sentía como si llevara años de retraso en el ámbito social y sentimental. Utiliza imaginería de ordenador para explicar su estado de ánimo de entonces: «¿Sabes que en los videojuegos hay puntos de control? Si alcanzas un punto de control y luego te mueres, por lo menos regresas ahí en vez de tener que empezar desde el principio. Solía pensar que estar en una relación era un punto de control en la vida que tenías que alcanzar antes de seguir adelante y crecer. Pensé que tal vez yo no crecería nunca».

* * *

¿Qué dicen los investigadores sobre la asexualidad? Durante la mayor parte de la historia, no demasiado, pero hoy, tras el activismo provocado por AVEN, existe un cuerpo de trabajo en aumento sobre el tema. La psicóloga canadiense Lori Brotto aprendió lo que era la asexualidad en 2006, cuando un colega psiquiatra en el Centro de Medicina Sexual de la Columbia Británica le preguntó si había visto el ensayo de Anthony Bogaert que mostraba que alrededor de un 1 % de la población no experimentaba atracción sexual. Al principio se mostró escéptica y enfocó la asexualidad de forma clínica, preguntándose si era posible que estas personas tuvieran una forma extrema de trastorno del deseo sexual hipoactivo, que es cuando las personas no experimentan el deseo sexual y eso les genera un conflicto. Pero sentía la intriga suficiente como para querer aprender más, y los hallazgos de su primer estudio (una encuesta en línea y entrevistas exhaustivas) no mostraron a personas que estuvieran descontentas o que quisieran cambiar; parecían estar perfectamente satisfechas. Experta en la salud sexual de las mujeres, lo que incluye el deseo y la excitación, estaba acostumbrada a trabajar con personas afligidas por su bajo deseo sexual, por lo que este hallazgo fue sorprendente. Brotto dice que lo más probable es que la asexualidad sea una orientación sexual única, y la mayor parte de su investigación no muestra muchas diferencias entre personas sexuales y asexuales en términos de estado de ánimo o ansiedad, aparte de los efectos por las impresiones negativas que tienen otras personas de ellos. Ha publicado varios estudios que hacen una clara diferencia entre la asexualidad y la disfunción sexual y, junto con David Jay, formó parte de un grupo de trabajo que incluía la asexualidad como una excepción de la definición de trastorno sexual hipoactivo del DSM-5.[80]

A lo largo de los años, muchos de los colegas de Brotto que en un principio se mostraron escépticos acabaron convenciéndose de que era una identidad sexual, pero sigue habiendo personas que no se lo creen. La gente dice: «Esto parece una forma extrema del trastorno del deseo sexual hipoactivo, ¡y yo lo veo en mi consulta todo el tiempo!», me contó, imitando a un profesor conmocionado. Puede que las respuestas que tuvieron revelen más sobre los enfoques científicos para el entendimiento de la sexualidad que sobre la asexualidad en sí misma. En palabras de Brotto: «Algunos de los métodos que utilizamos en nuestra ciencia para establecer las diferenciaciones entre los trastornos del deseo y la sexualidad son erróneos porque en realidad no quieren llegar a la experiencia humana». También apunta lo irónico que es que la mayoría de los malestares y descontentos sobre la asexualidad parecen venir por parte de personas sexuales: «A la gente le cuesta mucho creer que es posible, porque existe una creencia cultural prevaleciente de que se trata de una parte central de ser humano». La asexualidad pone esa idea patas arriba.

Bogaert cree que la asexualidad es una orientación sexual y que revela mucho sobre la sexualidad humana en líneas generales. Cuando intenta explicárselo a los escépticos, se centra en lo que puede enseñar a las personas sexuales sobre ellas mismas (a sus estudiantes a menudo les cuesta creer que sea real). «Todo el mundo tiene algo de extraño, alguna rareza y un poco de complejidad cuando se trata del sexo, y la asexualidad nos permite verlo con un poco más de claridad —dice—. Si alguien se siente cómodo llevando una vida sin sexo, ¿por qué sentimos que es necesario patologizarlos por ello?».

Daria, una dramaturga asexual del área de Washington D. C., tiene una opinión interesante. Cuando hablamos, tenía diecinueve años y estaba viviendo en una residencia de estudiantes en Manhattan, donde podía ver de primera mano todos los detalles de la cultura del polvo. «Pese a que hay un montón de cosas sobre ello que me ofenden, también hay otras muchas que tienen sentido, porque puedo separar con gran facilidad el sexo y el amor —dijo—. El sexo y el amor a menudo se superponen para algunas personas, pero para otras son completamente diferentes, y creo que esa es una de las cosas sobre la asexualidad que le da miedo a la gente. Se parece a lo de ser vegano. La gente se enfada mucho con ellos, y creo que es porque ven una alternativa que los hace cuestionar su propia vida; eso supone mucho esfuerzo y creo que mucha gente no quiere hacerlo».

Puede que la asexualidad sea difícil de aceptar para algunas personas sexuales, pero la asexualidad arromántica supone un desafío incluso más grande. Le pregunté a Cole Brown, CTO de AVEN, qué miedo cree que despierta la asexualidad arromántica, y respondió que las preconcepciones con las que lidian las personas asexuales cuando se discute su identidad. «Existe la percepción de que no tener sexo ni pareja será deprimente. Creo que la gente quiere ser empática, pero cuando se ponen en el lugar de una persona asexual y arromántica, se sienten tristes y no pueden ver más allá». Julie Sondra Decker, asexual arromántica de Florida que publicó uno de los primeros libros sobre la asexualidad en 2014, coincide: «Mis detractores dirán: "Pero ¿qué pasará cuando seas mayor y estés sola?". Y yo pienso si es por eso por lo que se casa la gente. No parece que sea una buena razón. No hay ninguna garantía de permanencia. Podrías perfectamente perder a tu cónyuge; podrías terminar siendo la persona que tiene que ofrecer los cuidados en vez de ser la que los recibe».

Contacté con personas arrománticas a través de foros en línea y comunidades (incluyendo el grupo de Facebook que Maddy ayudaba a moderar) y pregunté a quienes estuvieran interesados en compartir su experiencia que me dijeran exactamente qué significaba para ellos ser arrománticos. Susan, una mujer de treinta y siete años de Toledo, utilizó estas palabras: «Para mí, la atracción romántica es el deseo de estar físicamente cerca de alguien. Me encantan los abrazos, pero dar besos, estar sentados uno al lado del otro en el sofá, hacer la cucharita en la cama o darnos de la mano para mí es innecesario. Disfruto leyendo sobre cosas románticas y puede que hasta me salga alguna lagrimilla cuando veo a la gente en la televisión con un final feliz romántico, pero no lo quiero para mí misma». Pero ¿puedes tolerarlo?, me pregunté pensando en el sentimiento de descomposición de Maddy. El romance pone incómoda a Susan porque no sabe cómo ser recíproca; al igual que Maddy, lo siente como si la estuvieran obligando a desempeñar un rol que no quiere. Amanda, una estudiante de veintiún años de D. C., dice que, de pequeña, se sentía molesta cada vez que se introducía algo de romance en un libro o en una serie de televisión. Luego, cuando se puso de novia en el instituto, le pareció que toda la experiencia era «inútil y estúpida». Cada vez que hablaba con su novio, sentía como si estuviera leyendo un guion.

Lori Brotto estuvo trabajando en una de las primeras investigaciones cualitativas sobre la asexualidad arromántica, y los hallazgos que hizo muestran que es más probable que las personas asexuales y arrománticas sean introvertidas y que prefieran actividades solitarias. En sus palabras: «Había más bien una imagen global de soledad, pero, por otra parte, sin incomodidad».[81] No están deprimidos, lo cierto es que prefieren estar solos.

Hasta el día de hoy, no hay mejor manera de terminar una amistad con Maddy que decirle que te gusta «de esa manera». Cuando la gente la intenta seducir, normalmente son mujeres. Vivía en Alabama y trabajaba en Chipotle cuando ocurrió el «incidente de la fragancia Crush». Se estaba haciendo amiga de una colega, y estaban intercambiando bromas cuando la mujer se detuvo y le dijo que le había traído un regalo. Ajena a todo, Maddy fue a la habitación de atrás, encendió la luz y descubrió un cilindro lila con la fragancia en espray Crush, de Victoria's Secret, colocada en una cesta de regalo al lado de una caja de bombones. ¿Qué se hace con eso?, se preguntó. «¿Lo pulverizas en el aire para atraer a alguien? ¿Es para el cuerpo?», me preguntó años después. Después de aquello, se volvió en sí misma. Fue como si todas las interacciones platónicas que había tenido se hubieran contaminado. Se sentía culpable, como si al haber sido amistosa, hubiera engatusado sin darse cuenta a aquella mujer. Después de eso, se presentaba al trabajo «callada», que es como llama a su estado natural.

* * *

En comparación con Maddy, Felicity, de treinta y dos años, es una ludita. De hecho, dice que ha tenido un resentimiento hacia Internet desde los catorce años, cuando condujo a su madre hasta las salas de chat, a una aventura y, al final, al divorcio. No utilizó un ordenador ni un teléfono inteligente hasta bien entrada en la edad adulta, e incluso entonces tuvo que asistir a una clase para aprender a utilizar el Microsoft Excel. Pero cuando su hija mayor, Sky, tenía nueve años y ella estaba embarazada de su segunda hija, Emi, se metió en Internet en horas de trabajo para matar el tiempo. Como es típico en esta era hiperconectada, su búsqueda de historias de miedo la llevó a otra página web, que la llevó a un foro de Reddit en el que encontró un suministro infinito de entretenimiento lleno de suspense. Estaba navegando por otros subreddits; en un tiempo anterior había sido activa en grupos antirracistas y estaba casada con un hombre afroamericano con quien tenía una hija, por lo que cuando encontró uno que se llamaba «Black Ladies», se unió. Estaba discutiendo sobre las políticas de la estrella de pop blanca Miley Cyrus haciendo twerk cuando se encontró con otra aliada.

Maddy también se sentía atraída por los subgrupos de Reddit que describían una serie infinita de experiencias hiperespecíficas. Creó un subreddit para estadounidenses sudasiáticos. ¿Por qué no somos una comunidad visible como en el Reino Unido?, se preguntó. Pensaba más sobre su identidad de Sri Lanka desde que se había mudado al sur. Se pasaba los días pegada a la pantalla del teléfono o del portátil, hablando con compañeros estadounidenses sudasiáticos sobre comida, la universidad y la política. Siempre estaba en línea, haciendo clic, navegando, publicando y presidiendo su imperio digital. Ser moderadora le daba una sensación de propósito y de poder, y estaba socializando de una manera que encajaba mucho mejor con ella, con su parte física dejada atrás. Había encontrado su verdadero nicho: los amigos de Internet. En las salas de chat y en los foros era extrovertida y segura; tenía tiempo para planificar lo que quería decir, y la juzgaban por el humor y la inteligencia que tenía, en vez de por su presentación física. Al igual que Felicity, se unió al subreddit Black Ladies como aliada durante el juicio a George Zimmerman. Al principio solo metía la cabeza, pero cuanto más tiempo pasaba ahí, más involucrada estaba y enseguida se vio metida de lleno también en esa comunidad.

Si Maddy hubiera conocido a Felicity antes en persona, dice que probablemente no habrían sido amigas. Maddy, que aún se estaba haciendo a su identidad asexual y arromántica, era virgen. A Felicity le iban las perversiones, había practicado el poliamor y estaba embarazada y casada, y ya tenía una hija. Maddy creció con padres de clase media en las afueras de San Diego. Felicity creció con muy pocos medios en Nueva Orleans, y vivió sin ducha ni cocina durante un año cuando la desplazaron por el huracán Katrina. Maddy se había pasado los primeros años de su vida adulta en el ordenador, trabajando en Chipotle y estudiando biología en la universidad. Felicity era poeta, trabajó como voluntaria en una librería anarquista y asistió a concentraciones del Foro Social, viajando hasta San Francisco para protestar en el quinto aniversario de la guerra de Irak con una badana sobre su larga melena pelirroja. «Era el tipo de cosa que solo podía ocurrir así en Internet, porque primero tengo que saber lo que piensa», dijo Maddy en una ocasión.

Tras entablar una relación en Black Ladies, empezaron a mandarse mensajes en privado. Felicity solía quejarse de lo complicada que era su vida (estaba embarazada y pasando por una mala racha son su marido) y Maddy solía animarla a hablar. Se convirtió en una presencia constante y reconfortante. Siempre estaba en el ordenador o en el móvil, y Felicity mantenía una ventana de Reddit abierta en el ordenador en el trabajo para que pudieran hablar en tiempo real sobre cualquier cosa, desde temas serios como la relación de Felicity, las infancias que tuvieron y sus padres hasta los detalles más ligeros sobre cualquier cosa que les hubiera pasado durante el día. Felicity incluso envió un mensaje a Maddy cuando iba de camino al hospital para dar a luz. Maddy se sentía segura compartiendo detalles sobre su vida con esta mujer, a quien se imaginó que no conocería nunca en la vida real, y se dio cuenta de que tal vez no se hubiera sentido tan cómoda haciéndose íntima de ella si no hubiera sido mayor que ella, estuviera embarazada, casada y tuviera una hija. Se imaginó que era improbable que su simpatía fuera malinterpretada como coqueteo.

Felicity, que se identificaba como queer, no se quedó pasmada cuando Maddy le dijo que era asexual y arromántica. Cree firmemente que la sexualidad es un espectro y que la identidad sexual está autodefinida. Además, eran amigas: ¿qué más le daba a ella si su nueva confidente no era el tipo de persona de la que enamorarse o con la que tener sexo? Después de unos meses comunicándose, se conocían bien la una a la otra y estaban demasiado involucradas en los problemas de cada una como para no considerarse mejores amigas.

Maddy estaba en casa en San Diego durante las vacaciones de mitad del semestre cuando Felicity le envió un mensaje urgente diciendo que su marido la había atacado y había hecho pedazos su teléfono, destruyendo todas las fotos que tenía de sus hijas. Maddy mantuvo la calma y fue directa: «Mándamelo», dijo. Mientras esperaba que llegara el paquete, preguntó por la marca y el modelo específicos, y se metió en Internet para buscar instrucciones sobre cómo recuperar los datos. Cuando recibió el paquete con el teléfono roto, se encerró en su habitación, lejos de los ojos fisgones de su madre, y se puso de inmediato a trabajar como MacGyver, manejando el teléfono con destornilladores y una sierra en miniatura. Cuando por fin consiguió recuperar las imágenes, envió una foto por correo electrónico a Felicity para celebrarlo.

Cuando esta recibió aquella foto, se puso contentísima. Hizo una publicación poco frecuente en Facebook con la captura: «¡¡¡Maddy es mi puta heroína!!! Genia, espía, arregladora de teléfonos. No tengo ni idea de cómo he sobrevivido tanto tiempo sin ti». Maddy estuvo ahí durante los últimos jadeos de la relación de Felicity. Parecía que su presencia radiaba confort y un apoyo reconfortante desde el otro lado de la pantalla del ordenador. Le envió a Felicity un paquete de DVD para que se distrajera, e incluso imprimió copias en papel de las fotos de sus bebés y las colocó con cuidado en un álbum. Enseñó a Felicity cómo hackear el correo electrónico de su marido y la cuenta de Instagram que tenía dedicada a su vida de encuentros sexuales con desconocidas. «Podría cambiar su contraseña y dejarlo fuera; existe esa opción», le escribió a Felicity, que se emocionó por el apoyo virtual de su secuaz. «Vamos a esperar a que finalice el divorcio», dijo ella.

Maddy era la única persona a quien Felicity confiaba los detalles íntimos del dolor que su marido le estaba causando y que le daba demasiada vergüenza decir en voz alta, incluso a sus hermanas o amigas íntimas. Era fácil hablar con Maddy; no juzgaba y hacía muchas preguntas. Esta se dio cuenta de que probablemente no hubiera nadie en el mundo que conociera a Felicity tanto como ella. Desde detrás del velo de la pantalla del ordenador, la mujer de otra ciudad acababa de contarle a Maddy toda la historia de su vida.

* * *

Una de las cosas de las que más se acusa a la asexualidad es que «se la inventan», que se trata de una construcción de Internet que no tiene ningún precedente histórico. Pero a diferencia de la homosexualidad, nunca ha habido una ley que la prohíba. En épocas anteriores, puede que las personas asexuales se adentraran en matrimonios sin sexo, vivieran como «solteronas» o dijeran que eran célibes, por lo que ¿cómo se extrae una historia de la asexualidad cuando no hay ninguna acción ni ningún comportamiento que buscar? ¿Tal vez algún código? Como Cole Brown dice, que asumió que era bisexual antes de encontrar los términos en la página web de AVEN: «La asexualidad tiene que haber existido antes de Internet; simplemente, no podíamos verlo».

Las palabras de Cole me retumbaron en la cabeza, y cuando alguien a quien conocí a través de AVEN me mandó un enlace a un archivo en línea de un comunicado sacado de una conferencia organizada por las Feministas Radicales de Nueva York en 1972, que menciona un «manifiesto asexual», me quedé intrigada. El comunicado, que se publicó en la revista de noticias feminista *Off Our Backs*, viene ilustrado con una foto de un grupo de «activistas lesbianas» enfrente de un tablón que enumera una serie de identidades entre las que elegir: «Heterosexual, asexual, lesbiana, bisexual, antietiquetas, bollera separatista, ¿?, feminista lesbiana, antisexual o lo que sea».[82]

Leí el artículo y me enteré de que cuando empezó a llegar la gente a la conferencia, se les repartieron insignias de papel y las animaron a que se otorgaran una etiqueta. El día estuvo lleno de actividades feministas. Alguien leyó un poema llamado «Las mujeres que aman a los hombres los odian». Jill Johnston, del periódico *The Village Voice*, declaró: «Con quien más te acuestas es contigo».[83] Y Gloria Steinem estuvo ahí. Se presentó tarde, llevaba puesta una babushka. Hubo talleres sobre la confianza entre las mujeres, lidiar con la rabia y la discriminación por la edad, y una referencia curiosa a un taller sobre la asexualidad, organizada por alguien que se llamaba Barbara Getz. No había demasiados detalles sobre la sesión, a la que atendió quien escribió el artículo, excepto por un resumen de observaciones hechas por su líder: «La asexualidad es una orientación que entiende a una pareja como no esencial para el sexo y el sexo como no esencial para satisfacer una relación».[84] Luego había una referencia a un manifiesto asexual que se podía obtener escribiendo al apartado de correos de las Feministas Radicales de Nueva York. ¿Qué había en aquel manifiesto? Tenía que averiguarlo.

Comencé mi búsqueda del manifiesto utilizando un camino trillado: buscando en Google, alternando palabras clave, pero no encontré más que publicaciones de Tumblr y entradas en foros en los que las personas de la comunidad asexual habían escrito sobre su propia búsqueda del documento. Encontré un extracto por parte de la autobiografía de la periodista Margot Adler; alguien había llamado y leyó el manifiesto durante el programa matutino que tenía en la radio, lo cual provocó varios días de llamadas telefónicas por parte de «célibes y solitarios».[85] Escribí un correo electrónico a las colecciones especiales de la Universidad de Duke, donde se guardan los documentos de las Radicales Feministas de Nueva York, pero lo único que conseguí fue que una bibliotecaria se disculpara diciendo que no lo tenían y que ya se lo habían pedido antes.

Aquellos monitores en el campamento de verano al que fue David Jay debieron haberlo escuchado en alguna parte, razoné, tecleando «Barbara Getz», el nombre de la organizadora del taller sobre asexualidad, en una base de datos de documentos públicos y limitando la búsqueda a mujeres que hubieran tenido por lo menos dieciséis años cuando se organizó aquel taller. Hubo cuatro resultados, incluyendo el de una persona de unos ochenta años que parecía estar sana y salva y vivía sola en Manhattan. Puede que haya encontrado a la abuela de la asexualidad contemporánea, pensé para mí misma cuando imprimí las cartas y las envié por correo, dirigidas a todas aquellas Barbara Getz y con una fotocopia del artículo adjunta. La carta empezaba así: «Estoy intentando encontrar desesperadamente a la Barbara Getz que se menciona en el artículo adjunto. Espero que sea usted».

* * *

Felicity fue la primera en sugerir que Maddy y ella quedaran en la vida real; solo estaba a unas cuatro horas en coche desde Alabama en Nueva Orleans. Pero Maddy no sentía que necesitara un encuentro físico para validar o mejorar su relación; sus necesidades sociales y sentimentales estaban servidas simplemente comunicándose con Felicity, por lo que canceló unas cuantas veces hasta que por fin se armó de valor. Al cultivar su relación de amistad en línea, Maddy le restó importancia a la incomodidad que sentía en situaciones sociales y su preferencia por la soledad. Estaba tan nerviosa cuando se acercó a la casa de Felicity que se le pasó la entrada a su casa y tuvo que dar la vuelta a la manzana y volverlo a intentar.

Felicity, por otra parte, estaba emocionada por ver a su amiga. Después de enseñarle a Maddy la casa solo de mujeres y de cuatro generaciones en la que vivía con su madre, su abuela y sus dos hijas (eso son cinco mujeres, siete si tienen en cuenta al gato y al pájaro), la llevó a la casa de su vecino para celebrar el evento anual anti-Black Friday: el «Slack Friday»,* donde juegan a juegos de mesa para boicotear las ventas. Maddy intentó mantener la calma. Fue una reunión mansa, pero entre tantos desconocidos estaba muy lejos de su zona de confort. Siguió sintiéndose incómoda aquella noche cuando se echó a dormir en la sala de estar, al otro lado del novio de Felicity, que también estaba pasando la noche en el sofá porque Felicity compartía la cama con sus hijas y las normas de las habitaciones eran estrictas: no se permitían hombres. Cuando pensaba en aquella noche no tenía ni idea de cómo había conseguido salir con éxito. Aparte de ver a la familia, probablemente llevaba sin socializar desde aquella cita experimental de Tinder de hacía dos años.

Al día siguiente, la pareja se fue a comprar un árbol de Navidad. A Felicity le gustaba hacer el esfuerzo por las niñas durante las festividades, y quería que todo el tema de decorar el árbol fuera una ocasión especial. Invitó a su padre y a su mujer, y su novio, su madre y su abuela también estaban ahí. Los adultos se agruparon alrededor del árbol, animados, mientras lo decoraban. Maddy estaba incómoda entre tantos desconocidos que decían «ooh» y «aah» con empeño, por lo que mantuvo un perfil bajo, optando por hacer fotos. Como a una buena introvertida, si le asignas un papel en una fiesta, le va bien.

Durante el último día que pasó en Nueva Orleans, hablaron sobre tatuajes. «¡Vamos a hacernos uno juntas!», sugirió Felicity, tomando el teléfono para ver si su amigo tenía hueco en el estudio. Fue idea de Felicity, pero Maddy siempre había querido uno, y embriagada por las emociones del fin de semana, se sintió

---

* *Slack* puede entenderse como un período de inactividad. (N. de la T.).

envalentonada para hacerlo por fin. Maddy fue la primera. Se arremangó los pantalones para revelar un pedazo de carne en el tobillo. Felicity optó por hacerse el suyo en las costillas, en ese sitio que tanto duele justo debajo del pecho. A Maddy no le gustaba que la tocaran, pero intentó actuar como si estuviera cómoda cuando Felicity le agarró la mano mientras el tatuador ponía la aguja sobre su piel blanca y blanda. Ambas salieron de ahí con zarpas de oso.

Cuando volvió a Alabama, Maddy estaba tanto exhausta por la actividad social como inundada de adrenalina. Era la primera vez que se había quedado a dormir en casa de una amiga. Pensó para sí misma que había hecho algo normal. Volvió de visita alrededor de las Navidades, y luego volvió a ir unas semanas más tarde, y luego otra vez, hasta que se convirtió en una rutina. Y cuando Felicity le pidió a Maddy que se mudara con ella, no se lo pensó demasiado antes de decir que sí. Felicity es una madre soltera que ha pasado por un infierno y necesitaba ayuda. Maddy necesitaba un sitio en el que vivir; había dejado la universidad y su vida trabajando en Chipotle no tenía demasiado sentido. Llegó a ver su amistad en la vida real con Felicity como una manera de forzarse a extenderse y hacer más «cosas sociales». «Seríamos compañeras de vida platónicas, como una relación queerplatónica», escribió Felicity, y Maddy buscó el término en Google para ver exactamente lo que quería decir.

La palabra «queer» no le sentaba del todo bien a ella: ¿es una relación platónica entre una mujer asexual y una mujer queer realmente queer? ¿Tengo derecho a reivindicar ese término?, se preguntaba. ¿Debe incluirse la asexualidad bajo el paraguas LGTBQ? Sin duda, existe cierta incomodidad sobre el espectro de una pareja asexual heterorromántica que va a un desfile del Orgullo y arrasa con los condones gratis (Dan

Savage, el columnista que daba consejos sobre sexo, en un principio tuvo sus dudas sobre considerar a las personas asexuales como oprimidas, pero luego cambió de opinión).

Maddy estuvo indagando, intentando encontrar una plantilla en la vida real. «Supongo que es como Oprah Winfrey y su amiga Gayle», se imaginó, leyendo una publicación de blog que describía su relación de esa manera. Felicity se sentía más unida a Maddy que a cualquier otro adulto en su vida, por lo que quería que su vínculo tuviera un título especial, algo que la pusiera en un pedestal por encima de «amiga». Maddy le dijo a su madre que se iba a mudar a Nueva Orleans para vivir en el cuarto de invitados de una amiga. Más adelante se enteró por su hermana de que sus padres asumieron que era lesbiana. En el trabajo, Maddy estrechó su relación con una mánager que se había mudado a Alabama para estar con su pareja, que seguía en el armario y a quien había conocido por Internet. La pareja llevaba años viviendo como «compañeras de piso». Poco después de que Maddy le contara el plan que tenía de ir a vivir con Felicity, la sentó e intentó aconsejarla. «Mira, eres lesbiana y eres incapaz de aceptarlo», le dijo.

Pero la amistad no era lo único que motivaba a Maddy. Las relaciones humanas rara vez son completamente desinteresadas. Maddy también se imaginó que una vida con Felicity sería probablemente su mejor esperanza de tener algún tipo de normalidad. En aquel entonces, aguantó el hecho de que la presentaran junto con ser asexual y arromántica, como si fuera un paquete indivisible que la excluiría de hacer cualquier cosa vagamente «normal» con su vida. Creyó que el hecho de ser asocial era algo que tenía que arreglar. «La gente social lo tiene más fácil», me dijo en una ocasión, dejando ver la manera en que separa el mundo entre «social» y «asocial», al igual que «sexual» y «asexual», «romántico» y «arromántico». Había interiorizado una presión por ser social igual que había interiorizado aquellos mensajes de que el fin último de todas las personas debería ser casarse y tener hijos. Al igual que perder la virginidad, son marcadores del desarrollo social «normal», y en estos días se aplica a todo el mundo, sin reparar en la sexualidad que tengan. «Pensaba que esto era lo más cerca que iba estar de conseguirlo, por lo que siento que dije que sí por esa razón», reflexiona. Cuando oí esto, me quedé anonadada: ¿de verdad se había mudado con Felicity por la presión de encajar? «Tienes que haberte sentido sola. ¿Anhelabas compañía?», presioné, proyectando mis necesidades sociales propias en ella. «No me sentía sola, simplemente pensaba que lo había *conseguido*, como que había entrado en el club de los adultos: yo también tengo una unidad familiar», dijo.

* * *

Cuando empezó a vivir permanentemente en Nueva Orleans, Maddy estuvo determinada a hacerse pasar por una persona social. Pero estaba nerviosa. ¿Podría con una ciudad social en la que los bares y las discotecas abrían las veinticuatro horas del día y en la que se podía beber en la calle? ¿Sería capaz de acostumbrarse a vivir con otras cinco personas en una casa llena de mujeres de cuatro generaciones distintas? Su vida juntas empezó bien. Maddy ayudaba en la cocina, con la colada y el cuidado de las niñas; se quedaba con ellas mientras Felicity asistía a clases nocturnas (se había matriculado en la universidad y estaba estudiando para trabajar en la justicia de menores) o cuando se quedaba en casa de su novio. Maddy consiguió un trabajo a jornada completa y volvió a matricularse en la universidad para conseguir los créditos necesarios para graduarse en Ciencias.

Durante los primeros meses Maddy hizo un gran esfuerzo por mantener su imagen de persona socialmente activa. Luchó contra sus nervios, forzándose a ir a fiestas y a bares como si fuera parte de un régimen de entrenamiento en su misión de ser normal. «Haz cosas que normalmente no suelas hacer. Puedes ser la persona social que siempre has deseado ser», se repetía como un mantra mientras hacía las cosas por inercia. Durante una noche de fiesta se dio cuenta de que nunca se había sentado en un bar. *¿Cómo se hace?*, pensó colocando las piernas. Cuando los hombres se le acercaban intentando coquetear con ella, se sentía incómoda; aquellas noches, que solían terminar al amanecer en un pórtico, no eran las mejores para Maddy. «Eres preciosa. ¿De dónde eres?», le decían hombres y mujeres, deslizándose hacia la mujer cuya apariencia era considerada exótica en una ciudad en la que las personas asiáticas tan solo suponían el 3 % de la población, más o menos, y no hablar con desconocidos se considera un delito social.[86]

Las visitas a fiestas y discotecas marcaron la primera vez que su orientación sexual fue sometida al escrutinio público. Cuando Felicity le contó a una amiga curiosa lo de la asexualidad de Maddy, la mujer, que pregonaba ser liberal y aceptar las sexualidades alternativas, torció la cara al procesar la información. La insinuación era clara: «Eso no existe». Felicity se vio sobrecogida por un impulso protector. «¡Que te den! Nunca cuestionas a una persona trans, así que no la cuestiones a ella, ¡joder!», gritó. La última vez que Maddy salió por la noche fue a una fiesta en la que se bailaba. Cuando la invitó Felicity, Maddy la miró fijamente y le dijo: «¿Habrá sillas?». Consiguió encontrar un taburete. «Si me necesitas, estaré aquí», dijo Maddy al tomar asiento y se pasó la noche al teléfono, echando un vistazo ocasional a los cuerpos sudorosos que bailaban enérgicamente en la pista de baile.

Después de aquello, Maddy dejó el numerito. Al igual que terminó dejando los enamoramientos falsos en el colegio y que dejó también de moverse por inercia con el chico al que conoció por Tinder, no podía pretender que era social para siempre. Cuando Felicity salía, Maddy se quedaba en casa. Desarrolló una relación íntima con Sky y Emi. Sky es extrovertida: alborota la casa, juega a cosas que hacen ruido y le gusta hacer preguntas complejas a los adultos («¿Por qué estoy viva?», «¿qué animal estoy comiendo?»). Emi, que suele quedarse en silencio cuando hay desconocidos, es introvertida, más del rollo de Maddy. Se sentaban juntas y, en silencio, se ponían a dibujar. Felicity y Maddy no eran físicamente afectuosas. En alguna ocasión se abrazaban (según Felicity, «abrazos de pie, literalmente»), pero Maddy a menudo abrazaba a las niñas, que parecían necesitar abrazos constantemente. Era como si ella fuera un cable de alimentación y sus baterías necesitaran volver a cargarse cada cinco segundos. Felicity observó a su compañera de vida con sus hijas, pensando que Maddy aportaba algo que la mayoría de las personas solo puede desear: una compañera que la apoyara y a quien pudiera confiar incondicionalmente sus hijas. Nunca había tenido una relación así; no era como su hermana o una amiga, era algo más potente. Cuando le pedí a Felicity que lo comparara con algo, dijo que, sencillamente, no existía ningún modelo.

La presión por ser social no era el único desafío al que se enfrentaba Maddy. Cuando llevó a Felicity a la fiesta de Navidad de la empresa, la presentó como su «compañera», pero se sentía incómoda con las miraditas y sonrisas lisonjeras: obviamente, pensaban que Felicity era su amante. No le molestaba la suposición de que fuera lesbiana, sino la idea de que pensaran que era romántica o que tenía sexo. Pero para contrarrestarlo, tendría que decirles que no solo no estaba interesada en una relación romántica, sino que además era asexual, lo cual sería descartado como represión o negación. Si presentaba a Felicity como tan solo una amiga, minimizaba su relación. ¿Y qué pasaba con Sky y Emi? Decir que eran las hijas de su amiga no era suficiente cuando tenía que irse corriendo del trabajo en medio de su turno si se ponían enfermas o había alguna emergencia.

Para Maddy, al estar juntas en un espacio físico, con sus cuerpos y voces, las diferencias entre ella y Felicity se habían vuelto muy acusadas. Podía reírse o ignorar las referencias que hacía Felicity al sexo y que eran demasiado íntimas cuando chateaban en línea, pero en persona eran más difíciles de evitar. Cuando Felicity la invitó a un club de perversiones, se sintió molesta. No dijo nada, pero se preguntó qué podría haberle hecho pensar que aquello podía ser algo que ella disfrutara. Luego estaba el peso de la responsabilidad de ser la cuidadora principal de dos niñas pequeñas. Se obsesionó con el miedo que le daba que Felicity muriera. ¿Y si una noche estaba por ahí hasta tarde y la pillaba un tiroteo, como ocurrió con aquellas personas que estaban en las escaleras de un bar en la avenida South Clairborne un sábado por la noche, cuando un tirador fue corriendo por la calle? Cuando la madre de Felicity le envió un mensaje desde el cuarto en el piso de arriba para ver si Maddy sabía si su hija estaba en algún lugar cerca de la escena, los nervios de Maddy se dispararon.

A Maddy también le pareció que la energía social que gastaba en el cuidado de las niñas la consumía. Cuando le decían «te quiero» se sentía incómoda. Sabía que no era deliberado, pero aquellas palabras tenían el poder de hacerla sentir culpable. *¿La gente simplemente lo dice para que se lo digan a ellos también?*, se preguntaba. *¿Por qué necesitan que se diga? ¿No es* *algo que se muestra?* Sabía que eran niñas, pero aun así no lo deseaba. No estaba segura de por qué, lo único que sabía era que no podía manejar sentirse obligada a ayudar a otra persona con sus sentimientos. Habían estado hablando de comprarse una casa juntas, y cada vez que Felicity le enviaba emocionada enlaces a casas que estaban en venta, tenía un sentimiento horrible en las tripas.

Maddy estaba hasta el cuello. «Podría haber sido una amiga. No tienes que ser la pareja de alguien para ser buena para esa persona», me dijo en una ocasión, haciéndome recordar una queja que muchas personas asexuales y arrománticas tenían sobre las relaciones de amistad: que no se les daba la misma importancia que a las relaciones románticas o sexuales. En casa, solo hablaba si tenía que hacerlo. Al igual que en Chipotle después del incidente con la fragancia Crush, volvió a su estado natural y callado. Cuando le salió un eczema en la cara, bromeó con que era su yo verdadero rascando para poder salir. Maddy se encontró frente a su portátil mirando horas interminables de la serie de anime *Naruto*, sobre un ninja que compite por la adoración de sus colegas. En *Naruto*, las relaciones más significativas en las vidas de los personajes normalmente son con amigos.

¿Cómo se sentirán las niñas si me voy?, se preguntaba, con la ansiedad chapoteando en sus tripas. Cuando Sky la agarró de la pierna y dijo: «¡Eres mi segunda mamá!», Maddy volvió a Reddit, a aquellos foros sobre relaciones que en ocasiones anteriores había utilizado para entretenerse, esta vez buscando consejo. En un subreddit para padrastros y madrastras, se vio abrumada por la cantidad de publicaciones por parte de personas que parecían estar hasta el cuello. «Felicity cree que se necesita todo un pueblo para criar un niño —razonó Maddy—. Hay montones de adultos que se preocupan por ellas. Puede que sea más sencillo

para ellas discernir cuál es mi papel en sus vidas si me marcho. Seguramente mi presencia sea confusa». Cuando no pudo encontrar nada específico para su situación, Maddy solicitó ayuda. Las respuestas fueron frías:

No estás en una relación con ellas, ¡márchate!
No son tus hijas, ¡sal de ahí!
Ni siquiera mantenías una relación sexual con ella, vete...

«Llevo años en sus vidas, no puedo simplemente irme —dijo, dándose cuenta de lo irónica que era la situación en la que vivía—. De todas las personas en el mundo, ¿por qué iba una virgen asexual y arromántica a juntarse con una familia siendo tan joven?».

* * *

Pasaron unos días cuando me vibró el teléfono con un mensaje de texto: «¡Has encontrado a la Barbara Getz que estabas buscando!». La mujer a la que tanto había buscado de aquel artículo de *Off Our Backs* estaba sana y salva y vivía en Manhattan. Recibió mi carta y de inmediato rebuscó entre sus archivos, donde encontró el documento que había estado juntando polvo en su apartamento desde la década de 1970. Lo primero que pensé fue *¿eres asexual?* Quedamos en que nos reuniríamos en una cantina en Chelsea el siguiente fin de semana del Día de los Trabajadores. «No tiene ningún plan durante el último fin de semana largo del verano. Tal vez lo sea», dije entre dientes mientras planeábamos nuestra reunión. Me pidió una descripción física muy detallada (incluyendo la altura) y ofreció una de sí misma: «Mido uno sesenta y siete, más bien tirando a delgada, pelo cano con turquesa». Me moría de ganas de conocerla.

«Soy incapaz de recordar el taller», dijo Barbara, frotándose higienizante de manos en las palmas como si estuviera intentando entrar en calor. Intenté disimular mi decepción, lo cual me hizo darme cuenta de lo mucho que quería que fuera una asexual sin descubrir de la era pre-hiperconectada. Estábamos sentadas en el anexo con ventanas de una cantina abierta las veinticuatro horas del día cuando explicó el trasfondo de la historia: en la década de 1970, empezó a escribir el manifiesto con una feminista radical, una mujer llamada Lisa Orlando, pero o bien perdió el interés, o estuvo muy ocupada; no lo recuerda. El caso es que lo dejó. Cuando Lisa terminó de redactarlo, le envió a Barbara una copia del manifiesto, que ella archivó en su apartamento y ni siquiera lo leyó hasta que recibió mi carta. Me moría de ganas de oír lo que decía, pero solo trajo una fotocopia de la primera página del preciado documento. Era reticente a mostrarme el resto sin el visto bueno de su autora. Es de una época distinta, me recordé, ligeramente molesta, suavizando el agarre del teléfono, que lo tenía calentito en el bolsillo, listo para hacer fotos.

Por suerte, Barbara quería compartir una muestra. Se aclaró la garganta antes de leer las primeras frases en voz alta: «En septiembre de 1972, el consejo coordinador de las Feministas Radicales de Nueva York se reunió para elegir a los comités ejecutivos, cuyos miembros se basarían en la similitud en cuanto a su orientación sexual. Los miembros de cada comité debían explorar las actitudes personales y políticas albergadas sobre su sexualidad y comunicar sus opiniones al grupo general. Barbie Getz y yo…». La detuve: «¿Barbie?». Solía utilizar un apodo al escribir cosas radicales en aquella época. De hecho, hoy en día se la conoce como B. Junahli Hunter, lo cual explicaba la presencia inexistente de Barbara Getz en Internet. Dejé que continuara: «Barbie Getz y yo nos dimos cuenta de que no nos sentíamos cómodas en ninguno de los comités propuestos y formamos el nuestro».[87]

Me sentí confusa. Por la manera en que lo usaban, ¿era «asexual» una resistencia al binarismo gay-hetero? No, aquello no estaba bien. Estaban intentando desafiar la manera en que a las feministas las clasificaban en términos sexuales —era una resistencia política a que las definiera su sexualidad— como feminista heterosexual o lesbiana. Le dije la definición contemporánea de la asexualidad y torció el morro. Eso no era lo que querían decir. «No creo que ninguna de nosotras dejara de tener sexo. Por lo menos, yo no lo hice. Nuestras ideas no eran populares», dijo. ¿Pudo su coautora, Lisa Orlando, ser asexual? Tal vez escribió el manifiesto porque nunca había experimentado deseo sexual. Junahli creía que no, pero ¿cómo podía saberlo? No lo sabía, y se habían distanciado. De hecho, no la había vuelto a ver desde entonces.

Me puse cómoda para la cena. Sentía curiosidad por la vida de esta mujer, que tenía más de ochenta años y se había pasado los últimos cincuenta sin pareja ni hijos. Mientras comíamos una hamburguesa vegana pedida con gran prudencia, Junahli me habló de ella. Creció siendo hija única con una madre que fue principalmente ama de casa y un padre militar. Se casó, pero la cosa no terminó bien, y a principios de la década de 1970, sobre los treinta años, ya estaba divorciada. Decidió que Nueva York sería el mejor lugar en el que ser una mujer soltera «mayor» en aquella época, por lo que se quedó, y ha estado sola desde entonces. Pero no se ha rendido: entre sus planes estaba asistir a un taller para encontrar a su alma gemela. Junahli aprendió lo que era el feminismo leyendo libros como el de Germaine Greer,

La mujer eunuco, y se unió a las Feministas Radicales. Tuvo una «crisis de mediana edad» a los cuarenta años y se matriculó en un programa de doctorado en Trabajo Social. Su tesis fue sobre la actitud hacia la familia estadounidense, que estaba en cambio. Se desempeñó como trabajadora social en institutos por todo Nueva York hasta que se jubiló.

Junahli parecía feliz. Había tenido una vida plena e independiente, una carrera significativa y un doctorado; había viajado y estuvo activa en pleno movimiento de las mujeres, nada más y nada menos que en Nueva York. Me la imaginé fumando y aporreando la máquina de escribir apiñada con amigas feministas hasta altas horas de la noche en su apartamento en el West Side de Manhattan. Sigue escribiendo, ha tenido compañeras de piso (la última fue una estudiante de China), viaja con frecuencia (está planificando un viaje a la India) y participa con entusiasmo en conferencias (su pasión es la lucha contra el cambio climático). Más adelante, conforme fui pasando más tiempo con Junahli, me enteré de que también cuenta con una coach de redacción y una secretaria personal. *Tiene un equipo entero*, pensé cuando me presentó a esta última.

Estábamos terminando de cenar cuando me habló del pánico que le entró a principios de los cincuenta, tras haber dejado de fumar. Se estuvo levantando entre las 03:30 y las 05:30 a. m. cada mañana durante dos años y medio. Los fines de semana eran especialmente duros; no tenía trabajo con el que distraerse, por lo que podían ser dolorosamente largos. Estaba tan desesperada por tener una voz humana con la que hablar que terminó llamando a la línea telefónica para la prevención del suicidio. Cuando les dijo que no iba a suicidarse, pero que necesitaba conexión humana, dejaron que hablara. Se sentía frustrada por la calidad de la ayuda que recibió, y entonces se le ocurrió una idea: ¿y si formaba a personas para que la escucharan de manera regular? Contrató a estudiantes de universidad, les enseñó el arte de la escucha empática y los puso en nómina, listos para atender sus llamadas. Una de las escuchadoras estaba en la universidad cuando empezó a trabajar para Junahli hace quince años y sigue en el equipo. «Los llamo *empáticos por correspondencia*, yo he acuñado el término», dijo orgullosa. Y yo estaba impresionada. Descubrió una manera virtual de encontrar compañía humana instantánea en un momento anterior a la conexión constante que brindan las salas de chat, el correo electrónico o los mensajes de texto. Me acordé de lo que Felicity había dicho sobre la técnica de escucha de Maddy: no juzgaba y hacía muchas preguntas, como una empática por correspondencia.

Nos separamos y fui caminando a casa en el Lower East Side, al sur, a lo largo de la Sexta Avenida, zigzagueando por calles laterales, viendo a personas cenar solas a través de las ventanas de los restaurantes e imaginando cómo serían sus vidas. Estaba maquinando cómo encontrar a Lisa Orlando y cuando llegué a casa, me fui de inmediato a Google a buscar su nombre. Encontré referencias a algunos artículos que había escrito para *The Village Voice* y su tesis de máster, y tras hacer una pequeña búsqueda en línea, mandé un correo electrónico a la mayoría de las personas que había mencionado en los agradecimientos, imaginando que alguien tenía que saber dónde estaba. Tenía algunos amigos de mucho peso, pensé mientras escribía a académicas como Gayle Rubin y Judith Butler. También la busqué en los registros públicos, pero ¿y si se había cambiado el nombre? No parecía que hubiera nadie que tuviera más o menos la edad apropiada, pero en cualquier caso mandé cartas a todas las Lisa Orlando que pude encontrar. Gayle y Judith respondieron rápidamente diciendo que habían perdido el contacto en la década de 1980.

Decepcionada, intenté averiguar por qué estaba tan empeñada en encontrar una fuente histórica que definiera tajantemente la asexualidad como una identidad sexual. ¿Me estaban influyendo los jóvenes asexuales que estaban frustrados por la manera en que los medios generalistas parecían acreditar a David Jay como el «fundador» de la asexualidad contemporánea? Entre sus quejas estaba el hecho de que su presencia constante en los medios había marginalizado las voces de personas asexuales racializadas y de las que eran femeninas o con inconformidad de género. ¿Hubo un borrado de la intervención de las mujeres en la construcción de la asexualidad? ¿Por qué Zoe O'Reilly, la autora de aquel ensayo personal formativo que leyó David Jay la primera vez que utilizó Google, no consiguió más reconocimiento? ¿O fue porque me molestó un poco que David Jay me regañara a mí, una persona autoidentificada como soltera, por utilizar esa palabra? («Implica que si no estás en una relación que encaja en un cierto molde, no estás en una relación»). ¿Estaba siendo cerrada de mente al haber interiorizado la actitud prosexo del crecimiento liberal que tuve en la década de 1990, que decía que el desarrollo «normal» requería aceptar de brazos abiertos el sexo? ¿O en realidad era porque seguía cuestionando la asexualidad? ¿Coincidía en secreto con aquellos críticos que rechazaban creer que la asexualidad existía, que en Internet estaban validando la identidad de gente que estaba reprimida y a la que le daba miedo el sexo? ¿Tenía el deseo de fortalecer la asexualidad con un precedente histórico claro, algo que utilizar como evidencia de que era real, y estaba eso alimentando mi determinación por encontrar un pionero de la asexualidad?

Tras unos días maquinando diferentes maneras de encontrar a Lisa Orlando, de repente me di cuenta de que daba igual. Al leer las cartas a Deborah Anapol en el Instituto Kinsey, descubrí que las maneras que existían para que las personas que se sentían de la misma forma se movilizaran, hablaran entre ellas y formaran una comunidad global hiperconectada y, en última instancia, una identidad colectiva, eran mucho más limitadas. Como dijo Zoe O'Reilly en aquel ensayo que David Jay había leído años atrás, «pienso que soy asexual, luego existo». Gracias a la visibilidad y a las palabras que se acuñaron en Internet, Maddy y otros que crecieron durante la era hiperconectada han recibido un nombre para la manera en la que se sienten, uno que ahora viene con una comunidad clara y establecida, y con una plantilla que les permite saber quiénes son.

* * *

Tras unos dos años y medio viviendo con Felicity, Maddy se fue de casa. Tuvo mucho cuidado con las niñas, les decía con frecuencia que pronto ya no se quedaría a dormir más, pero que no iba a desaparecer. Y no lo hizo; era su canguro dos o tres veces por semana. Una noche, cuando estaba a cargo de ellas, Felicity llegó a casa y la encontró sentada con Emi en el escritorio infantil. Llamé a Felicity unas semanas después de que Maddy se fuera. Era la primera vez que hablábamos de manera individual. Para ella fue duro ajustarse: le mandó algunos mensajes de texto, alentados por el whisky y altas horas de la noche, en los que tal vez fuera demasiado lejos al expresar cuánto la adoraba. Maddy no contestó.

Felicity echaba de menos a su compañera. Lo cierto es que no quería que se marchara, pero estaba intentando centrarse en la parte positiva para pasar por ese tipo de ruptura sentimental platónica, que era una nueva experiencia para ella. Por eso, estuvo buscando casas para mudarse y concentrándose en las relaciones que todavía tenía, asegurándose de que sus hijas se sintieran cómodas y apoyadas y que la dinámica que tenía con su novio Andy continuara siendo «saludable». Y estaba yendo bien, lo cual se debía, en gran parte, al equilibro que había aprendido de Maddy, que la introdujo en el hábito de resistir sus impulsos excesivamente afectivos. Se me ocurrió que Felicity probablemente nunca hubiera tenido la oportunidad de hablar con otra persona en quien Maddy hubiera confiado. «Como Maddy no hay otra. Para mí está claro que me ha cambiado la vida. En realidad, esto no se lo puedo decir a ella, porque no quiero que se sienta obligada —dijo refiriéndose a la tendencia de Maddy de asumir y sentirse incómoda por las emociones de otras personas—, por lo que te lo digo a ti».

«¿Siempre fue difícil decirle cómo te sentías?», le pregunté a Felicity, que dijo que en un principio hablaban a menudo, aunque Felicity seguía las señales de Maddy para asegurarse de que se sentía cómoda con el tono de la conversación. Pero conforme fue pasando el tiempo, empezaron a hablar menos y Maddy se volvió en sí misma. Felicity lo describió como asentarse en una relación monógama en la que no era necesario verbalizar tanto lo que se sentía, pero dado que no había ningún tipo de intimidad romántica o física, se cuestionaba constantemente en qué lugar quedaba. De igual modo, había momentos en los que no podía expresar cómo se sentía por Maddy utilizando palabras, y se dio cuenta de que en las relaciones románticas el sexo muchas veces sirve para ese propósito. A diferencia de sus relaciones sexuales o románticas, no se sentía con derecho a despotricar. «Puede que sea un poco interesado decir que me preocupo mucho por cómo se mueve Maddy por el mundo y que por eso pongo sus necesidades ante las mías, que es más o menos como me siento por mis hijas», dijo.

Maddy le enseñó el poder de las relaciones no sexuales y arrománticas. «De vez en cuando ha dicho cosas que me han dolido, pero no es nada en comparación con el daño que me han hecho en relaciones románticas. Ella no busca hacer daño a la gente. Nuestros problemas nunca terminan en una pelea en la que intentamos probar que la otra la ha liado. Juntas encontramos la manera de no hacernos daño, de no insultarnos ni hacer algo intencionadamente para herirnos. Hubo tan pocas cosas que fueran una mierda con Maddy; ha sido un apoyo ideal. Si se va ahora mismo y nunca más me vuelve a hablar, me costará guardarle rencor; ha sido fantástica», dijo. Cuando habló, me acordé de la publicación en Facebook de Felicity cuando Maddy arregló de manera triunfal su teléfono desde su baño en San Diego, salvando aquellas fotos de sus bebés que pensaba que habían desaparecido para siempre: su genia, espía, heroína.

Maddy se mudó a la residencia universitaria, donde tenía pensado quedarse hasta que terminara el grado en tecnología médica, que había empezado antes. El plan era conseguir un empleo procesando resultados de laboratorio en silencio junto con compañeros introvertidos, un trabajo que iba con su personalidad: podía ayudar a las personas desde detrás de la escena. Luego esperaba volver al oeste con su madre, a quien haría compañía en su vejez, o con su hermana, a quien ayudaría si tenía un bebé (se iría cuando el bebé empezara a hablar). En cuanto consiguiera el título, podría trabajar como técnica itinerante en cualquier parte del país. Tenía una lista con objetivos modestos: ahorrar para sacarse un pase de temporada para la NBA, trabajar en su colección de recuerdos de series de televisión, tal vez expandir sus niveles de confort y probar suerte en los monólogos. Incluso empezó a ir a noches de micro abierto y se fue sola de viaje por carretera para conocer a algunos de sus amigos sudasiáticos más íntimos de

Reddit. Por primera vez en la vida, se sentía emocionada por el futuro. «Ya no tengo ninguno de esos objetivos vitales que tienes que tachar —dijo—. Hay tantas expectativas en la vida que simplemente no son aplicables a mí. En realidad, tengo libertad para hacer lo que quiera».

* * *

Epílogo

Algo más de un año después de que encontrara a Junahli y «The Asexual Manifesto», estaba haciendo una búsqueda en Internet de artículos recientes sobre la asexualidad cuando me encontré con una publicación de blog sobre dicho manifiesto, escrita por un activista que incluía una entrevista con Lisa Orlando. ¿Cómo la ha encontrado?, me pregunté, con el corazón palpitando con fuerza, sintiéndome como una reportera débil mientras redactaba rápidamente un correo electrónico preguntándole al escritor, Siggy, si me podía poner en contacto con la feminista radical perdida hacía tanto tiempo. Respondió al cabo de unas horas diciendo que él no la había encontrado, sino ella a él. Él había escrito otro artículo en Internet sobre la asexualidad en el que mencionaba «The Asexual Manifesto». Así atrajo el interés de Lisa Orlando, que había hecho una búsqueda en Google (algo que solía hacer periódicamente, ya que había perdido la copia del preciado documento). Cuando se encontró con el artículo de Siggy, le dejó un comentario y este se puso en contacto con ella.

Le mandé un correo electrónico a Lisa, que tenía ya setenta años y vivía sola; estaba pasando la pandemia de COVID-19 en un Airbnb en Albuquerque. Estaba emocionada por hablar del manifiesto, que recordaba bien. Lo escribió durante un período en su vida en el que había decidido que estaba sexual y románticamente harta tanto de los hombres como de las mujeres.

Lisa tenía veintiún años cuando descubrió el feminismo. Acababa de leer *La serpiente emplumada*, de D. H. Lawrence, cuando se topó con un artículo sobre la liberación de las mujeres en la revista *Glamour*. «Pensé: joder, llevo prestando atención a lo que piensa D. H. Lawrence sobre la sexualidad de las mujeres desde que tengo catorce años y no tiene ni puta idea». Terminó uniéndose a un grupo de liberación de mujeres en Miami, pero dice que aquella «vida de playa» hacía difícil reclutar a otras mujeres, por lo que estaba explícitamente «buscando la revolución» cuando llegó a Nueva York a principios de la década de 1970. Su primer hogar fue un piso que encontró a través de una amiga, pero estaba lleno de actores que «no eran nada políticos», por lo que se frustró e intentó averiguar cómo conocer a personas que pensaran de manera parecida cuando alguien le sugirió que hablara con su vecina, que resultó ser Jacqueline Ceballos, entonces presidenta de la sección de Nueva York de la Organización Nacional para las Mujeres. Aquella feminista, que tantos contactos tenía, le habló de Madre Coraje, que estaba en la calle West Eleventh: el primer «restaurante feminista» del país. Fue y se encontró con una mesa llena de mujeres con pintas interesantes que la invitaron a que trajera una silla. Resultó ser el consejo coordinador de las Feministas Radicales de Nueva York. Se unió y se convirtió en su enlace.

Después de que una mujer a la que conoció en un bar y con la que pasó un fin de semana intentara estrangularla (se obsesionó y empezó a acecharla), Lisa renunció tanto a los hombres como a las mujeres. Ya estaba perdiendo la ilusión con la ideología del separatismo lésbico, diciendo que siempre se había sentido atraída tanto por hombres como por mujeres, pero «fui muy inocente y pensé que todos los problemas que tuve en las relaciones eran por culpa de los hombres, así que si no los involucraba, no tendría problemas». Quería dedicar su vida al cambio social, y las relaciones estaban destruyendo su habilidad para hacerlo. Cuando las Feministas Radicales de Nueva York formaron comités ejecutivos para explorar la división entre heterosexuales y lesbianas que había impactado a otros grupos feministas, Lisa decidió crear un comité ejecutivo asexual, como dijo en aquella entrevista son Siggy, «para exlesbianas que habían perdido el deseo al descubrir que las mujeres estaban tan jodidas como los hombres».[88]

Por cómo utilizaba el término, la asexualidad era una elección política de la que podía disponer cualquier feminista que estuviera desencantada por la explotación presente en las relaciones con hombres o mujeres. Junahli (entonces, Barbie) era la única otra persona que se unió al comité ejecutivo asexual, y la pareja trabajó en el manifiesto antes de que Junahli, que era trabajadora social, se retirara porque le daba miedo que impactara negativamente en su reputación profesional.

Cuando terminó el manifiesto, Lisa fue célibe durante un corto período de tiempo, pero su «asexualidad se fue al carajo rápidamente» cuando se enamoró de una mujer que estaba casada y tenía hijos. La cosa no funcionó, y Lisa se fue de Nueva York con el corazón partido. Se cortó todo el pelo, se compró un cuchillo de caza y una mochila y se fue a hacer dedo por Canadá, donde disfrutó de un montón de sexo. «Pasé de ser una lesbiana asexual a enrollarme con hombres», dijo, explicando que el sexo casual mientras estaba viajando era una buena manera de mantenerse fuera de las relaciones. En estos días vive sola y dice que su «práctica» es asexual, en el sentido de que no se ha sentido atraída por nadie de manera sexual desde hace muchos años y duda de que vuelva a hacerlo en algún momento cercano. «Tuve muchísimo sexo durante los períodos en los que tenía sexo, y aquello me volvió loca. Las relaciones me volvían loca», dijo.

* * *

La construcción de las identidades como la asexualidad en la era hiperconectada es algo que de verdad hay que celebrar. La asexualidad es un buen ejemplo del poder positivo que existe en el momento actual para saber quiénes somos. Con toda la información que tenemos a mano y nuestra habilidad para encontrar nuevos nombres para formas de ser antiguas o previamente desconocidas, existe una sensación real de liberación. Nombrar define; la identidad sigue siendo importante. Pero ¿deberíamos celebrar siempre darle nombre a algo? ¿Qué pasa cuando la gente se reúne en la era hiperconectada para discutir y crear identidades basadas en deseos o comportamientos que son ilegales o, cuanto menos, profundamente tabú? ¿Cuáles son las desventajas de conectar con otros para compartir términos o formas de ser?

SEGUNDA PARTE

TRANSGREDIR
LO NORMAL

Las historias en esta sección exploran comportamientos sexuales ilegales y tabú. El capítulo 4 contiene temas y descripciones de incesto y agresión sexual que pueden resultar angustiosos o traumáticos.

4

SHELLY

Estaba en Reddit la primera vez que di con un subgrupo que hablaba sobre un fenómeno que viola uno de los tabúes más importantes de la sociedad, aunque no era un concepto completamente nuevo para mí. De hecho, era algo de lo que oí hablar por primera vez de niña, en la década de 1990, en un episodio de un programa de entrevistas que se emitía durante el día. Vi a familiares biológicos, que se habían distanciado por la adopción, hablar de cómo habían desarrollado intensos sentimientos sexuales los unos por los otros cuando se reunieron siendo adultos. Es como si se hubiera quedado en mi subconsciente durante casi treinta años, y al ponerme a investigar ideas para «Cómo es», me entró la curiosidad por saber si estaba ocurriendo más en la era hiperconectada, dada la cantidad de familiares biológicos que se estaban reuniendo con la ayuda de las redes sociales, por lo que me fui a Internet a descubrirlo.

Busqué por todas partes y, efectivamente, encontré comunidades de personas que decían haber experimentado deseos sexuales y románticos intensos por familiares biológicos de primer grado con los que se habían reunido tras haber estado separados desde el nacimiento o la infancia. Algunos estaban ahí para entender lo que sentían y buscar apoyo, otros vivían en secreto lo que denominaban relaciones sexuales «consentidas» con sus familiares, y también estaban los que decían que se habían «recuperado» y aconsejaban no hacer nada por esos sentimientos; hablaban del fenómeno como si fuera una adicción o una enfermedad.

Fui absolutamente incapaz de identificarme con cualquiera de los sentimientos que describían, pero continué leyendo. Sus relatos utilizaban un lenguaje común para describir la intensidad de la atracción y la familiaridad de su pareja que, decían, llenaba el vacío que habían sentido durante toda su vida. Lo describían como si hubieran diseñado a su pareja perfecta en un laboratorio científico o como mirarse en el espejo y enamorarse del propio reflejo. Como imanes, tenían que estar juntos; era como si la atracción fuera demasiado fuerte como para resistirse. Muchos decían que estando en esas relaciones, por fin se sentían completos. Describían la atracción como si fuera tan intensa que era casi como si hubiera algo en su ADN compartido que los empujara a estar juntos.

Me sorprendió empezar a sentir empatía por su situación. Parecían estar confusos, afligidos y sobrepasados por las emociones, que no tenían sentido para ellos y no eran el tipo de cosas de las que pudieran hablar cómodamente con personas que conocieran en la vida real. Pero al mismo tiempo, pensaba *¿es bueno que la gente se junte para hablar de estas cosas? ¿Compartir las experiencias con tanta franqueza conducía a una atmósfera en la que obedecer a estos sentimientos estuviera normalizado?* Y más importante aún: *¿cuáles son las desventajas de tener una comunidad completamente virtual y anónima?*

En un foro, una mujer escribió cómo se sintió por su hermanastro cuando se reunieron después de que él la encontrara en Facebook: «Sentí una atracción sobrecogedora y poderosa, y en la segunda noche de mi visita de cuatro días, ya teníamos una intensa conexión en todos los sentidos. Más intensa que cualquier otra experiencia en mi vida. Literalmente sentimos que nos había tomado una *fuerza*».[89] Algunos escribían poemas o publicaciones largas, como si fueran la entrada de un diario, sobre la absorbente sensación de estar completos que sintieron la primera vez que se reencontraron con un familiar distanciado. Un hombre escribió como si le estuviera hablando directamente a su hermana, tratando el foro como un confesionario: «Fue como si fuéramos una mente y un alma que fueron desgarradas… Tú llenabas una necesidad que no sabía que tenía. Eras una parte de mí y yo de ti. No quería tan solo estar contigo, necesitaba desesperadamente que estuviéramos de algún modo juntos. Los impulsos sobrecargados de que intimáramos de alguna manera física eran sobrecogedores».[90]

En aquellos foros y comunidades, muchos describían experimentar algo a lo que denominaban «atracción sexual genética» (GSA, por sus siglas en inglés). El término surgió en la década de 1980, cuando una mujer llamada Barbara Gonyo hizo públicos los sentimientos que experimentó después del reencuentro que tuvo con el hijo al que la obligaron a renunciar y dar en adopción a los dieciséis años. Se reunieron cuando Barbara tenía cuarenta y dos años y él, veintiséis. En su autobiografía autopublicada, *I'm His Mother but He's Not My Son* (Soy su madre, pero él no es mi hijo), Gonyo vio similitudes entre el vínculo de una madre y su hijo y los sentimientos de intimidad sexual. Dijo: «Puede que la creación de vínculos y la atracción sexual genética sean lo mismo. Si hubiera ocurrido en el momento típico de la vida, tal vez habría sido un proceso sencillo. La separación en el momento de adopción añadió la carga de ocurrir en un momento inusual».[91]

A Gonyo se le suele atribuir la «invención» de este término, que no existía en la bibliografía médica y del que se habló por primera vez en redes de apoyo postadopción o en susurros en salas de consulta psicológica. Pero, como señaló cuando me puse en contacto con ella, ella no se lo inventó. Escuchó a alguien utilizando el término en un congreso sobre adopción estadounidense a principios de la década de 1980. En 2006 llegó hasta el *Diccionario Oxford de Psicología*, donde se define como «sentimientos eróticos entre parientes cercanos, con frecuencia entre hermanos o entre padres e hijos, que se separan en una etapa temprana de la vida y se reúnen en la adolescencia o cuando son adultos».[92]

* * *

La comunidad en línea de la GSA está compuesta por grupos «secretos» en redes sociales como Facebook, subgrupos en Reddit y un puñado de foros privados como Kindred Spirits, que se lanzó en 2012,[93] y el GSA Forum, que surgió a raíz de una página web que creó Barbara Gonyo y que hoy cobra una pequeña tasa por la membresía anual. En ese foro, los moderadores y los miembros más antiguos de la comunidad aconsejan no obedecer a los sentimientos de GSA. Su propósito es apoyar a las personas que están pasándolo mal con sentimientos románticos o sexuales hacia familiares con los que se han vuelto a reunir recientemente. La tónica general es que se trata de una aflicción que dura toda la vida, y que quienes lo han experimentado deben aprender a vivir con ese anhelo. Hablan de la «recuperación de GSA» y describen los sentimientos como si fueran una droga. Por ejemplo, un hombre que se unió al foro tras experimentar atracción sexual por su hermana pequeña escribió:

«Tengo la sensación de que es un monstruo contra el que no puedo luchar». Tras merodear por el foro durante un rato, otro hombre confesó los sentimientos que tenía por su hermanastra, que había mantenido en secreto durante décadas: «Es la primera vez en mi vida que admito este problema, con el que he luchado durante unos 20 años».[94] Los miembros le ofrecen consuelo y apoyo. «Es como una adicción», dice una mujer que se sintió atraída por su hermano.[95] En aquel foro, la gente se reunía para darse apoyo mutuo, para abstenerse de obedecer aquel deseo incontenible. Como dijo uno de los moderadores cuando hablamos por teléfono, «todos somos víctimas, pero si obedecemos a nuestras emociones, será peor, por lo que no deberíamos sucumbir a ellas».

Pero en otros foros, como el de Kindred Spirits (que es gratuito), los moderadores y los miembros más establecidos de la comunidad son explícitos en su intento por normalizar las relaciones GSA; incluso defienden el incesto consentido como una orientación sexual. Los que más ruido hacen son un puñado de figuras a quienes llamaría «normalizadores anónimos de la GSA», es decir, personas que moderan los grupos, responden a las peticiones de los medios y actúan como defensores. Todos son miembros activos de la comunidad y muestran interés, pero todos escriben utilizando seudónimos y se niegan a salir de detrás de la pantalla y revelar quiénes son. Dos de los normalizadores más activos son una mujer que se hace llamar «Jane Doe»,* que dirige el foro de Kindred Spirits y «Keith Pullman», que dirige un blog llamado *Full Marriage Equality*** en defensa de los derechos de

---

* Nombre de mujer que se utiliza cuando se desconoce o no se quiere revelar la identidad de una persona. (N. de la T.).

** «Igualdad total de matrimonio». (N. de la T.).

las relaciones GSA. Pullman empezó a interesarse por bloguear sobre lo que denomina incesto «consentido» en 2010, cuando fue testigo de cómo una íntima amiga suya desarrollaba una relación GSA. Esta no se quería arriesgar a hablar sobre ello, ni siquiera de manera anónima, por lo que él empezó a bloguear sobre el tema en nombre de ella. Según Pullman, si revela su identidad, comprometería la confianza que tiene con sus confidentes en línea que dependen de su apoyo. Cuando le pregunté a Jane Doe por qué se mantiene escondida, dijo que era para protegerse a sí misma y a los reporteros (en el pasado ha tenido lo que denomina una relación sexual consentida con su padre). «No pueden citarte a declarar ante un juez para revelar una información sobre nosotros que no poseas. Te cubre a ti y me cubre a mí», escribió por correo electrónico.

Tanto el blog de Pullman *Full Marriage Equality* como el foro de Kindred Spirits parecen ser oficiales. Un primer vistazo podría llevarte a pensar que tienen una tienda física con una oficina ajetreada y un equipo de trabajadores consagrados. Cuentan con bibliografías y enlaces a recursos y suelen estar al día. Sus fundadores se hacen llamar «defensores» y utilizan la palabra «consanguinamor» para denominar lo que sostienen que es una orientación sexual.

Son muy honestos con el objetivo que tienen. Quieren normalizar lo que denominan incesto «consentido» e incluso hablan como si su grave situación fuera la misma que la de otros grupos que han estado históricamente marginalizados por su identidad sexual. Un día tendrán una carroza en el Orgullo; al menos, se merecen tener una.

Escriben como si fueran una minoría sexual que necesitara cambios en la ley y en la cultura para proteger su deseo marginalizado, y en los foros, los miembros adoptan el lenguaje del activismo LGTBQ: por ejemplo, «proconsanguinidad», «el amor es amor» e «igualdad de derechos para todos». De hecho, el blog de Pullman contiene un mapa de las leyes matrimoniales que incluye el matrimonio entre personas del mismo sexo y el poliamoroso. Hasta utiliza una bandera del arcoíris en el logo.[96]

Como escribe Pullman en el blog, «no todo el mundo quiere tener la misma vida, y que a alguien le dé asco, o incluso a muchas personas, no debería impedir a dos adultos con edad para dar su consentimiento llevar una vida de sexo y amor que hayan acordado mutuamente».[97]

El foro de Kindred Spirits también tiene un logo: un par de hojas verdes entrelazadas con una azucena lila y roja dándose un abrazo botánico frente a un círculo negro. Según Cristina Shy, el seudónimo de una «activista» de la GSA que diseñó el logo, los gais son «amigos de Dorothy»* y las personas consanguíneas son «amigas de Lily», una referencia a Lily Beckett, de la novela romántica de Diane Rinella *Love's Forbidden Flower*, que tiene una relación sexual con su hermano.[98] El rojo representa los vínculos de la sangre, que une a los amigos de Lily en «esta rara oportunidad de amar el doble». El verde simboliza la resistencia y la seguridad, porque «nuestra relación debe resistir mucha discriminación y odio por parte de aquellas personas que no pueden o no quieren entenderlo». El lila significa la rareza de estas relaciones: «Somos de los pocos que hay en este mundo a quienes les han brindado una oportunidad de *amar el doble*». Y el negro es por el misterio que rodea sus relaciones, debido a las leyes opresoras «bajo las que deben vivir y amar».[99]

---

* En Estados Unidos, esta expresión se utiliza para referirse a los hombres gais. Puede ser una referencia a la protagonista de *El mago de Oz* o a la artista Dorothy Parker. (N. de la T.).

Estas páginas web restan importancia a los riesgos genéticos que conlleva tener hijos con un familiar consanguíneo (a lo cual se han referido como el «mito del bebé mutante»).[100] Tienen manifiestos, hablan de discriminación y quieren conseguir lo que denominan «la igualdad total de matrimonio», donde hermanos y hermanas, padres e hijas puedan casarse entre ellos y disfrutar de los mismos derechos legales que las otras parejas y vivir libres de discriminación, en paz. Es una visión apocalíptica.

Joe Soll, a quien adoptaron y que no es un defensor en línea del «incesto consentido», se convirtió en psicoterapeuta especializado en la adopción en 1990. Cuando empezó a atender a clientes, le sorprendió el elevado número de pacientes recientemente vueltos a reunir que estaban teniendo problemas con lo que creían que eran sentimientos poco comunes hacia familiares de los que se habían distanciado. Hay una mujer de cincuenta años que destaca especialmente entre sus recuerdos. Se sentó con el grupo de apoyo que tenía y declaró: «Tengo un deseo intenso de inclinarme y mamar a mi madre». Soll dice que «su cuerpo quería regresar con mamá. No era algo sexual. No quería tener sexo, quería afecto. Pero sus cuerpos responden sexualmente a la cercanía porque son adultos». La parte más dura fue convencer a esas parejas de que estas relaciones podrían ser muy «peligrosas»; su deseo es absorbente. ¿Qué quería decir exactamente con que eran peligrosas? «El tabú del incesto es enorme. Enorme —respondió—. Cuando lo rompes, te puedes meter en un lío psicológicamente horrible lleno de culpa… En muchas ocasiones es imposible hacer que los adoptados lo dejen estar. Los padres siempre quieren hacerlo porque la culpa hace que sea demasiado, pero los adoptados solo quieren a su mamá o a su papá. El vínculo entre un padre y su hijo es la relación más sagrada del mundo, y cuando se trastoca, pasan cosas como esta».

Necesitaba saber más. ¿Quiénes eran estas personas anónimas que se pasaban horas en Internet hablando sobre esta experiencia tabú? ¿Qué era necesario para que alguien obedeciera este deseo? Tenía que encontrar a alguien que hablara conmigo directamente —por teléfono, con la voz— sobre cómo era esta experiencia y sobre cómo las comunidades en línea habían normalizado sus deseos. Publiqué peticiones en foros y Pullman hizo un llamamiento a los miembros de su comunidad privada, pero tenía sus dudas. El miedo a hablar sobre ello es inmenso, debido a razones obvias, pero apenas unas horas después de que Pullman publicara la circular, tuve noticias de Shelly, que en aquel momento tenía dieciocho años, vivía en la región de los Grandes Lagos y estaba en una relación sexual secreta con su padre.

Estuve a punto de no buscar estar historia. Cuando estaba decidiendo si debía hablar con Shelly, estaba en conflicto. Era joven y había pasado la primera parte de su infancia con su padre, antes de que se distanciaran, pero estaba dispuesta a hablar, lo cual parecía importante (estuve en contacto con un puñado de otras personas, pero solo se querían comunicar por correo electrónico y me dejaron claro que nunca habría una conversación telefónica). Después de pasar un tiempo leyendo testimonios en primera persona de gente que había experimentado GSA, sentí empatía por ellos, pero me incomodaba mucho la naturaleza anónima de este sistema de apoyo y la manera en que algunos miembros de la comunidad tomaban prestados términos activistas del movimiento LGTBQ y defendían que era aceptable obedecer el deseo que sentían. Y como la mayoría de la gente, tenía serias dudas sobre el consentimiento y la moralidad al exponerme a estas relaciones, que no funcionan (ni pueden hacerlo) fuera de las relaciones de poder. Las personas que están en estas relaciones deben navegar las implicaciones de transgredir una prohibición que es antiquísima y universal (si hay algo que pueda considerarse como tal). Pero quería conocer el impacto que tenía obedecer a los sentimientos de GSA y lo que quería decir vivir en un mundo en el que algo así podía ser normal, por lo que decidí hacer la llamada.

Hablé por primera vez con Shelly desde mi pequeña sala de estar en el East Village de Nueva York, y llevábamos charlando unos veinte minutos, rompiendo el hielo, cuando declaró que había perdido la virginidad con su padre biológico. «Nunca he estado en una situación más apasionada, cariñosa y que me llene con nadie, jamás», dijo. Tenía pensado casarse con él (había empezado incluso a planificar la ropa y la decoración de la boda), tener hijos y mudarse a Nueva Jersey, donde el incesto entre personas de edad para consentir fue despenalizado a finales de la década de 1970. Aquel espacio físico, en combinación con el apoyo y el activismo que encontró en Internet, la alimentaron a pensar que lo que estaba haciendo con su padre podía ser normal. A lo largo de seis años de llamadas telefónicas, correos electrónicos y visitas, llegué a ver el mundo según Shelly.

* * *

Shelly tiene unos ojos tristones, pozos profundos de color azul, como en el anime, que suele decorar haciéndose la raya con el delineador de ojos. No tiene mucho dinero para gastarse en su «look», pero tiene habilidad para sacar el máximo partido de lo que tiene. Se pone mechas de colores en el pelo y lo adorna con flores de plástico o con un lazo marchito que consigue en las grandes tiendas de segunda mano desperdigadas por los diferentes centros comerciales que hay en su ciudad. Su prometido,

Jimmy, la suele llevar de compras para que se abastezca de vaqueros cortados, maquillaje y camisetas con un diseño desteñido del H&M. Es una experta en comprar ropa de segunda mano y está dispuesta a excavar para conseguir camisas de botón, camisetas de dibujos animados y gafas graciosas también para él. Cuando llegan a la caja registradora, puede que le pida alguna chuchería, como un Chupa Chups destrozado o huevos de pascua rotos.

Cuando conocí a Shelly, tenía el graduado escolar y estaba a mitad de camino de completar un curso de cosmetología. Cuando se licenciara, planeaba casarse con Jerry, tener hijos y asentarse en las afueras. Jimmy vería si la empresa de mantenimiento en la que trabajaba podía apañar un traslado, y Shelly podía trabajar cuidando de los mayores en una residencia de ancianos, arreglándoles el pelo y pintándoles las uñas.

El concepto que tenía Shelly de la familia siempre ha sido diferente. Justo después de nacer, su madre tuvo una crisis nerviosa y mandó a su hija a vivir con sus abuelos, donde la bisabuela de Shelly, a quien considera su madre, cuidó de ella. Shelly conjetura que la separación temprana de su madre biológica tuvo un efecto duradero en su relación: «Creo que eso es parte de la razón por la que nunca hemos sido cercanas. No creamos un vínculo cuando yo era un bebé».[101]

A los dos años, Shelly volvió al cuidado de su madre. Para entonces, esta se había separado de su padre, pero compartieron la custodia de la niña hasta los cuatro años, más o menos; entonces él se salió de su vida, aparentemente, para siempre. Shelly cuidó de sus dos hermanos pequeños mientras su madre a veces se quedaba en la cama o se sentaba en el sofá, deprimida. «También pienso en ellos como mis bebés, porque yo ayudé a criarlos», dijo Shelly.[102]

El de Shelly es un mundo pequeño. Puede que tenga acceso a una variedad de medios globales y de información en línea, pero no se ha subido a un avión, ni se ha mojado los pies en el mar, ni ha dormido en una casa a solas. Aun así, ha visto muchas cosas. Le diagnosticaron trastorno bipolar cuando era niña y en el colegio se metían con ella por su peso. Se pasó parte de la adolescencia entrando y saliendo de varias instituciones de salud mental. Se hacía cortes. Intentó suicidarse. «Cuantas más cicatrices tenían, más fuertes era los abrazos que daban», dijo de sus compañeros institucionalizados. La primera vez que la mandaron a tomar medicamentos tenía cuatro años. Después vino un elenco de médicos que daban miedo. Se quedaba sentada en silencio mientras los profesionales de bata blanca utilizaban sus bolígrafos como si fueran varitas del mal para grabar los nombres de pastillas imposibles de pronunciar en los talones de recetas médicas.

Aunque apenas tenía cuatro años cuando su padre se marchó, tiene fragmentos de recuerdos unidos como en un desgastado visualizador de imágenes de juguete View Master: el último día de verano que pasó con él en su casa, cuando él la sorprendió con una excursión al zoo. Se acuerda de la tienda de regalos; su padre le compró un oso de peluche.

Poco después de aquello, desapareció.

Abrazó al oso de peluche como si fuera una mantita de seguridad hasta que a los dieciséis años, de repente, decidió lavarlo. El pobre animal dio vueltas en la máquina, con el agua caliente, y su cuerpo de poliéster se derritió. Aquel oso y un set de té en miniatura eran los únicos objetos que tenía de su padre, pero pensaba en él constantemente. ¿Dónde estaba? ¿La echaba de menos? ¿Qué pinta tenía? ¿Qué pasó con el cajón lleno de Barbies que tenía para ella cuando iba de visita? ¿Por qué la rechazó?

¿Dónde estaba aquel hombre alto que le había enseñado a hacer pompas de jabón?

* * *

Barbara Gonyo también creció muy rápido. No obstante, en vez de pasar una infancia traumática e inestable, disfrutaría de una relativamente normal para los tiempos de las amas de casa y los televisores de tubo, hasta que se vio obligada a entrar en la edad adulta a los quince años, cuando su padre la amenazó con arrestarla por estar embarazada. Las adolescentes que no estaban casadas no practicaban sexo en el Chicago de la década de 1950. Pero Barbara estaba enamorada de su novio, y perdió la virginidad con él mientras sus padres estaban trabajando repartiendo sándwiches y dulces a los trabajadores de las fábricas. Cuando Barbara dejó de agarrar compresas de la caja que compartían, su madre confrontó a la niña asustada, que pensó que estaba simplemente adelantando lo inevitable. A Barbara nunca le dijeron que podía ser mucho más que una esposa y madre, por lo que se imaginó que se casaría, trabajaría en un bazar y criaría a sus hijos. Pero, como me dijo años más tarde, «cuando eres una adolescente, no piensas con lógica, simplemente piensas lo que sientes».

De adulta, lo dejó todo al descubierto en una autobiografía. A la chica sensible, que de niña solía mirar fijamente a los pájaros que se congelaban en los árboles cubiertos de hielo que había fuera de la ventana de su habitación,[103] preocupada por su seguridad, su padre le dio una paliza con un cinturón cuando se enteró de su infracción.[104] Pensó que la iba a matar. No lo hizo, y la mandaron a ver a una serie de médicos. Hubo conversaciones en voz baja, un médico de ojos azules que la pinchó con una aguja para intentar provocar un aborto;[105] los baños de agua caliente que le daba su madre para hacer que sangrara (desesperada por no perder el bebé, Barbara añadía agua fría en secreto);[106] el médico que desaconsejó a su madre un aborto ilegal, diciendo que dejaría a su hija sin la posibilidad de tener niños.[107]

En la década de 1950, la adopción era casi siempre confidencial, y todos los registros de agencias oficiales estaban cerrados. Las mujeres que entregaban a sus bebés quedaban protegidas frente a la vergüenza y el estigma que provocaba un embarazo «ilegítimo» u ocurrido siendo menor de edad, y las que recibían el bebé quedaban protegidas frente a la gente que las juzgaba por necesitar de la adopción para formar una familia. A algunas chicas que no seguían con el guion establecido (matrimonio y, después, el embarazo) las mandaban a casas para madres solteras y a otros lugares afiliados a la religión en los que se escondían hasta que rompieran aguas. A los bebés los mandaban diligentemente con padres que tenían un tono de piel y un aspecto parecidos. El proceso era anónimo y en la década de 1960, una tercera parte hacía de intermediaria (las madres biológicas y las que recibían el bebé no se intercambiaban los nombres). Cuando se renunciaba a un bebé, se emitía un nuevo certificado de nacimiento y el original se sellaba y archivaba. El propósito de este elaborado ritual era proteger aparentemente la reputación de la madre o de su familia. Desde entonces, muchos han alzado la voz diciendo que creían honestamente que estaban ayudando y que el secretismo protegería a estas jóvenes mujeres, porque las costumbres sociales de la época dictaban que la reputación de una mujer que no estaba casada quedaría para siempre arruinada si el mundo se enteraba de que estaba teniendo sexo. Nueva Jersey tan solo dictaminó que los adoptados podían acceder a sus certificados de nacimiento originales en 2014; hubo activistas que estuvieron presionando más de treinta años para que se llevara a cabo la reforma, argumentando que a quienes se les negaba el acceso a sus registros se les estaba despojando del derecho humano más básico de todos: saber quiénes son.[108]

Barbara acudió a un escondrijo para madres solteras en un barrio predominantemente afroamericano en el West Side de Chicago (la idea era que seguro que no se encontraría con nadie que la conociera por ahí). Durante la primera noche, la primera que pasó fuera de casa, una matrona la puso al día con la estricta política de privacidad de la casa. No abras la puerta a nadie si se te nota; manda a una chica que tenga la tripa plana. No menciones tu apellido a nadie, da igual lo mucho que confíes en esa persona.[109] Las chicas tenían que desplazarse en pareja durante las salidas y llevar ropa modesta y alianzas de boda.[110] Después de dar a luz (adonde acudían solas, en un taxi), tenían que volver a la casa durante veintiún días para perder peso y que pudieran así reincorporarse con la reputación intacta.[111]

La estancia de cuatro meses de Barbara fue solitaria. Su compañera de habitación era algo más mayor y reservada. Barbara deseaba estar en la habitación con las otras chicas. Su novio, «John» (en la autobiografía utilizó seudónimos para algunas personas), tenía prohibido visitarla; su madre le compraría un coche si juraba que nunca volvería a ver a Barbara. Al joven lo premiaron con la movilidad y la libertad mientras que Barbara se quedó castigada, picoteando palomitas y pepinillos mientras su bebé se retorcía en su vientre.[112] Rezó para que cuando diera a luz sus padres cambiaran de opinión.

Sus amigas acudieron en grupo y pasaron una tarde encaramadas a su cama, tomando turnos para poner las manos encima de su barriga. Barbara recuerda sentir lo emocionadas que estaban por ver algo de este mundo de adultos y tabú. Su padre llevó a su madre en coche para hacerle una visita, pero a pesar del vínculo cercano del que gozaron anteriormente, este se negó a salir del coche, por lo que su madre fue sola con la hermana de cinco años de Barbara, que le hizo un ramo con los hierbajos que había recogido del jardín.[113] Barbara podía sentir la decepción de su padre emanando de la zona de aparcamiento. «Ya fuera una niña o una mujer, pasar por eso sola fue un horror insoportable», escribió más adelante en su autobiografía.[114] Soñó con aquel lugar el resto de su vida, en el sentido de que la atormentaba mientras dormía. Una escalera majestuosa; túneles escondidos con puertas secretas; un pasillo estrecho y zombis embarazadas que movían lentamente sus cuerpos pesados.[115]

La noche en que se puso de parto, un manitas le dio un helado y estuvo en la cocina calculando la duración de sus contracciones. Se desplazó en taxi —sola— hasta el hospital. A sus padres no les comunicaron que se había puesto de parto: ¿para qué preocuparlos antes de que todo terminara? Ni siquiera gritó de dolor cuando sintió la fuerza del parto, pensando que quizás si actuaba como una mujer adulta y estoica, le permitirían quedarse con el bebé.[116] En cuanto cortaron el cordón umbilical, las enfermeras se llevaron al bebé. Angustiada cuando un médico la regañó porque no estaba dando de mamar, habló en voz baja, preocupada por lo que pudieran pensar las otras madres que estaban en la sala: «No me voy a quedar el bebé».[117] Mientras estaba ahí decidió darle un nombre, aunque nunca fueran a conocer al niño por ese nombre; sintió que era importante. Escogió John, por su padre.

Aparte del vistazo que echó cuando nació, Barbara vio a John en una ocasión, cuando tenía tres días, justo antes de que se fuera para empezar su nueva vida. Le suplicó a la trabajadora social de la agencia de adopción que le dejara verlo, pero le daba mucho miedo preguntar si podía auparlo.[118] Así que mientras la enfermera lo sostenía, miró fijamente a su bebé en brazos de otra mujer. Al final se metió en otro taxi para volver a esconderse, donde firmó un documento en el que renunciaba a todos sus derechos como madre. Se había sentido sola con anterioridad, llevaba meses sintiéndose así. Pero ahora, el compañero calentito que había llevado en su cuerpo se había ido. Como dijo en su autobiografía, lloró, lamentando su «cuerpo vacío con pechos llenos de leche y ningún bebé que amamantara».[119]

* * *

La clase preferida de Shelly en la academia de cosmetología era el servicio gratuito para pacientes de cáncer que estaban en tratamiento de quimioterapia o radiación. Atendía a estas frágiles mujeres con una sesión de spa completa: les pintaba las uñas de manos y pies y les frotaba las piernas hinchadas con piedras calientes. Le encantaban las historias que tenían y se identificaba con su aislamiento: «Incluso cuando tienen familia, se sienten muy solas porque no quieren que acarreen con su dolor». Esta interacción la hacía sentir menos sola en la universidad, donde, como en la mayoría de las situaciones sociales, quedaba plagada por pensamientos paranoicos: «El autoproceso que tengo es pensar que las personas están hablando de mí, cuchicheando sobre mí. Nunca he sido capaz de superarlo». Las otras chicas se juntaban en grupitos. «Es como el instituto de nuevo», dice Shelly, preguntándose si algún día conseguirá escapar de la presión de encajar. En general, prefiere la compañía de los animales a la de los humanos. Cuando era pequeña, solía meter en casa a escondidas perros y gatos perdidos que encontraba en las aceras o en los parques, y luego suplicaba para que se quedaran con ellos. En una ocasión, uno de sus padrastros le compró una iguana de noventa centímetros. El reptil andaba por la casa y hacía sus necesidades en un cajón de arena para gatos.

Shelly nació a mediados de la década de 1990, y como tantos otros en su generación, mucha de la información que tiene proviene de una fuente importante: la Wikipedia. Cuando todavía era una adolescente, solía soltar de buenas a primeras medias y dudosas verdades con la autoridad de una niña haciendo de mujer mayor en una función escolar:

El tiempo máximo registrado entre el nacimiento de gemelos con la misma madre es de ochenta y cuatro días.
El pene de un gato tiene gusanos acoplados. Esos gusanos provocan la ovulación.
Contraerás hepatitis si bebes de un vaso sin utilizar una pajita.
No comporta riesgo alguno tener un hijo con un pariente cercano. No pasa nada por tener un hijo con tu padre, ¡mira a los Tudor!

A los diecisiete años, Shelly recibió una notificación en Facebook con una nueva petición de amistad. Observó la miniatura y un golpe de reconocimiento la sacudió. Jimmy tenía la misma apariencia que ella. Terminó aceptando la solicitud y le mandó un simple mensaje: «Pensaba que estabas muerto».

Estaba vivo, sin duda. Soltero, sin hijos. Vivía a tan solo media hora en coche. Al principio, Shelly se mostró cautelosa. «¿Dónde coño has estado?». Jimmy insistió en que había intentado contactar con ella, pero cada vez que la añadía en Facebook, ella rechazaba la solicitud. (Shelly acababa de recuperar el control de las contraseñas de sus redes sociales, que las tenía su madre). Por supuesto que su madre la había bloqueado de su padre, razonó. Empezó a creer que ella y su padre eran víctimas del deseo de su madre por mantenerlos separados. Se montó una historia alimentada por las cosas negativas que Jimmy decía sobre su madre. Cuando tenían la custodia compartida, era su madre quien se negaba a llevarla en coche hasta un punto intermedio para que se reuniera con él. ¿Y qué hay de aquella vez que Jimmy le mandó un correo electrónico a su madre preguntando si podía verla? Shelly recuerda llorar y decir que lo echaba de menos, pero ha olvidado por qué no fue nunca.

Jimmy acudió más o menos una semana después del reencuentro en línea que tuvieron, mientras su madre estaba en casa; había insistido en supervisar la visita que después de tanto tiempo seguía sin querer que tuviera lugar. No obstante, mantuvo las distancias y se quedó dentro de casa mientras Shelly y su padre fueron al jardín a sentarse; se estiraron sobre el césped y estuvieron haciendo dibujos y charlando sobre los intereses que tenían en común. Ambos sentían devoción por los animales y les encantaba pintar y dibujar. Ella no dejaba de notar lo juvenil que era Jimmy; parecía estar a su nivel, un amigo en potencia que no era un desconocido. Se sentía confusa: «Estaba viendo a mi padre por primera vez en mucho tiempo, pero también era en plan: *¡Qué guapo es!* Y yo como: *¿En qué demonios estás pensando? ¿Qué te pasa?* Lo veía como a mi padre, pero también una parte de mí estaba en plan: *Estoy conociendo a este tío con el que he estado hablando por Internet y estableciendo una relación de verdad y me parece atractivo»*.[120] Cuando llegó la hora de despedirse, Shelly le imploró que volviera tan pronto como pudiera, porque las pocas horas que habían pasado no eran suficientes. Tras pelearse, su madre accedió a dejarle pasar una semana con él en su casa.

Él cumplió con su promesa. Una semana más tarde fue a buscarla. «Voy a pasar la semana con mi padre», se repetía Shelly una y otra vez mientras él la llevaba en coche hasta la casa en la que vivía con su novia y los hijos de esta. Durante la primera noche, Shelly se sintió angustiada cuando se acomodó en el suelo; siempre le pasaba cuando dormía en lugares nuevos. Su hermana pequeña no estaba ahí, por lo que le pidió a Jimmy que se sentara con ella hasta que se calmara. Cuchichearon en la oscuridad, como siempre había imaginado que hacían los amigos en una fiesta de pijamas. Era la primera vez que se había sentido realmente cómoda en compañía de un desconocido.

Cuando se despertó, Jimmy estaba dormido en el sofá a su lado. La segunda noche Jimmy volvió a dormir junto a ella, y la tercera noche se estiraron juntos en el suelo y ella se quedó dormida con la cabeza sobre su pecho. Al parpadear mientras se despertaba, se pasó unos segundos descansando sobre su torso, disfrutando del palpitar continuo de su corazón y del lazo seguro de sus largos brazos. La cuarta noche terminaron juntos en el suelo, abrazándose.

Aquel día Jimmy la llevó en coche para comprarle algo de ropa nueva. Se dio cuenta de que había estado estirando los pantalones cortos, que eran de una talla algo pequeña. Shelly modeló para él, entrando y saliendo de los probadores como una concursante en un programa de cambio de imagen. No le importaba lo que pensara de su cuerpo, porque sentía que la conexión que tenían era más profunda. Volvieron a casa y ella agarró la bolsa de plástico que contenía su nueva ropa cerca de sí, meciendo el primer regalo que había recibido por parte de su padre desde aquel osito de peluche.

De vuelta en casa aquella noche, hicieron el tonto, jugaron a la lucha libre, se hicieron cosquillas y *body slams* suaves. Arrastrados por el juego, Shelly hincó los dientes en la carne de su padre y lo mordió. Cuando se retiró, notó que se le puso la piel de gallina desde los tobillos hasta los hombros. Él no dijo nada cuando ella le colocó la mano sobre su pierna y la deslizó hacia el interior de su muslo, donde los dedos de él descansaron un segundo, antes de que la pellizcara; entonces se besaron y después tuvieron sexo.

* * *

La primera vez que Shelly me contó esta historia, no había ni una sola parte de mí que creyera que había querido que eso ocurriera. Le pregunté, repetidas veces, si se había sentido presionada. Tenía que haberlo estado, era su padre. Él la había abandonado y ella llevaba toda la vida anhelándolo. No creía que fuera capaz de consentir tener sexo con su padre. Y en cuanto a Jimmy… Bueno, era un depredador lascivo y abusador. ¿Qué clase de hombre tenía sexo con su hija? No importaba la edad, él era el que tenía el poder.

En 1997, Kathryn Harrison publicó *El beso*, que describe el reencuentro que tuvo con su padre distanciado durante su primer año en la universidad. Contaba una historia de presiones, confusión, manipulación y traición en la que se había visto obligada a someterse a los avances sexuales no deseados de su padre.[121] Cuando le mandé un correo electrónico a Harrison preguntando si estaría dispuesta a hablar conmigo sobre el concepto del «incesto consentido», respondió diciendo que no creía que tal cosa existiera.

Shelly insistía en que no la habían coaccionado o hecho sentir culpable: biológicamente, Jimmy era su padre, pero ella no había crecido con él. Me recordó esto varias veces, más concisamente cuando remarcó: «Él no es tu padre. Y yo no soy tú». Insistía en que sus sentimientos no habían cambiado: «No me arrepentí en absoluto. Por una vez en la vida, era feliz. Nos enamoramos perdidamente. Ni siquiera tenía la sensación de que fuera tabú. Sentía que estaba haciendo el amor con un hombre con el que llevaba años».

En Internet contacté con otras mujeres que habían experimentado GSA cuando se habían vuelto a reunir con sus padres, y aunque querían hablar, nadie se iba a arriesgar a verme en persona o incluso a hablar por teléfono. Una escribió sobre el reencuentro, que fue parecido al de Shelly con Jimmy. Primero tuvo lugar la conexión en línea, con aquellos mensajes para romper el hielo, la curiosidad y la decisión de verse en persona; luego, al verse cara a cara, a ambos les había chocado la atracción sexual instantánea que habían sentido: «Quería que me viera como una mujer atractiva, y coqueteé con él bastante descaradamente todo el tiempo, intentando que él sacara el tema a colación de manera natural. Al final tuve que hacerlo yo misma y decírselo directamente, y me sentí genial al saber que él se sentía igual por mí», escribió.

Otra mujer repitió una y otra vez que el deseo de hablar sobre lo que estaba ocurriendo con su padre fue superior al miedo que sentía intercambiando correos electrónicos conmigo. Al igual que Shelly, la última vez que lo había visto había sido cuando tenía unos cuatro años. Se habían vuelto a reunir siendo ella adulta, y cada vez que él se iba después de quedar, ella sentía un dolor físico; se dio cuenta de que estaba buscando constantemente excusas para estar con él. Cuando se lo contó, él dijo que se sentía de la misma manera, y las cosas se pusieron «sexuales». Han continuado con la relación como «padre e hija», pero a veces las cosas se vuelven «mucho más». «Estoy contenta de que vuelva a estar en mi vida. Me sigue dando miedo decirte esto, pero también me siento mejor ahora», escribió.

Pasé unos meses mandándome correos electrónicos con una mujer de cincuenta y cuatro años llamada «Minnie» a quien conocí a través del foro de Kindred Spirits. Cuando empezamos a hablar, llevaba un año y medio en una relación sexual con su padre, de setenta y siete años; incluso había dejado a su marido para estar con él. Al igual que a Shelly, la habían criado su madre y su abuela, de quienes había recibido el grueso del amor y la educación experimentados de niña. Sus padres se habían separado antes de que ella naciera, y de pequeña, la única información que le habían dado sobre su padre había sido su nombre; no había fotos, no sabía nada de su vida. Siempre le decían que tenía sus labios, que eran de la misma forma.

Su madre guardaba cartas de él, que Minnie descubrió después de casarse. Rebuscó entre la correspondencia, impaciente por enterarse de todo sobre su pasado. Dice que a pesar de que tuvieron una «conexión» instantánea cuando hablaron por teléfono, durante el primer encuentro físico ella se sintió neutra. Sí que sintió, no obstante, una fuerte energía sexual partiendo de él. Hablaba como si la GSA fuera una enfermedad de la que se contagiaron en momentos diferentes. Los sentimientos de él estaban ahí cuando se vieron por primera vez, pero los de ella tardaron un tiempo en incubarse y mutar. Dice que «la GSA» *la pilló* cuando su padre le enseñó fotos suyas de cuando era joven. Se fijó en sus labios; se sentía como una «adolescente tonta» y anhelaba besarlos. Cuando al final lo hicieron, había tanta «energía sexual contenida» que continuaron besándose durante al menos media hora. Era como si sus cuerpos se fusionaran. Se mecieron adelante y atrás como si fueran los únicos capaces de escuchar «una melodía mágica que estaba sonando en nuestras cabezas».

Lo que sentían era abrumador y no tenía precedentes. «Nunca, jamás, he sentido emociones tan fuertes, intensas y que te cambian la vida por otro ser humano», escribió. Después de que se conocieran, reflexionó en su diario: «Me duele el corazón y siento como si se me fuera a partir en dos. No puedo soportar separarme de él». Fue su padre quien le facilitó las palabras para lo que estaba sintiendo, algo llamado GSA, dijo como si fuera un diagnóstico, sugiriendo que fuera a Internet e investigara un poco ella también. «Gracias a Dios que existe una palabra, una descripción, una categoría, para referirnos a estos sentimientos intensos y apasionados que tenemos el uno por el otro. Hay miles de personas más que lo han experimentado —escribió—. No somos raros. No somos unos pervertidos. No estamos locos ni hemos perdido el juicio. Somos adultos corrientes a quienes les negaron la relación de amor entre padre e hija que necesitábamos cuando yo era un bebé». En dos meses había dejado a su marido, con el que llevaba treinta y tres años; llenó un camión de la mudanza y se mudó a un nuevo estado para vivir con su padre, que también había anunciado que estaba en proceso de divorciarse de su mujer.

Con su padre presente, dice que era como si volviera a ver en color. La agitación inicial de la GSA fue como una fiebre, y más de un año después, aquella fiebre fue remplazada por un «amor más amable», pero dijo que seguía siendo igual de fuerte que siempre, como si hubiera estado «perpetuamente envuelta en la cálida manta de los brazos de su amante», hacia quien se sentía atraída mediante una fuerza «magnética» que no tenía «ningún poder» de cambiar.

Después de aprender el término «GSA», fue a Internet para investigar un poco. Encontró una publicación de un gobierno local del Reino Unido que describía la GSA, y entonces sintió un gran consuelo; era una publicación oficial que para ella autorizaba aquello por lo que estaba pasando, «como si no fuera un monstruo pervertido».[122] Pero fue en los foros y las salas de chat donde encontró un sentido de «comunidad». Charlando con otros, decidió que hay, en líneas generales, dos caminos, dado que la mayoría de la gente tiene miedo de hablar con un psicólogo u otro profesional. Puedes cortar el contacto para evitar que las emociones surjan y eliminar la probabilidad de obedecerlas o «meterte de lleno y dejarte llevar». Después de leer tantas historias sobre gente lamentando la pérdida, escogió la última opción. En el GSA Forum se dio cuenta de que las personas que hablaban abiertamente sobre obedecer a sus sentimientos eran condenadas al ostracismo, pero vio que otros miembros que lamentaban la pérdida de sus relaciones funcionaban como moraleja. Basándose en gran parte en lo que leyó ahí, decidió intentar una relación romántica y sexual con su padre. «No quería ser una de esas personas distanciadas de la persona a la que quiero —escribió—, siempre suspirando y echándolo de menos». Al igual que los normalizadores de la GSA, ella utilizaba los términos de las políticas de identidad. «De verdad que nos encontramos en una minoría sexual, y estoy deseando que llegue el día en el que los adultos en relaciones de GSA sean tan normales como aquellos en relaciones LGTBQ», escribió.

Entonces, un día Minnie me contactó para decirme que había roto con su padre. No podía conciliar sus acciones con su conciencia; quebrantar el tabú del incesto ya era lo suficientemente duro, pero además estaba cometiendo adulterio. La mujer de su padre no estaba bien, se estaba muriendo, y a ella no le gustó lo poco que tardó en abandonarla. Tomó la decisión de marcharse con la ayuda de un psicólogo, y cuando lo hizo, fue como salir de un trance, como si hubiera estado bajo un «encanto» y haberse alejado tantísimo de sus valores. En retrospectiva, está sobrecogida por la manera en que racionalizó su comportamiento. Si hubiera podido volver atrás en el tiempo y hablar consigo misma antes de obedecer sus sentimientos, ¿qué hubiera dicho? «No sigas tus emociones, sigue tus valores y utiliza la cabeza. De todos modos, la GSA es tan poderosa... No estoy segura de que hubiera podido escucharlo, ni siquiera de mí misma. Es un camino duro, y si me encontrara con alguien sopesando la idea de meterse en una relación de GSA o no, le recomendaría encarecidamente que no lo hiciera», escribió.

* * *

En 1891, el sociólogo finés Edvard Westermarck propuso que el nivel de repugnancia que sentimos por el incesto refleja la cantidad de tiempo íntimo que hemos pasado con el pariente en cuestión: no es tanto un factor genético, sino uno de proximidad. Quienes crecieron siendo una familia en el mismo hogar, rara vez desarrollan atracción sexual entre ellos, aunque no tengan lazos de sangre.[123] Entonces, ¿qué les pasa a las personas que se pierden esta intimidad socialmente permitida que limita de manera natural la atracción sexual? ¿Qué pasa cuando los parientes genéticos se conocen siendo adultos? ¿Existe, en cualquier caso, un deseo innato de experimentar estos intercambios? La explicación básica para la GSA es que se trata de una alteración en el desarrollo y ritmo normales.

En 1994, Betty Jean Lifton, orientadora psicológica y defensora de la reforma de la adopción, escribió sobre pacientes a los que había atendido que experimentaron atracción sexual cuando se reencontraron con familiares de los que estaban distanciados por la adopción. Se comportaban, decía, como si «estuvieran bajo un embrujo o perdidos, como Titania y Bottom en *Sueño de una noche de verano*».[124] Su deseo era incontrolable; algunos hasta decían sentirse excitados antes de haberse visto, incluso al hablar por teléfono. «Lo entiendo como una forma de masturbación... como tocar una parte tuya por primera vez. No literal, sino simbólicamente: estar en contacto contigo mismo», dijo uno de los que respondieron a su cuestionario después de haberse reunido con su madre biológica.[125]

Hasta el día de hoy, el estudio más organizado sobre la GSA fue dirigido por investigadores británicos a principios de la década de 1990. Pidieron a una muestra pequeña de personas que habían sido adoptadas y buscaron asesoramiento postadoptivo que completaran unas entrevistas, y de los ocho adoptados y el padre biológico sometidos al estudio, todos informaron haber experimentado «sentimientos eróticos». Tres de ellos obedecieron a aquellos sentimientos y tuvieron sexo (una pareja de padre e hija y dos hermanas). Algo común a todos los participantes fue un sentimiento de «enamoramiento romántico intenso y explosivo, repentino y prácticamente irresistible», unido a un deseo «particular» de «proximidad». Al igual que los de los pacientes de Lifton, estos sentimientos a menudo empezaron tiempo antes del encuentro físico; una mujer le escribió una carta erótica de cinco páginas a su hijo distanciado tras la primera llamada telefónica que tuvieron. Cuando se vieron en persona, dijeron haber tenido un fuerte sentimiento de familiaridad. Una mujer adoptada dijo de su padre biológico: «Era yo en un cuerpo masculino».[126] El hilo común es el reconocimiento, la familiaridad y esa «conexión» abrumadora.

La primera persona que le contó a Shelly lo que era aquello llamado «atracción sexual genética» fue Jimmy. Ella se mostró confusa y avergonzada por lo que habían hecho, y cuando se fue a Internet a buscarlo, dice que encontró la única explicación que tenía sentido. Enseguida llegó a la página de Wikipedia. Siguió buscando y se encontró con foros y un grupo de apoyo privado en Facebook, engalanado con aquel logo de Friends of Lily GSA que aseguraba ofrecer un espacio seguro para que las personas como ella hablaran. Las voces de esas personas anónimas hablando sobre experiencias tan similares a aquello por lo que acababa de pasar ella eran reconfortantes. Como dijo, «pensé que era raro e inaceptable, hasta que me metí en Internet y leí aquellas cosas». Investigó la GSA hasta bien entrada la noche, casi siempre volviendo una y otra vez a la misma mujer, Barbara Gonyo.

* * *

Cuando se publicó la entrevista que le hice a Shelly, se hizo viral.[127] Fox News se hizo eco de la historia, causó un gran tráfico de referencia al blog *Science of Us* de la revista *New York*, y en dos semanas ya había alcanzado los 1,17 millones de lectores. Fue cubierto por medios digitales como *Cosmopolitan*, *Jezebel* y *Bustle*.[128] Hablaron sobre la historia en la prensa amarilla y en las noticias locales y nacionales.[129] Además, me llegaron muchas preguntas por parte de lectores y peticiones de entrevistas por parte de compañías de producción de documentales y programas de telerrealidad. Probablemente estaban entusiasmados por el titular sensacionalista y querían entrevistar ellos mismos a Shelly. Recibí correos electrónicos de periodistas que rogaban que los pusiera en contacto con ella, pero otros expresaron preocupación por el bienestar de Shelly y enfado hacia mí por explotar a una joven, que ya estaba siendo explotada por su padre. Señalaron que la experiencia de Shelly tenía todos los marcadores del abuso sexual: abuso de poder por parte de un adulto cuya posición como padre implicaba que, a pesar de su edad, ella era incapaz de dar su consentimiento (como *The Daily Beast* dijo, «el incesto consentido es violación»).[130] La gente señaló con enfado la sensación que tenían de que al entrevistar a Shelly y presentar su situación sin emitir ningún juicio, habíamos normalizado efectivamente la GSA. El hecho de que mencionara su deseo de huir a Nueva Jersey, donde podía vivir legalmente con su padre como pareja, llamó la atención de los legisladores que hablaban de revisar las leyes del estado que permitían el incesto entre adultos que daban su consentimiento.[131]

Incluso tuve noticias del equipo legal de un hombre que se había embarcado en una relación sexual con una chica que se creía que era su hija biológica de quince años. Él tenía diecinueve años cuando ella había nacido, y se reencontraron en las redes sociales siendo ella adolescente. Se fueron juntos de Alabama y viajaron por todo Misisipi y Pensilvania; se encontraban en la Autoridad Portuaria de Nueva York, puede que incluso en dirección a Nueva Jersey, cuando los pillaron. Durante las entrevistas que le hicieron al hombre acusado, este se mantuvo firme en lo que decía: estaban muy enamorados. Al equipo legal no le permitieron entrevistar a la hija, por lo que no sabían si ella también aseguraba que tenían un vínculo sentimental, pero cuando me enteré de aquello, me puse enferma. ¿Los había envalentonado la entrevista que le había hecho a Shelly para que intentaran una relación? Claro que si realmente iban en dirección a Nueva Jersey, la información sobre la legalidad del incesto podían haberla conseguido en cualquiera de los espacios en línea para la defensa de la GSA, o incluso haciendo una búsqueda en Internet. Pero por el momento en que todo ocurrió me sentí incómoda. ¿Había utilizado este hombre la entrevista con Shelly para justificar lo que estaba haciendo con su hija? Dado que nuestra entrevista había sido reciclada en prácticamente todos los medios amarillistas en línea y había sido el asunto principal en los programas matutinos de radio y televisión durante semanas, sabía que había alcanzado una audiencia mayor que las personas que estaban buscando en Google los sentimientos que tenían. El hombre se declaró culpable de cruzar fronteras de estado para llevar a cabo conductas sexuales ilícitas, y su equipo legal necesitaba ayuda con el tono en la presentación del alegato. «Es muy difícil poner este fenómeno en palabras, encontrar el equilibro correcto entre la empatía hacia el cliente y mostrar que acepta su responsabilidad», me escribió la becaria por correo electrónico. Al final no mencionaron la GSA en el alegato de clausura; cuando se lo comunicaron a la fiscal y le enviaron todos los estudios que pudieron encontrar sobre aquello (incluyendo la entrevista que le había hecho a Shelly), su respuesta fue de incredulidad, como si ese hombre hubiera excavado en Internet para encontrar una excusa, por lo que sus abogados creyeron que el juez tendría una reacción parecida.

Comprensiblemente, Shelly estaba asustada por el interés que había generado su historia; nunca había imaginado que su experiencia se convertiría en lo que el historiador Brian Connolly denominó en *Los Angeles Review of Books* una «sensación internacional».[132] ¿Y si alguien la reconocía y la pillaban? Estaba preocupada por ella: no estaba convencida de que simplemente porque ella no fuera capaz verlo o expresarlo, no estuviera en una situación de abuso. También sabía que el secretismo añadía más leña al problema: la aislaba aún más. Sí, contaba con aquella red de apoyo en línea, pero como hemos visto, en la era hiperconectada el apoyo en Internet no reemplaza el apoyo en el mundo real. Hablar en voz alta con otros humanos también es importante. Como me dijo Shelly más adelante, «en aquel entonces no había nadie más con quien pudiera hablar en la vida real que tú».

¿Se había normalizado en Internet el abuso sexual que había sufrido como GSA? ¿Tenía yo el deber de informar sobre lo que estaba ocurriendo? ¿Merecía la pena intentar persuadir a Shelly para que terminara con ello? ¿Debía decírselo a su madre o a la policía? *Es adulta y estoy documentando su vida, no me estoy involucrando en ella*, me recordé. Pero, aun así, no dejaba de luchar con todo ello. La admiraba por hablar sobre lo que estaba experimentando, por ofrecer un informe detallado sobre una experiencia de la que tan pocas personas se sentían preparadas para hablar con una reportera, y sabía que no era un caso aislado. Que apenas oigamos hablar de algo no significa que no exista, y si algo está ocurriendo, no podemos ignorarlo. Pero al responder de manera neutra y sin emitir ningún juicio, ¿tenían razón quienes me criticaban? ¿Lo había normalizado también para ella?

Después de que Fox News y el *Daily Mail* vincularan la noticia, los comentarios se volvieron especialmente críticos, y muchos se refirieron a detalles de la vida de Shelly como la prueba de que me había inventado la historia. «Este artículo tiene un tufillo a que son chorradas. A mi parecer, la autora está haciendo pruebas para una novela extraña de jóvenes adultos sobre las ventajas de ser una hija-esposa. Estoy seguro de que esta entrevista ocurrió en el salón de la fantasía de la autora. Las respuestas a la entrevista son ridículas», escribió una persona.[133] «Me pregunto cuándo será la adaptación para el cine. Ridículo. Las feromonas normales evitarían que pasaran estas mierdas», escribió otra.[134] Encontré un correo electrónico y pregunté a mis editores si podía responder y defendernos a ambas. Me sentía unida a Shelly como víctima del odio en Internet.

Necesitaba ver a Shelly en la vida real. Tal vez en persona podría persuadirla para que terminara con ello. También sentí que era importante que nos viéramos cara a cara. Me sentía incómoda con la naturaleza virtual de nuestra relación, y quería ver a Jimmy por mí misma; ingenua de mí, tenía la esperanza de que un encuentro físico me permitiría evaluar de manera apropiada el nivel de peligro en el que estaba. Y es muy difícil de admitir, pero una parte dentro de mí —pequeñísima— pensaba que tal vez era posible que no pasara nada. No confiaba en Jimmy ni en sus motivos, pero como Shelly insistía en que era feliz, y dado que no quería tratarla como a una niña vulnerable que no sabía lo que quería, y como entendía el poder de aquellos sentimientos de GSA porque había pasado mucho tiempo hablando con personas que la estaban experimentando (leyendo debates en foros y escribiendo correos electrónicos a personas que había encontrado ahí), a regañadientes me dejé llevar por su versión sobre la presencia que él tenía en su vida.

Decidí ir en coche hacia el oeste y pasar el fin de semana con ella y con Jimmy. Confiaba lo suficientemente en mí como para que nos conociéramos en la vida real. ¿Por qué? De alguna manera, nos habíamos hecho amigas. Superamos juntas una tormenta en los medios, y se había convertido en parte de mi vida. Había mencionado que esperaba un día poder hacerme una visita; deseaba ir de compras en Broadway y estar en Times Square cuando cayera la bola en Nochevieja. Tal vez la idea de hablar con alguien que escuchara sin juzgar fuera demasiado atrayente. Minnie, la mujer a la que había conocido en Kindred Spirits, en una ocasión me dijo que a pesar de que contaba con la ayuda de un terapeuta, una psicóloga y los contactos anónimos que había hecho en los foros en línea, lo que de verdad deseaba era una amiga en quien confiar; todo aquel apoyo no era lo mismo que tener a «alguien en quien confías para hablar como hacen las amigas». Como no nos habíamos visto nunca, Shelly sugirió que fuéramos a comer a un lugar neutro. Propuso que nos encontráramos en un restaurante de comida mexicana, que estaba entre una tienda Best Buy y un restaurante Applebee's en la ciudad de tamaño mediano en la que vive.

Me ponía nerviosa la idea de reunirme con Shelly y Jimmy a solas, por lo que le pedí a un viejo amigo, Devin, que viniera conmigo para darme apoyo moral. Fuimos en coche hacia el oeste desde Nueva York, en el Volvo de sus padres, y durante el camino sentí una oleada de náuseas que había estado desarrollando conforme el viaje se iba acercando; bajé la ventanilla y vomité violentamente. Pasamos por delante de campos de maíz, gasolineras y vallas publicitarias de color sepia contra el aborto, y me pregunté qué clase hombre sensato se dice a sí mismo: «¿Sabes qué? Voy a hacerlo, voy a tener sexo con mi hija».

* * *

Era difícil decir que Shelly tenía dieciocho años menos que Jimmy. La pareja pegaba: ambos iban vestidos con tela escocesa, llevaban piercings y tenían tatuajes; tenían la misma mirada afligida. Devin y yo nos sentamos frente a ellos en una cabina, estábamos todos nerviosos; pedimos comida y hablamos sobre el tiempo que hacía, la bebida gaseosa que se iba a pedir Shelly y el viaje que habíamos hecho para quedar con ellos. Esperaba que Jimmy se mostrara receloso o distante, pero parecía aceptar mi presencia sin cuestionarla; si acaso, parecía estar ligeramente avergonzado. Shelly dirigió la conversación hacia el asunto en cuestión, su relación. Jimmy se mostró vergonzoso y dijo: «Sabéis que nosotros no elegimos esto. No decidimos que ocurriera». Luego, cuando Shelly fue al baño, masculló: «Sé que os debe parecer una locura». Sacudí la cabeza para señalar que no, pero no lo dije.

La noche siguiente, me ofrecí a invitarlos a cenar si me llevaban a su sitio favorito. Ambos coincidieron en una cantina cerca del campus universitario. El vecindario estaba salpicado de tiendas de descuentos, cajeros para sacar dinero y fábricas que dejaban un aroma salado en el aire, como de tequila. Me senté en la parte de atrás con Shelly mientras íbamos en coche hasta el centro. Hizo de comentadora del paisaje, sacando la cabeza por la ventanilla como si fuera una niña en un parque de atracciones. Había luces de neón por todas partes, carteles de pizarra y luces parpadeantes que anunciaban ofertas de cerveza y chupitos, correbares y eventos de temática irlandesa en los que se bebía de día. Había borrachos saliendo a tropezones de las puertas y conductores mareados que se tambaleaban cruzando los carriles, ignorando los semáforos en rojo y con Rihanna sonando a todo volumen. Shelly, que siempre había querido ir a la universidad y vivir en una residencia, estaba fascinada. «Me muero de ganas de salir por mi cuenta», declaró antes de reírse sobre lo gracioso que era poder beber alcohol legalmente con su novio porque también era su padre.

Cuando llegamos al restaurante, encontramos una mesa en el porche y decidimos lo que íbamos a comer. Jimmy escudriñó el menú buscando algo que cumpliera con sus necesidades dietéticas específicas, y después de ponernos al día con la historia de la zona, nos habló de su salud. Vivían con unos quinientos dólares a la semana, por lo que normalmente terminaban consumiendo comida rápida. Hacía poco había empezado a recoger cajas gratis con frutas y verduras frescas ofrecidas por una organización benéfica de allá. «La última vez me dieron una bolsa de naranjas, nueve melones y un racimo entero de mangos», dijo con fanfarronería. Luego culpó a la madre de Shelly por haberla sometido a tantas intervenciones médicas, que según él habían estropeado la tiroides de su hija, afirmando que esa era una de las cosas por las que discutían cuando tenían la custodia compartida. A él no lo habían criado así, insistía, a pesar de su mal comportamiento (nunca se estaba quieto ni se centraba en clase, por lo que no sorprendía que no le fuera bien en el colegio): «Cuando era niño me diagnosticaron un montón de cosas, pero mi madre se negó a darme medicamentos más que para el asma. Les dijo a los médicos que me dejaran ser normal. Creo que los padres dan medicina porque no saben cómo criar a sus hijos».

Me sentí muy incómoda escucharlo criticar a la madre de Shelly o la manera de educar de cualquier otro padre, por lo que salté: «También está el hecho de que los medicamentos no se daban tan a la ligera en los años 70, cuando eras un niño». Antes de que pudiera responder, Shelly aprovechó la oportunidad para arremeter contra su madre: «Bueno, mis hermanos y yo éramos niños zombis, y lo seguimos siendo —dijo, explicando que sus hermanos también tomaban medicación—. Se piensan que está jodida, así que ellos también. Supongo que yo tengo cambios de humor. Para ser sincera, probablemente sea bipolar; simplemente he aprendido a lidiar con ello de manera natural».

Por «natural» se refería a Jimmy. Él sabía cómo calmarla. Lo hizo la primera noche que pasó con él. Al verse obligada a dormir en una habitación desconocida en la casa extraña de la novia desconocida de su padre distanciado, se sentó con ella mientras intentaba quedarse dormida. Ha aprendido a darse cuenta de cuándo está entrando en uno de sus «estados»; a veces la sostiene y le acaricia la espalda hasta que deja de gritar. «Es algo drástico —explicó Shelly—. Puedo pasar de estar completamente feliz a totalmente enfadada, lista para arrancarle la cabeza a alguien. Una cosa muy de repente».

Durante el fin de semana que pasé con Shelly, Jimmy no le quitó el ojo de encima. Él lo pagó todo; de hecho, no parecía que Shelly tuviera dinero propio. Él era el encargado de llevarla en coche para que quedáramos; era su coche, y cuando estuvimos planificando el fin de semana, Shelly parecía estar a merced de su horario. Cuando me puse a pensarlo, él solía estar de fondo cuando hablábamos por teléfono. En retrospectiva, me parece extraño que estuviera buscando más pruebas de que él era controlador o abusivo: vivía en una relación sexual con su hija.

El relato oficial era que Shelly se había ido a vivir con su padre para conocerlo mejor y alejarse de su madre, con quien siempre se estaba peleando. Era la verdad, solo que no toda la verdad. Y si le hubieran preguntado en aquel entonces, habría insistido en que su vida había mejorado. En ese ambiente nuevo y tranquilo, se había puesto a trabajar y había terminado los últimos créditos que necesitaba para graduarse del instituto. Jimmy la había convencido para que dejara de tomar aquel cóctel de medicamentos y la había visto tirar el contenido de aquellos botecitos marrones por el retrete. Shelly había logrado que Jimmy dejara el hábito de fumarse dos paquetes de cigarros al día. Habían establecido una rutina, algo que Shelly nunca había experimentado. Cenaban juntos y a las 10:00 p. m. ya estaban en la cama. Jimmy incluso había llevado a Shelly para que visitara a su madre y a los niños.

Durante los últimos años, Shelly había guardado el secreto celosamente. Había mucho en juego, su relación era ilegal. Técnicamente, ambos estaban quebrantando la ley, pero cuando se trataba de incesto «consentido», normalmente solo se llevaba ante el tribunal al padre, ya que estos se ponían del lado de quien percibían que tenía menos poder. Si Jimmy iba a la cárcel, ¿adónde iría Shelly? ¿Quién la querría? La idea de perder a su prometido y a su padre de una sola vez era demasiado. Juraba que solo lo confesaría cuando estuvieran seguros en Nueva Jersey. Tenía un sueño: cuando su hermano y su hermana tuvieran más de dieciocho años, podrían irse con ella y vivirían abiertamente; podrían tener una vida normal.

* * *

Era alrededor del mediodía, un día después de que saliera nuestra entrevista. Justo antes de ir a visitarla, su teléfono vibró con un mensaje de su madre. «¿Estás comprometida con Jimmy?», decía el SMS. Había llegado el momento de ajustar las cuentas: se había corrido la voz. Según Shelly, su madre, que sospechaba, se había metido en Internet y había encontrado la entrevista. No estaba segura de qué la había llevado hasta ella, tal vez que apareciera en el *USA Today* con el titular «Joven de 18 años planea casarse con su padre, perdido hace mucho tiempo».[135] Pero cuando al final la confrontó, Shelly no pudo mentir. «Tenía que enfrentarme a la batalla. Se lo habría contado desde el principio si hubiera podido. Así que le respondí al mensaje y le dije: "Vale, me has pillado"». Le mandó un enlace al artículo de la Wikipedia sobre la GSA. Cuando la llamó su madre, ella contestó y escuchó sus objeciones (él debería haber sido más responsable; te ha lavado el cerebro). Y entonces soltó la bomba que Shelly sabía que iba a llegar: «No puedes ver a tus hermanos. No vuelvas a venir por aquí».

Shelly andaba por la casa cuando se dio cuenta de que había un coche-patrulla aparcado fuera. Lo controló con inquietud durante las siguientes horas, diciéndose a sí misma que era otra redada de drogas en el vecindario. No era eso. Cuando Jimmy volvió del trabajo, la policía lo esposó en el umbral de la puerta antes de conducir a la pareja hacia la comisaría para interrogarlos. Shelly estaba segura de que los encerrarían a ambos y se echó a llorar durante el camino, en la parte trasera del coche, pero se contuvo para no alcanzar la mano de Jimmy. Cuando los separaron, quedó claro que todo el mundo estaba confundido. Habían recibido la llamada de una mujer diciendo que a su hija le habían lavado el cerebro para que tuviera sexo con su propio padre. A solas en una sala de interrogatorios con Shelly, una policía joven y nerviosa alargó la mano y se frotó los ojos. Shelly se dio cuenta de que llevaba un gran anillo en el dedo anular. El malestar se posó en sus tripas: ¿podría tener una vida normal como la de aquella mujer? La policía parecía sentirse incómoda al explicarle que su madre estaba preocupada por su estado mental. Según Shelly, su madre les había rogado que arrestaran al gilipollas que se había aprovechado de su hija y había llamado a la comisaría para que le dieran las novedades. Shelly le recordó a la policía que su madre no podía decirle qué hacer: ya tenía más de dieciocho años. Señaló el anillo brillante y le preguntó: «¿A ti te dijeron de quién enamorarte?».

La mujer no respondió al momento; de hecho, no lo hizo —a lo mejor no le dio tiempo—, porque Shelly siguió hablando, explicando lo que era exactamente la atracción sexual genética, y una vez que terminó el cursillo acelerado sobre el fenómeno, la agente salió de la sala de detenciones con un trozo de papel en el que había escrito el término. La policía estaba desconcertada: la condena dependía de que hubiera una confesión o de que existieran pruebas de que habían tenido sexo, algo que Shelly se negaba a dar. Cuando se volvieron a reunir, estaban asustados, exhaustos y no pensaban con claridad. Decidieron huir al Estado Jardín,* que se había convertido en un asilo simbólico.

---

* Apodo del estado de Nueva Jersey. (N. de la T.).

Al día siguiente, Shelly se levantó temprano y empezó a hacer las maletas. Apenas tenían dinero en efectivo, pero estaban determinados a que funcionara. Llenaron el coche con bolsas de ropa, cajas de plástico de CD y sus perros, y se despidieron de su compañero de piso; luego se fueron en coche hacia el este, en dirección a Nueva Jersey, tomando una ruta larga para evitar los peajes. Shelly utilizó su teléfono inteligente para pedir ayuda a la red de amigos en línea que compartían su secreto y estaban en relaciones parecidas.

Un hombre en Filadelfia les dijo que no se podían quedar a pasar la noche con él y que su éxodo era la confesión de su culpabilidad. Si llegaban a Nueva Jersey, los podían extraditar y acusar de un delito grave. ¿Les estaba dando un consejo razonable o estaba inquieto por dar abrigo a estos fugitivos a los que no había visto nunca en persona? Otra mujer de uno de los grupos secretos de Facebook, que estaba casada con su hermanastro, ignoró la petición de Shelly cuando le preguntó si podían ir donde ella y quedarse (más adelante, la mujer me confesó: «No debería juzgar a nadie, pero eso de que sean padre e hija… Joder, me pone los pelos de punta»). Agotados y asustados, unos minutos antes de llegar a la frontera estatal con Nueva Jersey giraron e hicieron el camino de vuelta a casa. Estaba claro que aunque existiera una comunidad GSA, cuando se trataba de moverse por el mundo de la vida real, Shelly estaba sola.

* * *

Era viernes por la mañana cuando llegué a Mount Prospect a visitar a Barbara Gonyo, la mujer a la que habían obligado a renunciar a su bebé tiempo atrás y que ahora tenía setenta y muchos años. Fui caminando desde la estación de tren, consciente de los hogares contenidos y silenciosos que proyectaban su integridad mediante jardines frontales inmaculados, cisnes de porcelana, banderas estadounidenses y calabazas de plástico, la decoración de temporada. Seis años antes, *BusinessWeek* había nombrado a aquel barrio residencial prístino, que estaba a más o menos una hora en tren desde el centro de Chicago, como el mejor lugar en Estados Unidos para criar hijos.[136] La Barbara Gonyo que me había imaginado era un constructo de las historias que había leído en reportajes de prensa amarilla y programas de televisión; inevitablemente, su nombre salía a relucir cada vez que lo hacía la GSA, y su voz, cuando le pedían que diera su opinión en programas como *Dr. Drew* (también sobre la entrevista que había hecho con Shelly).[137] Pero ¿quién era esta mujer que había conmocionado al mundo diciendo que se sentía sexualmente atraída por su hijo? ¿Se había parado a pensar en la privacidad de su familia cuando se había embarcado en esa misión para divulgar dicho fenómeno? ¿O era víctima de una forma de abuso a menores diferente, de la década de 1950? Rechazada por la sociedad educada e internada en una institución sola durante meses, la obligaron a renunciar a su bebé y había quedado obsesionada por su ausencia.

Barbara era una mujer menuda con una voz fuerte y seca. Abrió un poquito la puerta para que no saliera su caniche enano, Chloe, que daba brincos como una bola de algodón. «En mi próxima vida solo tendré perros, no hijos», dijo indicándome que entrara. Acababa de hablar por teléfono con su hija pequeña, a quien llamaba su «niña problemática». Llevaba una camisa vaquera pulcra, pantalones de color azul clarito y pendientes de perlas; tenía el pelo corto y gris oscuro. Me hizo pasar, mientras charlaba y explicaba que su marido, Bob, estaba haciendo la compra. Antes de que me hubiera quitado el abrigo, agarró un retrato de familia enmarcado y me lo comentó verbalmente, presentándome a sus otros tres hijos. «Estos son todos mis hijos menos John», el hijo que había dado en adopción. Dijo que había muerto de un tumor cerebral unos siete años antes, mientras abría un cajón para buscar el documento con la información del funeral.

Barbara se casó poco después de volver de la casa para madres solteras. Desesperada por llenar el vacío que habían dejado su bebé y novio, se aferró a la primera persona que le mostró un poco de cariño. Tuvieron tres hijos juntos, pero luego terminaron el matrimonio. Según Barbara, simplemente no eran compatibles. En su autobiografía describe al marido como una víctima de su pérdida: «Me casé con él para sustituir a mi bebé. No lo conseguiría nunca».[138] Se fue a vivir con Bob, un bombero sin hijos, casi inmediatamente después del divorcio.

En realidad, Barbara nunca dejó de pensar en el bebé al que la habían obligado a renunciar. Octubre siempre era un mes oscuro. Conforme se acercaba la fecha del nacimiento de John y los días se hacían más cortos y fríos, ella revivía la impotencia que había sentido siendo adolescente. Un día de 1979, por la tarde, temprano, estaba viendo la tele cuando una mujer que había averiguado el paradero de su madre biológica le había llamado la atención. Nunca había oído hablar a un hijo biológico sobre cómo se sentía volver a reunirse con su madre. Barbara revolvió entre sus cosas para encontrar un bolígrafo y anotar el nombre del grupo que había liderado la búsqueda: «Buscadores de la verdad en adopción».

Tres meses le costó a Barbara hacer la llamada. La amable mujer que estaba al otro lado de la línea, que también había adoptado a un hijo, invitó a Barbara a una reunión que se iba a celebrar aquella noche. No quería excusas. «Te recogeré yo misma», dijo. Barbara se convirtió en una habitual y terminó asumiendo la dirección de toda la operación en Illinois. Esta red de personas con habilidades para la búsqueda de registros y archivos consiguió averiguar el paradero del bebé al que había visto por última vez en brazos de otra mujer veintiséis años atrás.

En cuanto confirmaron su identidad y le dieron su número de teléfono, Barbara se escribió un guion.[139] Le llevó otras seis horas reunir el valor para tomar el teléfono y llamar a Mitch, como lo habían llamado sus padres adoptivos. Durante la primera conversación que tuvieron, acordaron reunirse. Él fue a su casa a cenar; todos sus hijos eran adultos y se habían ido, por lo que solo estaban Bob y ella. Los detalles están borrosos: recuerda vagamente a Bob emocionándose al verlos a los dos juntos, recuerda perfectamente cómo se sintió. Físicamente le recordaba mucho a su padre. Tenían la misma voz y caminaban de la misma manera, pero su personalidad era de Barbara. Tenía su sentido del humor agudo y sarcástico. Era hablador, cálido y generoso en los ambientes sociales. Le sorprendió que Mitch le dijera que era artista, incluso trajo algún trabajo suyo para enseñárselo. *¿Es genético mi talento?*, se preguntó. «Qué sentimiento más fenomenal —escribió en su autobiografía—. Puedo revivir mi juventud con esta joven réplica de su padre y, mejor aún, es parte de mí y tiene la mayoría de las cualidades mías que me gustan. ¡Eso sí que es ser el ombligo del mundo!». Cuando llegó la hora de despedirse, a ella le daba demasiado miedo decirle que lo quería y demasiada vergüenza abrazarlo. Escribió que cuando se fue aquella noche, experimentó «la misma sensación que cuando acabas de dar a luz y tu enorme cuerpo, que estaba lleno de vida y acción y del milagro de que hubiera una persona pequeña viviendo dentro de ti, que dependía de ti para continuar con su vida, ahora está vacío, no tiene movimiento; está quieto y se siente solo».[140]

Cuanto más se conocían, más doloroso resultaba decir adiós. Cada vez que lo veía marcharse, tenía la sensación de que no lo volvería a ver. No se abrazaron hasta la segunda vez que se vieron. Cuando él rodeó con los brazos su cuerpo menudo, ella tuvo la sensación de estar viéndose a sí misma en una película. «En aquel instante supe que abrazarlo superaba cualquier sentimiento que hubiera tenido en toda mi vida. Cualquier experiencia sexual parecía insignificante en comparación», escribió.[141] Aquel abrazo fue la primera vez que realmente se tocaron, y cuando sintió la carga de esa conexión física, supo sencillamente lo mucho que lo ansiaba.

Los sentimientos que tenía por Mitch, que ya era todo un adulto, no eran habituales. No era un enamoramiento; era más y menos que eso. Lo sentía como si fuera atracción sexual, pero era su hijo, así que, ¿cómo era posible? Recuerda que le preocupaba cómo debía vestirse cuando quedaba con él, como si estuviera yendo a una cita. Iba de visita a su piso, admiraba la decoración que tenía y rebuscaba entre sus estanterías para encontrar señales de su personalidad, igual que la primera vez que te invitan a casa de un amante. Barbara hablaba con entusiasmo sobre el talento artístico que tenía mientras restaba importancia al suyo. Cuando él traía novias a casa para que la conocieran, ella se lo llevaba a un mundo de bromas personales. No quería compartir, por lo que solo lo invitaba a que fuera a casa cuando no había nadie más. Se sentía frustrada. La amistad no era suficiente. Se sentía como una novia demandante: siempre estaba llamando, comprobando cómo estaba, anticipando el siguiente reencuentro, reflexionando sobre ello. ¿Qué demonios le estaba pasando? La verdad era que no lo sabía.

Barbara no perdió el tiempo antes de decir exactamente cómo se sentía. Su vida había estado moldeada por los secretos, las mentiras y las apariencias. ¿No era importante dejar salir las toxinas? Razonó: si retrasas el problema, tan solo se hará más grande. Así, en una reunión de «Buscadores de la verdad», con valentía le contó a la sala atestada de gente que estaba experimentando sentimientos sexuales por su hijo. Lo dijo sin pelos en la lengua, contándoles a los del grupo que quería «tocarlo» y pasarle los «dedos por el pelo». «Quiero olerlo como olí a mis otros bebés tantos años antes», dijo.[142] Explicó que cuando estaba cerca, «se sentía muy excitada», y cuando no lo estaba, sus «pensamientos le pertenecían a él».[143]

Esperaba que su sinceridad derribara un muro; tal vez alguna otra persona admitiría sentir lo mismo y no estaría sola. Una mujer le dijo que estaba enferma. El resto se sentó en silencio. Se imaginó que probablemente fuera solo cosa suya: *qué asco das, Barbara, estás obsesionada con el sexo*. De adolescente le habían hecho sentir que su sexualidad era delictiva. Tal vez sus padres y las monjas tenían razón: su deseo sexual siempre era lo que la metía en problemas. ¿Qué clase de degenerada era?

Poco después de la confesión que hizo, recibió una llamada por parte de la mujer de un miembro de «Buscadores de la verdad» que se había enterado de lo que había contado. Le dijo a Barbara que pensaba que su marido estaba lidiando con sentimientos sexuales por su madre biológica. Oír directamente que eso le estaba ocurriendo a alguien más fue un alivio inmenso: si le había ocurrido a otra persona, tal vez no estaba loca. La primera vez que había oído a alguien darles un nombre a esos sentimientos fue en una conferencia en el Congreso de Adopción estadounidense, al escuchar a una mujer hablar sobre el reencuentro que había tenido con su hermano. Barbara nunca olvidaría la manera en que lo describió la mujer: cuando el hermano había aparcado la moto a la entrada de su casa, se había quitado el casco y se había sacudido el cabello, ella había sentido «una fuerza tan innata, tan profundamente dentro, que debía ser algún tipo de atracción sexual genética».

No se trataba de una patología suya. Barbara se lo contó a Bob, a sus amigas e incluso decidió escribir una declaración sobre ello para el boletín informativo del Congreso de Adopción estadounidense. ¿Qué había de bueno en quedárselo para ella? Quería que su historia sirviera de moraleja, para luchar contra las instituciones que habían hecho que ella estuviera en esa situación. Quería animar a que se hablara sobre ello para que los demás no tuvieran que pasar por lo mismo, y tal vez reclamar el poder que había perdido de joven.

Durante las reuniones de los «Buscadores de la verdad» que se llevaban a cabo en salas de hospital, parques, espacios para eventos en el Ejército de Salvación y hasta en su casa, respondía a las preguntas sobre la complicada variedad de sentimientos, con frecuencia sexuales, que algunos familiares experimentaban al reencontrarse. En una ocasión, en una gran conferencia nacional, desde la organización cancelaron su seminario sobre la GSA para cuadrar el horario, que tenía demasiados eventos. Determinada a no decepcionar a nadie, Barbara anunció que las partes interesadas se podían reunir en una sala de descanso. Aquello estaba lleno, algunos tuvieron que quedarse fuera y mirar desde la puerta. Puede que la gente fuera reticente a compartir sus historias, pero querían escuchar la suya. Ella habló con periodistas, autopublicó una autobiografía y nunca dijo que no cuando la contactaban desde las cadenas de televisión: quería llegar a una audiencia lo más amplia posible. Más adelante incluso fundó una página web que terminó convirtiéndose en el GSA Forum, que sigue funcionando. Barbara, una mujer de clase media y elocuente, era una oradora que despertaba mucha simpatía porque, a diferencia de Jimmy o Shelly, no había obedecido a sus sentimientos.

Barbara no tenía confianza para contárselo a Mitch cara a cara, por lo que le dio el artículo que había escrito para el boletín informativo y lo observó mientras lo leía, viendo de primera mano su impresión y confusión. Él no se sentía así. Barbara le pidió que fuera a terapia con ella, pero se negó a hablar sobre ello. No obstante, no la silenció. Ella le pidió permiso cada vez que iba a hablar sobre sus sentimientos en público y él siempre estuvo de acuerdo, siempre y cuando no utilizara su nombre real. Al reflexionar sobre la experiencia, Barbara tiene claro la carga que tienen sus sentimientos. La primera vez que fui de visita, dijo: «Él no sabía el poder que tenía sobre mí, porque si hubiera dicho que no quería que lo hiciera, no lo habría hecho. Pero si Bob me hubiera dicho que no lo hiciera, lo habría ignorado». Tenía la sensación de que tenía que estar ahí, contando su historia; que si era lo suficientemente valiente como para salir ahí y hablar sobre ello, entonces también lo harían otras personas. Al fin y al cabo, la verdad que es más difícil de contar es la que debería ser dicha en voz más alta.

* * *

«Barbara es una heroína», declaró Joe Soll, el psicoterapeuta, por teléfono unos meses después de que la visitara. Se conocieron en el circuito de la convención en la década de 1980, y aunque él es uno de sus mayores fans, no está del todo de acuerdo con la etiqueta que utilizó para describir su deseo confuso. «Creo que es atracción genética», me corrigió, eliminando deliberadamente la palabra «sexual». Aunque no era algo que él hubiera experimentado: para cuando encontró a su propia madre, estaba en una tumba en el Bronx. «Cuando se adopta a un bebé, el proceso natural para crear un vínculo con su madre se detiene. Aquel vínculo empezó en el vientre, luego se interrumpió; y cuando se conocen más adelante, surgen sentimientos como los sexuales, y nadie es capaz de entenderlos». Le dije que me parecía que el castigo, el aislamiento y el robo último al que había sido sometida siendo tan solo una cría era el aspecto más perturbador de la historia de Barbara. «Eso a mí me destrozaría, y ya tengo más de treinta años», dije, y él coincidió: «Le lavaron el cerebro para que renunciara a su hijo por la mierda de normas de la sociedad. Ella es una revolucionaria. ¿Hablar sobre la atracción que sintió? ¡Eso sí que es valentía!». Barb quería funcionar como moraleja, pero no siempre podemos controlar cómo se reciben nuestras historias o dónde terminan al sacarlas de contexto y circular a través del tiempo y el espacio en la era hiperconectada.

En cuanto a los propios sentimientos, Soll dice que entiende y no juzga, «pero lo que me enfada es cuando un hombre adulto se aprovecha de su hija». Ahí está su límite. Barbara me dijo que se compadecía de las mujeres que mantenían relaciones con sus padres biológicos. «No sabes si el padre está realmente aprovechándose de ellas o es que siente lo mismo. Y cuando se termina, las mujeres se sienten utilizadas, de muy mala manera», pero no quería ignorar los sentimientos de los padres biológicos. Conocía a mujeres adoptadas que habían tenido relaciones sexuales con sus padres y se habían enamorado tanto de ellos que no podían ver las cosas claras, y entonces «cuando se van a la porra los odian, porque sienten que las han utilizado. Aunque probablemente no haya sido así, puede que el padre se sienta de la misma manera. Lo pierden todo de una sola vez. Es algo trágico». Conocía a una pareja de padre e hija que habían decidido que no se seguirían viendo porque el tabú era demasiado como para quebrantarlo en público. A ella le partía el corazón. «Me dijo: "Cada vez que veo fotos suyas, me rompo y echo a llorar". Estaban locos el uno por el otro, pero la culpa era demasiado. Tuvieron que cortar por lo sano y eso los destrozó».

* * *

Unos tres años después de conocer a Shelly en persona vi una foto en Instagram de ella saltando por la calle en algún lugar con un pie de foto diciendo que se acababa de casar. Me quedé helada. Lo habían hecho. «¿Por qué no le advertí que no lo hiciera?», dije en voz alta como si fuera culpa mía. Llevaba el complicado peso de la culpa desde que le había hecho la entrevista. Era una de las pocas personas fuera de la comunidad GSA que conocía la naturaleza verdadera de su relación con Jimmy. Como la había escuchado sin juzgarla —o sin denunciarla—, tenía la sensación de que había autorizado su decisión de obedecer a sus sentimientos. También tenía la sensación de que nuestra entrevista la había puesto, aunque de manera anónima, en el centro de un tornado de atención mediática para el que no estaba preparada, y había quedado expuesta a algo con lo que no sabía lidiar. Esa sensación alcanzó el clímax poco después de que su madre descubriera la columna y Shelly me mandara un correo electrónico preguntando si había alguna manera de que pudiera retirarla.

Pero tras hacer zoom en las fotos, me di cuenta de que su marido no era Jimmy. ¿Era una broma? Seguían juntos la última vez que había sabido de ellos hacía unos meses. Lancé correos electrónicos y mensajes por Facebook e Instagram para averiguar lo que estaba ocurriendo. Shelly respondió rápidamente con la noticia de que habían roto. «Era tóxico —escribió—. Me di cuenta de lo que se supone que tiene que ser una relación».

Cuando leí aquel mensaje, sentí alivio. Incluso fantaseé con que se trataba de la historia definitiva del triunfo femenino, imaginando que lo habría echado a la calle y habría tomado el control de su relación insistiendo en que fuera su padre y nada más. Tenía la esperanza de que encontraría la felicidad con alguien más. Pero sabía que ese no era el tipo de historia que podía terminar en final feliz. También sabía que no podía decir mucho desde la distancia. Tenía que verla.

Shelly estaba dispuesta a que la visitara, pero se había mudado a una parte remota del país; continuó trasladándose y era difícil dar con ella. A veces respondía a mis correos electrónicos o a los mensajes que le mandaba por las redes sociales, pero nunca eran más de unas líneas para decirme que le iba bien. Solía mirar su cuenta de Instagram, me ponía contenta al ver que seguía por ahí cuando de tanto en cuando subía una *selfie*, normalmente con un nuevo peinado o maquillaje y sonriendo a la cámara.

Después perdimos el contacto. A veces me respondía los correos electrónicos. En una ocasión me dijo que no dejaba de cambiar de número de teléfono. Cuando me contactó de la nada, por mensaje de texto, en verano un año más tarde, diciendo que tenía un novio nuevo a quien le encantaría que conociera, me sentí confusa (¿qué había pasado con su marido?), pero emocionada por verla, con quien fuera que estuviese. Tras unos meses de negociación, quedamos en ir hasta su ciudad natal, donde nos vimos un sábado por la noche, en otoño.

Salí del ascensor para encontrarme con Shelly, que estaba con un hombre mayor, bien vestido, con gafas y una camisa de botones. Había perdido unos cuarenta y cinco kilos y se había cortado el pelo al estilo *pixie*, más maduro. No iba maquillada y vestía de forma casual con vaqueros, zapatillas desgastadas de andar por casa de borreguito y una camiseta sin mangas. «Lo sé, parece que me he vuelto una básica —bromeó—. El otro día iba con un cárdigan y un café de Starbucks en la mano, me vi por un momento y pensé que me había convertido en Britney Spears». Me presentó a Sam, con quien había empezado a salir un poco antes aquel año. «Soy tan torpe», dijo cuando llegamos a su habitación de hotel, dejando las maletas en el suelo, mientras Sam se quitaba los zapatos y se colocaba con calma sobre la cama con los calcetines puestos y empezaba a mirar el móvil. Tras unos minutos discutiendo qué debíamos hacer, me recordó que sufría ansiedad social. «Soy muy casera», dijo, por lo que me acomodé y le pregunté con vacilación por Jimmy.

«He eliminado esa parte de mi vida. No quiero volver a ella nunca más. Nada de lo que conocías antes soy ahora», empezó, y yo escuché en silencio, como siempre, resistiendo las ganas de dar mi opinión mientras me contaba todos sus problemas. El secretismo y la doble vida que llevaba la estaban consumiendo. La tensión con su madre era imposible de controlar; a pesar de que había accedido a hacer la vista gorda, toleraba su relación, pero no la aceptaba. Y entonces, cuando Shelly empezó a intimar con otro hombre, lo vio todo con claridad. Las cosas se pusieron sexuales, y se dio cuenta de la diferencia clave entre la manera en que se sentía por él y cómo se sentía por Jimmy. Ahora sabía que había confundido sus sentimientos. «A él lo quería como a un amante, y a Jimmy como a mi padre».

Ahora tenía muy clara la manera en que Jimmy había abusado de su poder. «Da pena y miedo lo poco que quería reconocerlo. En el fondo, creo que sabía que había algo malo todo el rato, pero me convenció de que no pasaba nada. Me dijo que consintiera», dijo, refiriéndose a los cuatro años que pasaron juntos en una relación sexual. «Me manipuló y me acicaló hasta que consiguió lo que quería. He tenido que decirme una y otra vez que no tengo la culpa de ello. Todavía me cuesta decir que no la tuve porque consentí, pero literalmente no tenía ningún poder. Todas mis nóminas iban a una cuenta bancaria de la que él estaba a cargo». Hizo una lista de todas las cosas que él le había arrebatado o que le habría arrebatado si hubiera continuado con la vida que llevaba con él, esa que había esperado que llegara a ser normal: «Quería quitarme el derecho a tener hijos, a casarme, la posibilidad de conducir —ella quería aprender, pero él se negaba a enseñarle—. Me arrebató a mi madre. A mis hermanos, mis niños».

En cuanto a los defensores que se reúnen en las páginas web y en foros intentando normalizar las relaciones sexuales consentidas entre parientes cercanos, la ponen enferma. Aquella comunidad normalizó de manera peligrosa el abuso al que Jimmy la había sometido. «El activismo es una chorrada —dijo—. No es lo mismo que ser gay o lo que sea que estén intentando decir. Entiendo por qué no les dan ningún derecho. Es como que, espera, debemos tener una moral. ¡No podemos estar follándonos a nuestra familia! Debemos tener una moral».

Ha personalizado un cliché para describir la actitud que tenía antes sobre la vida, en la que su optimismo y negación eran un escudo. «Solía ver el mundo a través de unas gafas de caleidoscopio, y esas gafas hacían que pareciera que las cosas malas estaban bien», dijo. Cuando vio con claridad los sentimientos que tenía por Jimmy, se quitó las gafas y las reemplazó por un par realistas. «Ven en blanco, negro y gris», bromeó, recordándome el sentido del humor que tenía y su inteligencia infrautilizada. Cuando su visión volvió a la normalidad, hizo algo que siempre había jurado que no haría. Llamó a su madre y le dijo: «Tenías razón».

Le hice la pregunta que me agobiaba desde que se había publicado nuestra entrevista: «¿Crees que hablar conmigo lo normalizó para ti o que de alguna manera te hice sentir que no pasaba nada?». Dijo que, por aquel entonces, cuando «conectamos», estaba desesperada por hablar en voz alta sobre lo que estaba ocurriendo. Quería expresarse ante alguien que no fuera a sentirse repugnado por la naturaleza visceral de su situación, alguien que entendiera su estado sentimental, pero que fuera objetivo, alguien que no la juzgara sin más y la rechazara. Al fin me animé a decirle a Shelly cómo me sentía. Le expliqué que siempre había pensado que a pesar de que no hubiera crecido con Jimmy, era su padre biológico y había abusado escandalosamente de su poder al obedecer a su deseo. Como sabía lo difícil que era su vida, tal vez una pequeña parte dentro de mí quería creer que las cosas con Jimmy podían estar bien. Tal vez llevara puestas las gafas caleidoscópicas al escucharla contar su experiencia; tal vez hubiera pasado tanto tiempo en los foros y salas de chat escuchando a personas como Barbara, que estaban pasando por o habían experimentado GSA, que también había normalizado todo aquello.

Cuando ella vio cómo respondía el mundo —y su madre—, sintió que se le caían las gafas caleidoscópicas. Fue como si necesitara observar su experiencia a través de los ojos de otra persona para poder admitir ante sí misma que estaba mal. De igual modo, cuando nuestra entrevista se hizo viral y vi el alcance del horror de las otras personas, la gravedad de la situación en la que estaba envuelta se volvió real para mí. Yo anotaba todo lo que decía. Shelly se giró hacia Sam y le dijo: «Me alimenta el ego —y luego, hacia mí—: pero, en realidad, a veces me mandabas un mensaje en el que simplemente querías saber si estaba bien y preguntando cómo me encontraba, y literalmente no había nadie más en el mundo que me preguntara eso».

Al día siguiente nos fuimos a comer. De camino, fuimos por la misma calle por la que habíamos ido en coche con Jimmy hacía años. Sam y yo esperamos mientras Shelly se paraba en sus lugares predilectos —acariciando gatitos en la tienda de mascotas, llenando una bolsa con golosinas en la tienda— y luego terminamos en una mesa fuera, en la misma cantina a la que habíamos ido la primera vez que nos vimos en persona, que había sufrido la gentrificación y ahora contaba con una lista de cócteles y asientos del metro. Pedimos Mimosas en vasos para niños pequeños y solté una risita cuando vi a Shelly tomando el bote común de salsa picante para metérselo en el bolso.

Hablamos sobre el futuro. Sigue sin haber nadado en el mar y sin haber viajado en avión; Sam le prometió que había un viaje a la costa entre los planes para 2020. Sin embargo, por fin ha dormido en una casa a solas. Sam la ha animado a que pase más tiempo con su madre, y tiene la intención de convertirse en funcionaria de prisiones. «Quiero ayudar a la gente», dijo. Todavía sueña con tener una vida normal. Le encantan los niños y quiere una casa llena de ellos; dice que pronto empezará a intentar quedarse embarazada, sacudiendo la cabeza ante el recuerdo de aquellas voces anónimas en foros y blogs que decían que tener un bebé con su padre tan solo sería un poco arriesgado. Se pasaron el verano viajando por el Medio Oeste estadounidense, de acampada, y le encantaba Míchigan. Tal vez se asentarían en una cabaña en el lago. En algún lugar tranquilo lejos de Jimmy y de las presiones de la ciudad, de la gente y de cualquiera que conociera su pasado.

* * *

«Pareces Madonna, ¡estás preciosa!», dijo Bob conforme le daba un firme abrazo a Barbara. La pantalla de televisión estaba encendida; en ella había una versión *glam* de su mujer en la década de 1990 vestida con poliéster y maquillada con tonos metálicos. Había desenterrado el archivo VHS meticulosamente etiquetado con las diferentes apariciones que había hecho en televisión, y estuvimos haciendo una gira por los programas que le dieron fama: *Oprah*, 1987; *60 Minutes*, 1991; *Jerry Springer*, 1992; *Maury Povich* y *Montel Williams*, 1993. Bob utilizó un mando a distancia del tamaño de un ladrillo para pasar por los anuncios descoloridos de sistemas de seguridad para el hogar y comidas congeladas. En *The Jerry Springer Show*, Barbara participó en un debate sobrio sobre los peligros de las adopciones cerradas. Tiene un don para contar historias, como si la hubieran formado profesionalmente. En cuanto se ganó la simpatía del presentador y de la audiencia, su discurso dio un vuelco. «El momento en el que él entró en la sala, me convertí en una vampiresa de dieciséis años. Pensé que estaba saliendo con su padre otra vez... Es una cosa realmente egoísta y narcisista, en la que te miras en un espejo masculino de ti misma». Después, en la televisión, frente al público del programa en directo, con calma quebrantó uno de los tabúes más establecidos de la sociedad.

Bob continuó pasando adelante la cinta. En otro programa, una psiquiatra preocupada dio su opinión sobre la extraña atracción de Barbara. Sacudió la cabeza y torció el morro, explicando que se trataba de una patología única que no se comprendía bien, ignorando el mensaje clave de Barbara: que era el resultado de un experimento social chapucero que había intentado garantizar la normalidad. Bob se revolvía en el asiento, irritado, reviviendo la frustración que experimentó cuando el mundo no entendía la situación inusual en la que se encontraba su esposa. «Barb simplemente quería enseñar a la gente que esto ocurre. Los médicos no sabían la razón por la que se sentía así; no estaba en los manuales», gritó a la sala. «¿Cómo podían entenderlo? —exclamó

Barbara—. Yo tampoco lo hubiera entendido. La gente oye mi historia y se imagina a sus hijos o a su madre, pero no es lo mismo». Bob apagó la tele y nos dijo que era la hora de comer; había preparado sopa de pollo y una ensalada con tomates de la huerta. «No puedo seguir viendo esto», dijo, entrando en la cocina con las zapatillas, sin hacer ruido.

Durante la comida, la pareja compartió historias sobre la época de la televisión. Uno de los equipos la llevó a un restaurante fino, otro la entrevistó en una suite de lujo en un hotel del centro; una encantadora mujer vino desde Inglaterra, su equipo acampó en casa durante un día en pleno invierno; Barbara sonrió satisfecha cuando recordó el evento. Bob estaba malhumorado porque pasaron el día entrando y saliendo, cargando con luces y cables, y dejando que se escapara el calor. Aun así, para él fue un honor que sobrevolaran el Atlántico para escuchar la historia de su mujer, y se escapó para comprar auténticos bocadillos de ternera estilo Chicago para darles las gracias.

Jerry Springer fue el mejor, coincidieron ambos, señalando que eso había sido antes de que su programa se convirtiera en un espectáculo de los horrores con «todo el mundo tirándose muebles unos a otros». «Uy, ¡qué inteligente era! Hacía preguntas atentas; no se sentía repugnado por ello. Se tomó un tiempo para entenderlo; qué sensible fue», reflexionó Bob. Pregunté cómo era Oprah. «Creo que se quedó estupefacta; la mayoría se quedaron estupefactos o se sintieron repugnados», dijo Barbara, explicando que a muchos solo les interesaba una historia lasciva y la animaban a que describiera los pensamientos sexuales que tenía con detalles. «¿Qué esperaban que dijera? ¿Que quería tirarlo al suelo, quitarle toda la ropa y ponerle un pañal?».

Cuando llegó la hora de irse, Barbara insistió en llevarme en coche hasta la estación de tren. Seguía navegando entre los recuerdos del tiempo que había pasado en el centro de atención. «Sabes que creo que aquellos fueron los mejores años de mi vida», dijo, animada, después de haber estado todo el día reviviendo el pasado. Al igual que Shelly, contar su historia le daba poder. Hacía poco había vuelto a leer su autobiografía autopublicada por primera vez en décadas. Estaba desarrollando una relación cercana con una nueva pastora en su iglesia, una mujer joven, progresista y afroamericana. En un momento de valentía acrecentada, Barbara le había dado una de las dos únicas copias que tenía del libro, y luego se había ido a casa corriendo para leerlo de nuevo a través de los ojos de esa mujer.

Barbara decidió compartir su historia con la pastora tras escucharla dar un sermón sobre el sentido de la vida, conmovida por las palabras de esa mujer poderosa, que había hecho pedazos tantos límites para llegar hasta donde estaba. La pastora había hablado sobre vivir en un mundo con posibilidades y opciones aparentemente infinitas: viajar, la gran velocidad de todo, las carreras profesionales, la Librería de Alejandría que abarca el mundo entero que es Internet, la concesión de los derechos civiles y humanos básicos que la gente había estado luchando para ganar durante años. La pastora dijo que podía ser abrumador, pero que todo el mundo existía por una razón, y si eras afortunado —muy afortunado—, descubrías tu propósito. Lanzó una mirada por toda la iglesia y aseguró a todas y cada una de las personas que estaban en los bancos que tenían uno. Barbara miró hacia el futuro, con las luces delanteras iluminando el camino, repitiendo las mismas palabras que había utilizado en el programa de Jerry Springer. «Pensaba que me había vuelto loca. Pensaba que era la única a la que le había pasado esto. Pesaba que se me había ido la olla. Pero cuando habló aquella mujer, me di cuenta de que había cumplido mi función en la vida, porque había nacido para contar esta historia».

Pensé en lo que la valentía de Barbara había conseguido. Por una parte, hacerse cargo de su discurso y contarle sin miedo al mundo lo que le ocurría había sido una manera de reapropiarse del poder que le habían arrebatado en su juventud. Desde luego, la apertura que mostró tuvo un efecto positivo al concienciar sobre lo que podía ocurrir cuando se reencontraban parientes biológicos, proporcionando términos para los sentimientos que no eran solo suyos y animando a las personas que estuvieran lidiando con esos mismos sentimientos a que buscaran ayuda. Además, estaba al tanto de que en la vida real había mucho apoyo humano. Pero al mismo tiempo, al hablar sobre ello de manera tan abierta y hacer que fuera fácil identificarse con ella, lo había normalizado, especialmente cuando sacaban de contexto su experiencia y se convertía en el susurro distante de una cita encontrada en foros y salas de chat en línea en la era hiperconectada. Puede que su mensaje se diluyera cuando apareció en programas de entrevistas sensacionalistas, pero se desarrolló lo suficiente como para que los espectadores supieran que ella no había obedecido a sus sentimientos y que aquellos sentimientos habían sido el resultado de un impulso casi patológico por mantener las normas sociales.

5

PAUL

Cuando Fran conoció a Paul, esta nunca había utilizado un ordenador. En aquel entonces él era simplemente un extraño que había conocido a su compañera de piso por «Internet», que para ella no era más que una red rara en una máquina misteriosa que de alguna manera conectaba a las personas. Era enero de 1996 y Paul tenía que hacer una breve escala en el sur antes de tomar el vuelo de vuelta a casa en Canadá. Fran, directa y sensata, se sintió atraída por la cortesía de Paul, sus modales y al hecho de que no veía a una mujer e inmediatamente quería acostarse con ella. Paul, que nunca había tenido novia, pensó que Fran era amable y hospitalaria, y le pareció que el empeño que ponía en hacer que un desconocido se sintiera cómodo era muy atractivo. Durante la cena tuvieron un debate acalorado sobre el veganismo. Fran acusó a Paul de intentar imponer su agenda, y Paul se fijó en que esta mujer, que solo había recibido la educación secundaria, era increíblemente inteligente. Hacía preguntas calculadas, hacía conexiones y escuchaba atentamente sus opiniones. Paul pasó unos días ahí, pero no dio ningún paso hasta que estuvo a punto de irse, cuando se inclinó para darle un beso en la cabeza a su nueva amiga. Hoy reflexiona sobre el hecho de conocer a Fran, que tuvo una infancia difícil: «Sentí que era vulnerable, y tiendo a sentirme atraído hacia las personas que necesitan ayuda». Durante el vuelo de vuelta a casa se sentía tan alborotado que se volvió hacia la persona sentada a su lado y le dijo: «Creo que he conocido a mi futura esposa».

Le pagó el billete a Fran para que fuera de visita a Canadá, y al terminar la semana ya estaban comprometidos. Adoptador temprano de la tecnología, Paul estaba acostumbrado a charlar a través de su grueso teléfono móvil, por lo que la idea era mantener el contacto así mientras Fran empaquetaba su vida, pero cuando le llegó una factura de teléfono de trescientos dólares, se compró un ordenador y se lo envió por correo a su amante de larga distancia. En cuanto Fran recibió el paquete, tuvo que hacer unas cuantas y caras llamadas internacionales más para poder preguntarle cómo demonios encenderlo.

Paul le dijo que le mandaría algo que los ayudaría a mantenerse en contacto, y ella se imaginó que utilizaría el ordenador como la antigua máquina de escribir de su madre: para escribir notas y enviarlas por correo ordinario. «No me di cuenta de que nos íbamos a mandar cartas de Internet», dice. Se pasaron semanas mandándose «cartas de Internet», normalmente tres veces al día. A ambos les gustan los datos y los hechos, y tras cuatro meses comunicándose así, calcularon el tiempo virtual que habían pasado juntos: un total de ciento veinte horas, casi dos semanas con días laborales de nueve horas. La boda que celebraron fue pequeña y costó tanto como aquella primera factura de teléfono. Paul horneó cositas para la recepción. La madre de Fran tomó las fotos, y la lista de invitados quedó restringida a la familia y algunos amigos cercanos.

Con la licencia de matrimonio en las manos y sus pertenencias en un camión de mudanza, la pareja cruzó la frontera canadiense el día de Año Nuevo de 1997. Más adelante, durante la entrevista para la ciudadanía de Fran, los funcionarios del gobierno preguntaron los detalles menos ortodoxos de su boda: «¿Dónde está tu familia? ¿Por qué no vas de blanco?». A Fran no le va la religión organizada (tras una discusión acalorada, la pareja coincide en que es una «pagana agnóstica»), pero a su madre católica sí, por lo que Fran fue de verde porque ya había estado casada con anterioridad. Cuando el padre de Paul se enteró de que se iba a casar con una mujer, lo único que sintió fue emoción. Como dice Paul, «sospecho que siempre pensó que era gay».

Fran pasó la mayor parte de su infancia en un pequeño pueblo del sur, por lo que marcharse de Estados Unidos era un gran paso, y se pasaron los primeros meses al norte de la frontera trasladándose de un sitio a otro, intentando encontrar un lugar en el que vivir donde ambos se sintieran cómodos. Tras unos años viviendo en una zona residencial, se asentaron en una comunidad pequeña y rural donde, en gran medida, la industria era manufacturera y los hogares estaban formados por familias biparentales. Como más tranquilos están es alejados del ruido y del tráfico humano de la ciudad. Disfrutan de las puestas de sol, de hacer parrillas en el jardín y estando abrazaditos junto al fuego.

Desde el principio acordaron que tendrían un matrimonio abierto, en el que tendrían el poder de vetar y la obligación de contarse las cosas. Si alguna de las partes quería tener relaciones sexualidad extramatrimoniales, tenía que informar de ello y contar con la aprobación del otro. En cuanto a los hijos, estaban en el mismo punto: ninguno de ellos tenía interés en traer una nueva vida a este mundo. Firmaron una hipoteca, se compraron una casa con jardín y la llenaron con perros, gatos y gallinas.

Unos meses después de su llegada a Canadá, Fran decidió matricularse en algunas clases de universidad. Jugueteó con la idea del arte, pero terminó sacándose el grado en electrónica, ingeniería y matemáticas. Paul fue un mentor paciente durante aquellos meses, que no fueron nada agradables. «Llevo muy mal lo de no entender las cosas. Me enfado», dice ella. En más de una ocasión le gritó, y él simplemente se marchó en silencio. Cuando se graduó, consiguió un trabajo que pagaba bien, pero terminó hartándose de pasarse la hora de la comida esperando fuera de un «bar de tetas» mientras los «imbéciles borrachos de mis compañeros de trabajo metían dinero en el coño de las mujeres», por lo que lo dejó. El trabajo directivo de Paul pagaba lo suficiente para cubrir la hipoteca y asegurarse de que llevaban una vida cómoda.

En el trabajo y entre la mayoría de sus amigos de la vida real, Paul mantiene su sexualidad en secreto. No puede hablar abiertamente de la mayoría de sus deseos o contarle a nadie cuál es su verdadera identidad sexual. Pero tiene dos sueños. Uno es que cuando se jubile, pueda permitirse una casa en el campo, con un terreno que tenga muchas hectáreas. El otro es empezar un grupo sin ánimo de lucro que defienda a quienes no tienen voz, especialmente a los adolescentes y niños. Divulgará salud, seguridad y asesoramiento legal y ofrecerá apoyo y comunidad, recursos y educación. Aunque tendrá su base en Canadá, el escaparate en línea atenderá a gente alrededor de todo el mundo que esté haciendo las paces con su deseo sexual, el cual dice que está ridiculizado, ignorado y malentendido.

* * *

En otoño de 2014, estaba merodeando por Reddit, investigando ideas para «Cómo es», intentando encontrar a alguien que se identificara como zoosexual. Así es, alguien cuya identidad sexual estuviera basada en una atracción sexual y romántica por los animales. ¿Por qué? Puede que cueste creer, pero al principio fue mera curiosidad y un desafío intelectual. Eran los primeros días de la serie, pero tenía una buena racha aprendiendo sobre experiencias desconocidas. El sexo transespecie es algo tan lejano, provoca una repugnancia tan visceral, que casi nadie deja que su mente vaya hasta allí, y me pregunté si de verdad había miembros funcionales de la sociedad que obedecieran a un deseo tan aparentemente degenerado, y si los había, cómo eran. ¿Los había ayudado Internet a encontrarse a sí mismos y entre ellos? ¿Les había permitido conectar y saber quiénes eran? Cuando propuse la idea, pensé que no la aprobarían. Pero lo hicieron, por lo que me dediqué a ver qué podía encontrar.

La búsqueda inicial que hice en Internet sobre «bestialidad» reveló un mundo muy inaccesible, centrado sobre todo en actos sexuales y definiciones. No fue hasta que me metí en el *sub* de Reddit sobre zoosexualidad que se humanizaron los tipos de deseos abstractos que más me sonaban. Me sorprendió encontrar debates sobre relaciones sexuales con animales llevados a cabo por personas reales con una urgencia seria.

Unos años más tarde volví a visitar un archivo de aquel subreddit para recordarme los temas que en un principio habían captado mi interés. La gente escribía publicaciones emotivas sobre el amor que sentía por sus compañeros animales y explicaba cómo dependía de ellos. Por ejemplo, un hombre reflexionó sobre su compañera canina: «Dependo emocionalmente de ella y no sé si soportaré su muerte. Me siento vacío cuando no estoy con ella… Me siento incómodo con mis padres, porque ellos son unos católicos devotos y no dejan de preguntarme cuándo tendré hijos o encontraré a una mujer, y siempre se muestran decepcionados cuando les digo que no busco nada de eso».[144]

Había peticiones de personas que querían conectar con otras con quienes compartieran no solo la misma sexualidad, sino también la demografía o los intereses políticos, como mujeres zoosexuales o zoosexuales que vivieran en lugares geográficos concretos. Incluso había alguien buscando compañeras zoos defensoras de la «justicia social feminista».[145]

Los usuarios de Reddit hablaban de términos y etiquetas. Por ejemplo, en un hilo había un debate sobre el uso del término «zoófilo» en vez de «zoosexual» para describir la orientación. Uno de los comentarios anónimos decía: «Para mí, zoosexual no termina de abordar el aspecto cariñoso/romántico de la zoofilia, por lo que me da la sensación de que es más lascivo y se acerca más al bestialismo puro y duro».[146] Había discusiones sobre lo inaceptable que era y seguía siendo la zoofilia como sexualidad. «¿Deberíamos luchar o deberíamos escondernos?», preguntó uno en Reddit en un hilo en el que los zoos compartían las razones que tenían para mantenerse escondidos. «Creo que aún no es nuestro momento. No tenemos investigaciones científicas suficientes para respaldarnos. Tal vez ni siquiera lo consigamos durante nuestra vida... lucharemos... por ahora, es mejor que nos escondamos».[147]

De hecho, muchos de los que posteaban hablaban sobre las ventajas de esconderse versus vivirlo de manera abierta. En un hilo, un joven que estaba asimilando los deseos que tenía buscó consejo por parte de miembros mayores dentro de la comunidad que tuvieran muchos años de experiencia gestionando su vida entre sombras: «Es duro saber que la persona que eres como tal y la que eres realmente por dentro sea algo que nunca estará aceptado, y que tendrás que esconderte durante el resto de tu vida. Tener que llevar una vida falsa y esconder tu yo verdadero de todos los que conoces... Eso es un estrago emocional. ¿Cómo lo superas? ¿Qué te mantiene positivo? ¿Qué haces para que te ayude a aceptar realmente quién eres?».[148] Por respuesta, alguien le aconsejó que considerara su zoosexualidad como otra cosa más que sacude la visión que tiene la sociedad sobre la persona ideal, y dijo que «la visión que tiene la sociedad sobre la persona ideal es, en realidad, bastante ofensiva».[149] Otro fue más profundo: «Soy una persona extrovertida. Por eso, que la sociedad me diga que soy un monstruo que está fatal es descorazonador. Pero cuando estoy con mi compañero y sé lo que estoy haciendo, y cuando otros pueden ver el vínculo íntimo que hay entre nosotros... Eso me hace sentir bien y que mantenga la cabeza alta».[150] Leí historias sobre las repercusiones que había tenido contárselo a sus familias, parejas, amigos íntimos y terapeutas: «Nadie necesita saber lo que hago en privado. Pero sí dejo que prácticamente todo el mundo sepa que soy zoo si alguien pregunta por el tatuaje de ZETA que tengo en el brazo, o si quieren introducirse en mi círculo social. Me hice una promesa a mí mismo hace mucho tiempo: no consideraría a nadie como mi amigo si no podía aceptar cada parte de mí».[151] El tono utilizado era atento, comprensivo y comprometido.

La cabeza me daba vueltas. *De todos modos, cuál es la legalidad de todo esto*, me preguntaba, haciendo búsquedas en Internet más exhaustivas. Descubrí que, durante años, en este país la bestialidad había estado bajo el problemático paraguas legislativo de los «crímenes contra natura», que incluían actos sexuales consentidos entre adultos que en otra ocasión habían sido tildados de ilegales (como la sodomía). Pero cuando estas leyes fueron revocadas en la mayoría de los estados, la bestialidad también fue despenalizada. Hoy en día, las leyes contra la crueldad animal se utilizan para castigar a quienes las transgreden. Me enteré de que a pesar de que no existía una ley federal que lo prohibiera, tener sexo con animales era técnicamente ilegal en la mayor parte del país, salvo en algunos estados —incluyendo Nuevo México, Wyoming y Virginia Occidental— y el Distrito de Columbia. El estigma social, la ética y la moral del acto son otras barreras a la aceptación.[152]

La mayor crítica que se le hace a la bestialidad es que es imposible que los animales den su consentimiento, por lo que el acto es inherentemente abusivo. Pero, además, ¿por qué querría alguien tener sexo con un animal incapaz de hablar? ¿No existe ahí una dinámica de poder imposible de derrocar?

Volví a aquel subreddit y busqué conversaciones sobre el consentimiento. El tema salía a colación con frecuencia y provocaba debates exaltados. Para empezar, los zoos hablaban de los matices del consentimiento no verbal, indicado por la «participación entusiasta»: señales físicas que los animales utilizan para hacer saber a los humanos si están cómodos o no, si son participantes voluntarios. ¿Cómo consiente un animal? Mantuve la mente abierta y leí las opiniones de los zoos con detalle: indicando interés, siendo atrevidos con su lenguaje corporal —inquisitivo, investigador, que explora—, sometiéndose voluntariamente sin restricciones; dando señales físicas de placer. Más adelante, un zoófilo utilizó el lenguaje corporal canino para ilustrarlo: «La diferencia entre quieres la pelota y quieres un baño». Leí algo sobre «saltar la verja», la práctica de iniciar un contacto sexual con el animal de otra persona. Esto está mal visto por la mayoría de los zoos, porque muestra una falta de respeto hacia el dueño, y las personas que no tienen suficiente respeto por el dueño, no tendrán demasiado respeto por el animal. Además, si no conoces a un animal íntimamente, es menos probable que sepas cómo pedirle permiso.

En conversaciones sobre el consentimiento, los zoos señalaban la hipocresía de quienes no eran zoos cuando insistían en que los animales no podían dar su consentimiento, y que su incapacidad para hacerlo era el motivo principal por el que la zoosexualidad era amoral. En una conversación en aquel subreddit archivado, un zoo parodiaba una crítica: «El consentimiento es lo más importante... *¡Mira el truco que le he enseñado a mi perro! ¿Qué tal está el bistec? Ah, recuérdame que mañana lleve el gato a que lo castren»*.[153] Alguien dijo: «Me pregunto por qué cree la sociedad que está bien que la gente acaricie a los animales o que los tengan como mascotas sin su consentimiento explícito, pero considera que está mal que un humano tenga sexo con un animal».[154] Y las respuestas fueron rápidas y contundentes: «hipocresía pura»;[155] «intolerancia pura»;[156] «porque tener a los animales como mascotas refuerza nuestro estatus superior sobre ellos en un sentido cultural, pero tener sexo con ellos al menos en parte los reconoce como iguales, lo cual es incómodo. Además, a las actividades sexuales que la gente no entiende automáticamente las etiqueta de degeneradas y, por tanto, espantosas»;[157] «porque la sociedad está moralmente corrompida y es éticamente inconsistente».[158]

Al principio, asumí que rápidamente me sentiría repugnada por una comunidad digital llena de gente que amaba y tenía sexo con los animales, y que lo dejaría estar. Pero en cambio me sentí atraída por los temas que enmarcaban el discurso de estos usuarios de Reddit, que estaban relacionados con la identidad, la comunidad, la aceptación y la vergüenza. Muchos estaban absolutamente aterrorizados de que los pillaran. Las conversaciones que tenían sobre sus deseos estaban codificadas y teñidas de paranoia, el sello de una sexualidad demonizada. Y tras una semana más o menos sumergida en el universo zoosexual en Internet, me lo estaba cuestionando todo.

¿Dónde está el límite? Si no hacen daño a nadie ni a nada, ¿por qué nos importa con quién o con qué tenga sexo la gente? ¿En qué momento deberíamos controlar el deseo sexual de otra persona? Si ahora los animales forman parte de nuestra cultura cotidiana, ¿dónde establecemos el límite? También me chocó que para muchos de los zoosexuales que se reunían en Reddit, Internet era fundamental para expresar y, al final, representar su sexualidad. Ahí encontraron una comunidad, maneras de hablar y términos para definir quiénes eran, y ahí conectaron con otros, con quienes establecieron amistades e incluso se conocieron en la vida real. Al igual que con la atracción sexual genética, era escéptica ante la utilidad de normalizar este deseo tabú.

Al principio la zoofilia me molestaba más que la GSA, y creo que es porque tenía clara cuál era mi postura ante la GSA: siento empatía por quienes la experimentan, pero no creo que deba ser tratada como una orientación sexual concreta y no creo que deba estar nunca normalizada. Lo que sentía sobre la zoofilia era mucho más complicado. Sé que es difícil establecer el consentimiento con un animal porque no se pueden comunicar verbalmente, pero no era exactamente el consentimiento lo que me causaba conflicto, porque creo, como los usuarios de Reddit, que la actitud que tenemos ante el consentimiento animal es muy contradictoria, es decir, estoy de acuerdo con quienes señalan que no pedimos a los animales que nos den su consentimiento verbal para ninguna de las cosas que les hacemos. Lo que más me incomodaba sobre la zoofilia era el conflicto que me generó enterarme de que había personas que habían abrazado esta forma de ser, que vivían en secreto con su sexualidad definida por la vergüenza y el miedo, y que aquello estaba en gran medida proyectado por una sociedad que, probablemente, nunca hubiera considerado cómo era ser ellos.

Mandé mensajes directamente a unos cuantos de los que publicaron comentarios diciendo que era columnista para *Science of Us*, de la revista *New York*, y que estaba buscando a personas que hablaran abierta y honestamente conmigo sobre la zoofilia. Rápidamente me respondió un usuario habitual y entusiasta de Reddit. Se llamaba Paul, era un hombre canadiense de unos cuarenta años, era zoosexual y estaba en una relación amorosa con un caballo. Trabajaba a tiempo completo en un campo profesional, llevaba unos veinte años felizmente casado con una mujer estadounidense y también tenía una «yegua especial». A diferencia de muchas de las personas a las que contacté, que se mostraban reticentes a salir de detrás del velo de la pantalla, él estaba interesado en hablar por teléfono. Me dijo: «Creo que necesitas saber que estás hablando con una persona normal y real».

La primera vez que le pregunté a Paul si tenía alguna teoría sobre su deseo, me hizo sentirme una hipócrita por asegurar que acepto la diferencia sexual, como si estuviera moralizándolo y siendo paternalista de una manera injusta y preventiva. «Lo que me atrae es tan normal como lo que le atrae a cualquier otra persona, y nunca he necesitado una teoría para explicar por qué soy normal. Di algo sobre tu esposo o tu novio y estoy seguro de que la mayoría de las cosas, si no todas, podrían decirse de un compañero equino», dijo. Insistía en que era feliz con su identidad, tan solo deseaba que no fuera visto universalmente como algo repugnante.

Hizo hincapié en que si alguien descubría quién era, habría consecuencias nefastas. Estaba el estigma social, que sin duda le arruinaría la vida, pero también tenía algo tangible que podía perder: una yegua de doce años llamada Sra. C., a quien —me explicó— le podían arrebatar y matar bajo las leyes contra la crueldad animal si salía a la luz la verdad sobre su relación. Cuanto más conocía a Paul, más aprendía sobre lo serio que era el miedo a que lo pillaran: la Sra. C. es uno de los motivos principales que tenía para no rendirse ante la vida.

Sabía que se trataba de una identidad especialmente tabú de explorar y que no era algo que la gente estuviera preparada para tomarse con ningún tipo de empatía, pero llegué a conocer a Paul y me impactó ver que las ideas preconcebidas que tenía fueron plenamente puestas en duda. Seguí comunicándome más con Paul y terminé conociéndolo en persona a él, a su mujer y a la Sra. C., y me vi probando en mis propias carnes el aislamiento con el que viven los zoófilos. Era como si fuera culpable por asociación. Al final, la historia sobre cómo había esculpido su identidad en línea y encontrado paz mientras vivía de esa manera tan poco ortodoxa me hizo cuestionar profundamente los límites de lo que estaba dispuesta a aceptar como normal.

* * *

A mediados de la década de 1990, una joven psicoterapeuta llamada Hani Miletski atendió a un paciente que no podía dejar de tener sexo con perros. El hombre, que iba a misa, creía que el sexo solo debía ocurrir entre humanos heterosexuales casados, por lo que estaba totalmente sorprendido por su propio comportamiento, que violaba los límites de lo que sabía que era moral. Miletski estaba perdida, no podía encontrar las acciones o los sentimientos que estaba describiendo en los estudios.[159] Cuando pidió a una bibliotecaria que buscara más a fondo, lo único que encontró fue una trágica autobiografía de no ficción creativa publicada en 1994 por un hombre llamado Mark Matthews sobre la conexión sentimental y sexual que llevaba teniendo toda la vida con los caballos.

Matthews hacía una distinción entre los actos sexuales y la identidad, entre quienes tienen sexo con animales como desahogo cuando no tienen a su disposición opciones más «normales» y quienes forman conexiones profundas y sentimentales con sus compañeros animales.[160]

Decidió dedicar su tesis de doctorado a este tema. Es uno de los pocos informes exhaustivos sobre el sexo con animales como identidad, y en ella escribe sobre la manera en que el tema de su investigación chocaba con las creencias de sus colegas y amigos. Su novio se sentía tan asqueado que no quería hablar sobre ello. Cada vez que un participante le devolvía un cuestionario, ella estaba emocionadísima, pero no podía compartirlo con él, porque se sentía repugnado.[161] Sus compañeros médicos tampoco eran más abiertos de mente. Atacaron su decisión, preocupados por el daño que le haría a su carrera y el espanto que causaría a futuros clientes. Cuando hablé con ella por teléfono, dijo que cuando puso un cartel en el que buscaba participantes en un panel de noticias en una conferencia de la Sociedad para el Estudio Científico de la Sexualidad, uno de los organizadores lo arrancó. Siguió insistiendo, a pesar del estigma, y terminó con un grupo de muestra de ochenta y dos hombres y once mujeres que respondieron a largos cuestionarios que, con la excepción de la vez que se reunió con un grupo de zoófilos en una sala de chat en el ordenador de otra persona, siempre se distribuían por correo ordinario.[162] Si alguien quería participar, tenía que llamar y hablar con ella por teléfono y darle su dirección de correo. Después de que se ganara su confianza, llegó a reunirse con unos cincuenta zoófilos en un encuentro que tuvo lugar en un lugar rural sin nombre. Dice que no le daba miedo reunirse con aquellos hombres y mujeres de quienes tanto había aprendido a raíz de las respuestas exhaustivas que dieron en el cuestionario. De hecho, se sentía halagada de que confiaran en ella lo suficiente como para querer estar ahí.

Hoy en día, Miletski es bien conocida en la «comunidad» zoosexual: validó su identidad como algo digno de la investigación académica. Ella expuso claramente la diferencia entre una persona que practica el bestialismo y una persona zoosexual: el bestialismo se refiere al acto, mientras que la zoofilia es una identidad. Las preocupaciones que expresaron los zoosexuales con los que habló hacía más de veinte años podrían haber sido un copipega de Reddit. «Les aterrorizaba que pudieran sacarlos a la luz o que los pillaran, pero estaban entusiasmados por el avance de Internet, que les permitió formar una comunidad de apoyo y darse cuenta de que no estaban solos. Hablaban sobre el tema del consentimiento animal. Relataron las experiencias que tuvieron en manos de psicoterapeutas y describieron lo peor de ser zoos: tener que vivir más años que sus parejas sexuales», escribió en su tesis, que se convirtió en la base de un libro que ahora se puede descargar de Internet.[163]

En su historia moderna sobre el sexo entre animales y humanos, Joanna Bourke, profesora de la Universidad de Londres, señala que el libro y las apariciones de Mark Matthew en los medios atrajo la atención académica hacia la zoofilia. A diferencia de investigadores anteriores, que basaron sus estudios en personas encarceladas en prisiones o instituciones psiquiátricas, este nuevo grupo de académicos consiguió conocer a zoófilos a quienes encontraron usando Internet, y «para su sorpresa, muchos de estos investigadores se descubrieron sintiendo compasión por las personas a las que conocieron».[164] Los zoófilos que había en esta ola de investigación, que consistía en un puñado de estudios, utilizaban los términos del activismo por los derechos sexuales para argumentar que su sexualidad no era una desviación, sino una orientación.[165] Y como señala Bourke, a pesar de que las características personales de los zoosexuales variaban dentro de la investigación (sus edades iban desde los diecinueve hasta los setenta y ocho años, y la mitad de ellos tenían un título universitario), todos mostraban una cohorte con altos niveles de «desolación, culpa, ansiedad y depresión».[166]

En 2014, un joven zoosexual llevó a cabo una investigación parecida a la de Miletski.[167] Durante los primeros años de su adolescencia, al asimilar los sentimientos que tenía, se dio cuenta de que los datos contrastados, que legitimaban su identidad, le ayudaban a aceptarse a sí mismo más que las narrativas personales como la de Mark Matthews. Estuvo buscándolos, pero a excepción de las estimaciones de Kinsey de que el 8 % de los hombres y el 3,6 % de las mujeres habían practicado sexo con un animal (entre los hombres rurales, no obstante, la tasa era mucho más alta, sobre el 40-50 %), no encontró gran cosa.[168] Decidió utilizar el poder conectivo anónimo de Internet para generar sus propias estadísticas y diseñó un estudio que vinculó en su blog. De las 414 personas que respondieron, más de la mitad describió su zoofilia como una orientación sexual, y cuando les preguntaron por la manera en que preferían identificarse a sí mismos, alrededor del 80 % seleccionó zoófilo o zoosexual (bestialista y pansexual estaban entre las otras opciones) y casi el 80 % dijo no ser exclusivamente zoo.[169]

El estudio rebusca entre todos los aspectos de la autoidentificación zoosexual, preguntando a los participantes si se sienten románticamente atraídos por los animales (el 60 % dice que sí), el sexo preferido del animal para que haya una atracción romántica y sexual (cuando se trata del romance, hay una división igualitaria entre hembras y machos), etiqueta preferida (el 53 % dice que zoófilo, y el 25 % opta por zoosexual), y su postura ante los derechos de los zoófilos (el 79 % dice que quiere y apoya los derechos zoófilos). La mayoría de los participantes afirma haber descubierto su atracción por los animales en la adolescencia, vive en Estados Unidos, es hombre y tiene entre dieciocho y veinticinco años. Un diagrama de barras muestra la variedad de especies deseadas por los participantes. Cuando se trata del romance, los perros y los caballos están en lo alto de la lista, pero los objetos de las afecciones de los zoófilos son un arca de Noé virtual, que va desde los cocodrilos hasta los osos. La mayoría solo obedeció sus deseos con miembros de la familia de los perros, gatos o caballos.[170]

* * *

Cuando empecé a hablar con Paul, la percepción que tenía sobre las personas que hacían «eso» con los animales venía informada principalmente por noticias sorprendentes sobre personas que eran criminales o con quienes era muy difícil sentirse identificado. A él me lo imaginé como una especie de figura siniestra con un abrigo largo y oscuro que me estaba mandando correos electrónicos desde un portátil que había montado en un remolque o en un establo. Cuando los zoófilos salen en las noticias, normalmente han cometido algún crimen. Al emprendedor tecnológico Douglas Spink lo mandaron a la cárcel por violar la condicional después de que la policía hiciera una redada en su granja y encontrara animales que supuestamente habían sido torturados y violados.[171] Malcolm Brenner, abiertamente zoosexual, aseguraba tener una conexión telepática con los animales, y autopublicó un libro sobre un delfín que según dice había iniciado una relación sexual con él en Sarasota en la década de 1970.[172] Kenneth Pinyan, también conocido como «Mr. Hands», un ingeniero de Boeing, murió en

2005 tras una lesión provocada por un semental durante un acto sexual que se grabó en cinta de vídeo y se hizo viral en Internet. En un episodio de la serie *Broad City*, del canal Comedy Central, a Ilana Wexler la despiden tras subir accidentalmente aquellas imágenes perturbadoras a las redes sociales de su trabajo.[173] Cuando Mark Matthews y su esposa-caballo Pixel aparecieron en el programa de Jerry Springer en 1998, algunas cadenas de Estados Unidos decidieron que aquello era más de lo que podían soportar los espectadores, y reemitieron un capítulo diferente.[174] Springer decía que el episodio censurado le hacía querer vomitar.

Paul me dijo que no se sentía identificado con las personas que salían en los medios de comunicación. Creía que la idea del matrimonio entre especies era tonta y que quienes creían que podían hablar con animales estaban delirando. No le hacía gracia imponer un modelo humano a las relaciones zoosexuales: «Nunca voy a estar en una situación en la que me quede fuera de una habitación de hospital porque mi pareja se está muriendo y yo no esté reconocido como pariente directo. No existe ninguna razón para el matrimonio entre humanos y animales. Estoy en contra de ello». Y no podía leer la mente de los animales: «Creo que la gente se autoengaña mucho. Por eso nunca digo que mi compañera caballo me ama. La verdad es que no sé lo que piensa».

Me examinó meticulosamente antes de comprometerse a hablar por teléfono. Le envié algunos trabajos anteriores para que pudiera ver un poco cómo iba a ser nuestra entrevista. Leyó mis historias y yo investigué su actividad en Internet, ahondando en su historial de Reddit, donde vi que con frecuencia daba consejos a jóvenes que se habían metido en Internet para entender lo que estaban sintiendo o para hablar sobre actos de los que nunca hablarían en voz alta. Vi que había consolado a una joven que había acudido a Reddit buscando ayuda por la confusión que sentía tras haber tenido sexo con su perro. ¿Debía contárselo a su novio? ¿Qué decía eso sobre ella? Leí los consejos de Paul y, de alguna manera, el acto impactante pasó a un segundo plano. Él se autoidentificaba como un zoosexual que llevaba dos décadas casado y la animó a que hablara con su pareja. «O te acepta y seguís adelante o no lo hace y os separáis», escribió. Le imploró que no se sintiera culpable, una emoción «tan generalizada y a la vez tan insidiosa cuando vives en la sociedad norteamericana... que te matará, poco a poco». Sus deseos son un tabú, sí, coincidía; ni siquiera lo entendían los psicólogos y psiquiatras. Le advirtió que evitara profesionales de la salud mental chapuceros que «en muchas ocasiones no tienen la formación necesaria para separar su moral de tus problemas», y la animó a que luchara en vez de huir: «No sigas el camino de menor resistencia, lucha por lo que necesitas y acepta que eso te hace diferente». Le aseguró a esta desconocida que podrían seguir queriéndola y que contaba con el apoyo de una comunidad de zoos orgullosos, aunque sus brazos fueran virtuales: «Si estuvieras aquí, te daría un abrazo platónico enorme y te diría *bienvenida a una vida maravillosa*».[175]

Paul decidió que merecía la pena correr el riesgo de sacarse a sí mismo a la luz. Antes de programar nuestra primera llamada telefónica, tenía una condición: tenía que darle una grabación de nuestra conversación como seguro de que representaría de manera fidedigna lo que habláramos. Él tenía la sensación de que había que decir algo para corregir lo que percibía como una demonización injusta de esta identidad sexual supertabú. Cuando negociamos las condiciones de participación, hizo hincapié en el aislamiento que había experimentado siendo niño. El deseo que tenía de ponerse en contacto directamente con los adolescentes que estaban «cuestionándose lo zoo» se mantuvo a lo largo de los años en que lo conocí. Como dijo durante nuestra primera conversación, «es algo que hace que la gente se sienta confundida y sola, y no tienen ni idea de qué pensar sobre lo que son y no pueden hablar con nadie… He oído historias de personas que han recibido terapias de choque o de aversión. De verdad que no entiendo el odio. No entiendo qué es lo que hace que la gente se enfade tanto. En vez de interactuar con nosotros, la gente preferiría ignorarnos».[176] Y como dijo en el primer correo electrónico que me envió: «No soy el monstruo que se suponen. Soy una persona normal».

* * *

Paul tenía siete años la primera vez que vio un caballo en la vida real. El niño de ciudad vivía en una zona residencial cuando montaron una feria en la calle de enfrente de su casa. Se quedó fascinado al mirar por la ventana de su cuarto y ver a los hombres enganchar a los pequeños animales a un andador mecánico antes de que empezaran el lento vals. Se pasó unos días obsesionado con aquellas criaturas de piernas largas, con sus lustrosas crines con raya en medio colgando sobre aquellos profundos y húmedos ojos, con sus cascos de bebé demasiado grandes. Los miraba cada día, con las cabezas inclinadas hacia abajo, cargando con el peso de los niños canadienses, que estaban encantados. Paul lanzó una campaña exitosa para que sus padres le dejaran ir a dar una vuelta, pero en cuanto se subió a la silla, empezó a sollozar y continuó llorando mientras el poni lo llevaba por un camino circular manchado de lágrimas. De adulto, Paul se pregunta si sintió el dolor de aquellos ponis de carga, derrotados. «Creo que me molestó lo horrible que la situación era para ellos.

Lo único que hacían era dar una y otra vuelta. Podía notar que había algo de eso en su actitud», dice.[177]

Un año, sus padres le regalaron una enciclopedia ilustrada de caballos por su cumpleaños. Rebuscó con muchas ganas por las páginas, donde leyó cosas sobre diferentes razas, su historia y su cuidado, pero se vio especialmente fascinado por las fotos. Hasta entonces, Paul insistía en que su desarrollo sexual fue el típico de cualquier niño católico que creció a finales de la década de 1970 y a principios de la de 1980 en Norteamérica. Alrededor de los seis años, jugó al típico «juego de tú me enseñas lo tuyo y yo te enseño lo mío» con un amigo del vecindario. La primera «charla sobre sexo» fue en el colegio, pero iba sobre todo de la pubertad. En la secundaria, el subdirector, incómodo, se dirigió a la sala llena de niños preadolescentes y los animó a que hicieran preguntas. Paul se quedó callado durante toda la charla, centrada en la reproducción, y el líder católico daba vueltas para evitar cualquier mención al pene o la vagina.

Cuando pasó por la pubertad, Paul empezó a ver a esas criaturas de piernas largas de manera «diferente». Mientras que sus compañeros de clase estaban ocupados metiendo de contrabando las revistas *Playboy* de sus padres en sus habitaciones, Paul tenía mucho más interés por aquel libro sobre caballos. Sabía que tocarse «ahí abajo» era algo que se hacía en privado, por lo que durante la noche se dedicaba a explorar. Las páginas se hincharon del uso, pero Paul no consideró que hubiera nada particularmente «malo» con sus fantasías. «No pensé en esconderme; no creía que fuera diferente o poco común. Sentía que mi desarrollo sexual era el mismo que el de todo el mundo, simplemente sentía un cariño diferente», dice. Y ese cariño era fuerte. La primera vez que le pregunté a Paul qué era exactamente lo que le gustaba de los caballos en aquel entonces y lo que le atrae ahora, se rio; le pareció una suposición ingenua poder diseccionar el objeto de su deseo en partes del cuerpo, en plan: «Oye, Alexa, ¡que yo soy un hombre de culos!». No necesitaba que el caballo tuviera «algo» específico, dijo, y luego volvió a repetir lo asombrosa que era su belleza, «desde el corvejón y los cascos hasta los orificios nasales, los muslos, el cuello; la manera en que el cuello hace curva y los músculos de la ijada».[178]

Paul destacó en los estudios. En secundaria lo nombraron ayudante del profesor, por lo que cuando el director invirtió en una treintena de ordenadores Apple II, que parecían cajas registradoras, pensó en el muchacho de doce años que se aburría intelectualmente y le pidió si podía ayudarle a montar el primer laboratorio informático del colegio. Paul llevaba utilizando ordenadores en casa desde que tenía unos ocho años. Su casa no contaba con un puesto dedicado al estudio, por lo que su padre arrancó las puertas del armario de la entrada y metió un escritorio y una silla. Unos años después, las habilidades técnicas de Paul se hicieron tan buenas que si tenía los componentes externos, era capaz de montar un ordenador desde cero.

Paul no estaba simplemente ahí solo, utilizando las teclas gruesas para jugar al *Ultima III* o redactar proyectos escolares. Utilizaba la máquina para explorar su interés sexual por los caballos. Las interacciones que tenía en Internet son una microhistoria de las redes sociales. Se metió en los tablones de anuncios, el precursor de las salas de chat con intercambio de archivos, y luego se pasó a Usenet, donde encontró miles de foros, incluyendo muchos dedicados a tener sexo con animales. La gente incluso compartía fotos y vídeos: la primera imagen sexual que vio en su vida fue un GIF de dieciséis colores, probablemente a diez fotogramas por segundo, de una chica de granja tocando a un caballo macho.

Ese material lo hizo sentir «fuera de lo normal», pero no por lo que vio, sino por el juicio que emitieron los demás, que le dijeron lo que era. Había muchos comentarios acompañando a esas imágenes, frecuentemente escritos en mayúscula, que expresaban impresión, asco y horror. Leyó los gruñidos de aquellos primeros troles y empezó a darse cuenta de que tal vez sus deseos no fueran aceptables ni siquiera en el mundo privado de los píxeles y las pantallas.

En el colegio, Paul ignoraba la ansiedad que sentía al participar en el comité del anuario. Apartó su dolor mientras se subía a las escaleras para instalar los micrófonos en el escenario y los focos de luz para los protagonistas románticos en las producciones adolescentes de *¡Oklahoma!* No es que le pusiera nervioso encajar con sus compañeros, sino que sentía que si alguien se le acercaba demasiado, podría enterarse de la verdad sobre sus deseos «repugnantes». Restringió el tiempo que pasaba socializando en el colegio a un nivel superficial, observando cómo reñían a los niños que no eran buenos en los deportes con palabras como «marica» o «rarito» y aprendiendo por observación que si eres diferente, mostrarte abierto sobre quien eres no es siempre la mejor idea. Si hubieras ido con él a clase, tal vez lo habrías descrito como «emocionalmente inaccesible»; era agradable, pero no dejaba que nadie se acercara demasiado. Por correo electrónico y en los tablones de anuncios era tan abierto que nunca fue capaz de conciliar que fuera hermético en cualquier otra parte.

Anhelaba conseguir acceso al mundo de los caballos y se le ocurrió la idea de ir a clases de montar. Así estaría con caballos, por lo que el disfrute estaba garantizado, pero a lo mejor también conocería a otros chicos con la misma energía que él cuando pensaba y hablaba sobre caballos. Durante su primera sesión, miró alrededor de las diez chicas o así que llevaban en clase mucho más tiempo que él, y se dio cuenta de que era el único chico que había ahí. Era tímido, se sentía inseguro por su físico y le incomodaba probar cosas nuevas. Lo delicado de la situación lo remató el hecho de que la profesora le dio un casco pequeño de niña. Antes de montarse en el poni, se puso en silencio el sombrero femenino en la cabeza, haciendo muecas por lo apretado que era. En retrospectiva, cree que probablemente fuera porque era un niño, pero en aquel momento estaba convencido de que la instructora se estaba metiendo con él cada vez que le pedía que demostrara algún paso: él no sabía ninguno, creció en la ciudad y esa era su primera lección. Había luchado con tanto ahínco por ganarse la entrada al «mundo de los caballos», y ahí, con ese casco incómodo de niña, se dio cuenta de que la aceptación no estaba garantizada. «Fracasar en ese mundo, no con los caballos, sino con aquel mundo artificial en el que ponen a los caballos, fue difícil para mí», dijo.

Cuanto más se refugiaba Paul en el universo zoosexual en Internet, más intensas se volvían sus relaciones en línea y más se alejaba de quienes estaban a su alrededor, lo cual reforzó su cortafuegos, construido con mucho cuidado. El aislamiento era real. No había ni una sola persona con quien pudiera ser abierto. La repugnancia social interiorizada, combinada con su fracaso alrededor de los caballos, torció su visión ante el futuro. El camino hacia la libertad de la vida adulta y la felicidad que había sido vívida anteriormente se empañó tanto que no podía ver el final.

Y tampoco era que la comunidad zoo fuera un oasis de personas que se dieran todas de la mano y cantaran la misma canción de bienvenida sobre su identidad sexual. El control de entrada y la división eran muy comunes. Había discusiones acaloradas en Internet. ¿Quién era realmente zoo y quién no? ¿Eras un zoosexual auténtico? ¿Eras exclusivamente zoo? ¿Qué intenciones tenías en cuanto a los animales? ¿Eras una «buena» persona que los trataría con respeto y cariño o eras una bestia que quería aprovecharse de un amante sin voz? ¿Eras alguien que valoraba el consentimiento y forjar una conexión íntima con tu compañero animal?

En la era hiperconectada naciente, en la que la comunicación era menos interactiva, su falta de interés en la pornografía lo distanciaba de algunos miembros de la comunidad. Por una parte, tener porno era una señal de autenticidad; cuando todo lo que tenías era la palabra de alguien diciendo que eran quienes decían ser, compartir porno te permitía abrirte camino hasta el club. Probaba tu deseo e impulsaba tu estatus social. Cuanto más tenías, más conectado estabas. Pero Paul nunca se sintió cómodo con eso. Odiaba ver imágenes en las que los animales parecían estar sexualmente cosificados, incómodos, drogados o violados. La idea de hacer daño a un animal por placer le resultaba repugnante y era algo de lo que cree que los zoosexuales debían ser particularmente conscientes, porque sus amantes no podían hablar para decirles si se sentían incómodos o tenían dolor.

Junto con su postura sobre la pornografía, la virginidad de Paul comprometía su autenticidad entre sus amigos de Internet, que no tenían cara. ¿Cómo podías saber lo que te atraía si no lo habías probado? En algunos círculos, perder la virginidad es importante para convertirse en un zoófilo «real»; si no «lo has hecho», la gente sospecha. El deseo de autentificarse se ve aumentado porque, aparte de un puñado de excepciones, el sexo con animales es ilegal en la mayor parte del mundo. ¿Y si eres un poli que está intentando forzar una confesión en línea? También hay preocupaciones logísticas: una relación zoosexual es un compromiso, me explicó en una ocasión Paul, recordándome el titular de la primera entrevista que le hice, ¿cómo «sales con un caballo»? Poseer un animal equivalía o estaba muy próximo al matrimonio, por lo que no podías tener un rollo de una noche a no ser que encontraras a alguien dispuesto a compartir a sus animales, y luego estaba la ética alrededor de todo eso. Tener tu propio animal significaba llegar a conocerlo, aprender lo que le gustaba y familiarizarte con la manera en que expresaba el placer. Como dijo Paul, «puede ser muy difícil dar ese paso inicial».

Él disociaba; se sentaba en clase en el instituto como si se estuviera viendo a sí mismo en la televisión, pensando en lo mucho que lo odiarían si alguien se enterara de «la verdad». Después del anochecer se abrigaba, ponía en pie su telescopio newtoniano y se pasaba horas observando planetas remotos, galaxias, cúmulos estelares; las lunas de Júpiter meciéndose adelante y atrás, y alguna nebulosa ocasional; aquellas manchas flotantes de polvo, hidrógeno y helio que parecían medusas sacudiéndose frente a un fondo negro en expansión. La inmensidad del universo hacía que se sintiera pequeño, succionándolo más lejos de sí mismo hasta dejarlo con una sola emoción: asombro. Paul se sentía parte del universo y como si el universo fuera parte de él, pero era también un lugar frío al que no le importaba si sus átomos volvían a tierra o continuaban luchando contra la entropía unos años más. Hoy en día lo explica así: «Me emocionaban las posibilidades que existían, pero siempre entendí que era diferente y que lo que yo quería equivalía a una sentencia de por vida a existir fuera del mundo que los humanos habían construido para sí mismos».

* * *

Paul terminó la secundaria siendo virgen; lo más cerca que estuvo de una conexión física fue con una compañera de clase a la que llevó al baile. Estaba tan incómodo que no pudo ni pedirle que bailara con él.

Vivía en casa y se iba a la facultad en autobús, como era costumbre. Estuvo estableciendo contactos más significativos en línea e incluso organizó encuentros con personas de tablones de anuncios locales. El primero fue con un chico con quien llevaba hablando por correo electrónico unos cuantos meses cuando urdieron un plan para quedar en un restaurante de sushi al otro lado de la ciudad.

En los días que precedieron aquel encuentro, Paul estaba a la vez emocionado e inquieto. No consideraba que esta persona pudiera ser peligrosa —esto fue mucho antes del pánico por los desconocidos de Internet—, sino que su ansiedad se centraba en una sola cuestión: «¿Y si este hombre es un *monstruo*? ¿En qué me convierte a mí eso?». Se afeitó, se peinó el cabello de lado y se puso unos vaqueros y zapatillas de correr, esperando que todo fuera bien. Esta era la primera vez que se reunía con alguien cara a cara y que realmente sabía lo que era. Llegó temprano y se metió en una cabina en la que había pantallas de papel de arroz que ofrecían cobijo de los ojos del resto de los comensales y se preparó para conocer al primer zoosexual con el que se había encontrado en la vida real. Lo agarró el mismo miedo que tiene hasta el día de hoy cuando gestiona un encuentro en la vida real: «Nunca estoy seguro. Nunca puedes estar del todo seguro».

Su compañero, que se estaba quedando calvo, le recordaba a un profesor excéntrico de un programa de televisión británico. Era un poco más mayor, tenía treinta y pocos años y trabajaba como ingeniero informático. Al principio, hablaron de cosas sin importancia para tantear el tema del que a ambos les daba tanto miedo hablar en voz alta. Paul miró al hombre, vestido con un buen traje y corbata, y pensó que parecía tener dinero. Conforme hablaron sobre el tiempo, Paul se esforzó al máximo para dejar pasar los errores de su compañero: «Era, ya sabes, el epítome de un programador informático autista». Ignoró las limitadas habilidades sociales que tenía. «Cuando eres zoo, hay muy poca gente a la que puedes conocer, por lo que a veces tienes que trabajar con una personalidad que tal vez no te guste mucho».

El hombre se lanzó a contar una historia sobre un perro que se había encontrado en la calle. Estaba casi alardeando de su conquista. Le contó a Paul que se había llevado a aquel huérfano a casa, lo había limpiado y tuvo sexo con él; luego lo devolvió a la acera. Paul quedó impactado. «¿Por qué te lo llevaste a casa si no querías quedártelo?», le preguntó al hombre, que excusó su comportamiento diciendo que en su apartamento de lujo no se admitían mascotas. Escuchar a este hombre describir el sexo de una manera tan transaccional fue perturbador. ¿Qué clase de persona pondría sus propias necesidades sexuales por delante del bienestar de un animal? Paul no veía excusa alguna para tal comportamiento: «Pensé: *¿Por qué no te vas a un apartamento donde se permita tener perro? O, ¿por qué te lo llevas a casa si sabes que no te lo podrás quedar?* Muchas veces no entiendo las decisiones que toman, y creo que a veces es porque les da miedo lo que podrían ser».

En conjunto, no obstante, aquel encuentro fue un alivio. El fracaso a la hora de «conectar» se redujo a un problema con la manera en que este hombre trataba a sus amantes. Por lo demás, era, como dice Paul, «relativamente normal», es decir, que no era «un monstruo total, ya sabes, no olía ni daba miedo ni nada de eso». Paul podía seguir adelante, tal vez conocer a alguien «como él» con quien realmente quisiera estar. Y no lo arrestaron, señaló, mientras esperaba a que su ordenador se inicializara después de aquel largo viaje de vuelta a casa. El miedo y la vergüenza infundieron su sexualidad desde el primer momento: «Ni siquiera había hecho nada ilegal en aquel momento, y aun así tenía esa idea en el fondo de la cabeza de que soy tan despreciable que me terminarán encerrando».

Paul persistió. Estaba determinado a conocer a otros zoos. Aún no había perdido la virginidad. A no ser que quisiera irrumpir en un establo e interferir con un caballo poco dispuesto, lo que los zoos llaman «saltar la verja», no era algo que pudiera hacer por su cuenta. Continuó quedando con gente con la que había contactado en línea. Iba en autobús a restaurantes en vecindarios lejanos, como en una serie de citas de Tinder platónicas. Había un militante vegano de Australia, «bastante pesado, la verdad». Como en cualquier sexualidad, no necesariamente tienes cosas en común con alguien simplemente por tener deseos sexuales parecidos.

* * *

Zack era diferente. La pareja se conoció en *FurryMUCK*, un mundo virtual a base de mensajes de texto construido por la imaginación de personas de todas partes del mundo. Las cosas eran mucho más interactivas ahí de lo que fueron en los tablones de noticias; los participantes creaban avatares y construían espacios para relajarse y ponerse al día con sus amigos. Todo lo que ocurría ahí, ocurría a través de mensajes de texto. Al entrar en una sala, te encontrabas con párrafos de descripciones montando la escena, por ejemplo, un bosque esmeralda con un camino que llevaba a una cascada con piscinas esparcidas en diferentes niveles. Conforme te ibas acercando, te dabas cuenta de que había toallas y un jacuzzi. Escondida en una esquina, una plataforma de teletransportación te llevaba a una nave espacial con un pasillo de acero por el que pasaba el viento y que conducía a habitaciones hidropónicas llenas de vegetación lustrosa. Cualquier universo que quisieras lo podías encontrar, y si no, simplemente apretabas una serie de teclas para crear uno nuevo.

Para su debut, Paul se presentó como un semental marrón. Zack era un alienígena inteligente que parecía un centauro. Paul y Zack pusieron en sus avatares todo lo que pudieron de ellos mismos. Se encontraban en bosques en los que simulaban conexiones físicas, como darse un apretón de manos o acariciar crines. Cuando se reunieron cara a cara, no se llevaron ningún chasco. La conexión que tuvieron en los bosques virtuales había sido auténtica. Conforme se fueron conociendo fuera de Internet, Paul vio que sus opiniones sobre la zoofilia estaban sincronizadas: «No me preocupaba que fuera raro con los animales; era agradable». Se hicieron íntimos y transfirieron aquellos encuentros virtuales a una cita para cenar de pie el viernes en la vida real. Zack le habló de su amigo Russell, que, a pesar de ser un poco ludita, era un hombre estadista mayor y con buenas conexiones en la comunidad zoosexual. Y resultó que el profesor de psicología jubilado vivía en una granja en activo a unas horas de la casa de Paul.

* * *

En febrero de 1992, un Paul lleno de nervios salió hacia la granja de Russell. Recuerda estar temblando al aparcar el coche: el estrés estaba activando su respuesta de lucha o huida, ya que su sistema nervioso central estaba respondiendo al punto culminante de la presión que llevaba sintiendo una década. Aún no conocía a su pareja yegua, un poni con mezcla de Shetland llamada Juno, y acababa de conocer a Russell, lo cual añadía más peso a la situación ya de por sí extraña. Russell se quedó bien lejos del establo; Paul supone que como se acababan de conocer, quiso distanciarse por si Paul resultaba ser un agente encubierto. Zack tenía pensado quedarse durante el encuentro para autentificar el acto y asegurarse de que Paul no hacía nada que dañara a Juno. Bueno, eso es lo que dijo; Paul a veces se pregunta si no quería tan solo mirar.

Después de presentarse y pasar un rato conociendo a Juno, se pusieron en posición. Paul, que volvía a estar temblando, se subió a un taburete. Echó un vistazo al establo deseando que Zack no estuviera ahí, su presencia lo frustraba tanto como el frío que hacía, que no le permitía quitarse mucha ropa. Continuó temblando cuando se quitó los pantalones; entonces Zack se dio la vuelta para minimizar su presencia.

Cuando Paul se puso la ropa, supo que eso era exactamente lo que había querido. En el plano sexual todo había ido bien, pero tenía remordimientos. El principal era que Juno era una desconocida. «Me gustaría que hubiera sido un caballo a quien conociera desde hace mucho tiempo, que hubiéramos crecido juntos. Ese momento debería haber sido más especial de lo que fue. Aunque sigo sin saber qué pensó ella sobre aquello, claro».

Paul no solo estaba hablando con Zack en *FurryMUCK*. En el bosque se juntaba con un simio que era el avatar de un hombre llamado Sam. Sam y Paul se hicieron íntimos casi inmediatamente. Durante el día, a través del correo electrónico o de *FurryMUCK*, hablaban sobre identidad sexual y derechos LGTB. Durante la noche, se retiraban a un espacio privado para tener una intimidad simulada. Sam tenía una pareja principal con quien iba en serio, pero la relación que tenían era abierta. A lo largo de unos seis meses, Paul se enamoró del ingeniero de *software* que trabajaba para una empresa emergente al otro lado de la frontera en California.

* * *

La noche antes de que estuviera programado que se publicara la entrevista con Paul, se me acercó una editora preocupada por la historia. ¿Qué harían los lectores de ella? ¿Cómo sabía que Paul estaba diciendo la verdad? Nos habíamos pasado la semana editando el Preguntas y Respuestas, y ya estaba lista. Era larga e incluía preguntas como «¿Cómo encuentras una pareja sexual?», «¿Cómo tienes sexo con una yegua? ¿Hay preliminares?», «¿Cómo puedes saber que una yegua está teniendo un orgasmo?», a las cuales Paul respondió en profundidad, a menudo aportando muchos detalles técnicos (incluyendo la logística de tener sexo oral con una yegua).[179] También reflexionaba sobre el amor que sentía por su pareja caballo y entró en detalles sobre su desarrollo sexual y el miedo que le daba que se muriera.

Me reuní con los dos editores seniors y el jefe editorial de la sección en línea, que se crujió los nudillos y dijo: «Parece una parodia. ¿Y si se lo está inventando todo?». «¿Por qué iba a hacer algo así?», espeté, sobresaltándome a mí misma. No era consciente de lo protectora que me había vuelto con la historia de Paul. Le hice un repaso de todos los pasos que había dado para autentificarlo y les mostré ejemplos del largo historial que tenía Paul hablando sobre su identidad en Internet. «Tenemos que publicarlo —dije enérgicamente—. Tenemos que dejar que lo escuchen».

La entrevista se publicó un día laboral de noviembre, temprano por la mañana. Al terminar el día era el artículo que mejor había funcionado en nymag.com. Me bombardearon con correos electrónicos. Al principio eran ligeros: «¿Es esto verdad?», «Madre mía, ¿dónde demonios has encontrado a este hombre?». Luego, el artículo se hizo viral y la sección de comentarios se llenó de indignación. Cientos de personas enviaron comentarios, y más o menos la mitad se sentían repugnados. Decían cosas como «Esto es de muy mal gusto»[180] o «Es lo peor que he leído en toda mi vida… intenta despertar mucha compasión porque *la trata superbién*, pero la verdad es que es simplemente infame. Ningún animal puede consentir de verdad».[181] La gente tuiteaba que estaba posibilitando o normalizando deseos peligrosos y que la entrevista alimentaría el efecto dominó del que hablaban quienes estaban en contra de los derechos LGTBQ. Como decía uno de los comentarios, «gracias, Obama».[182] Y otro: «Te das cuenta de que esto solo echa más leña al fuego para los que están en contra de los gais, ¿no? Ahora dirán: "Esto es lo que estábamos esperando" en un intento por normalizarlo. Me decepciona incluso que le dieras voz. Por Dios, hasta Jerry Springer prohibió esta porquería».[183] Las páginas web equinas y los boletines informativos compartieron el artículo. Los fundamentalistas cristianos dedicaron publicaciones enteras de blog a la entrevista, diciendo que yo era responsable de ayudar al declive moral de este país.

En Canadá, Paul también estaba reaccionando. Cuando leyó la entrevista en el trabajo, tuvo el primer ataque de pánico en su vida. Llevaba años escribiendo sobre su experiencia en Internet, pero en esta ocasión se estaba representando ante una audiencia abierta, global y generalista. Como dijo, «era toda la historia de mi vida en un solo lugar, y nunca había visto aquello».[184] Paul intentó responder a cada comentario negativo, pero fue demasiado. Por la tarde ya se había desconectado y le había pedido a un amigo que controlara los comentarios y, si alguien se pasaba de la raya, interviniera para defender su sexualidad o su estilo de cuidar de los caballos. Lo que más le preocupaba era la menor mención de que había maltratado a la Sra. C.

Tras calmarse, me puso al tanto de lo bien que habían recibido la entrevista en la comunidad zoófila. «Hay quienes piensan que debería haber cerrado el pico, pero en general la reacción ha sido muy positiva».[185] Exponerse de esta manera daba miedo, pero también le daba validación, porque sentía que estaba devolviéndole algo a la comunidad. Unos meses después de que se publicara la entrevista, llegué al trabajo y fui recibida con una cesta de regalos de lo más elaborada. Desempaqueté los contenidos de temática de caballos (una taza estampada con la cabeza de un caballo, miel, una vela y un poni de peluche) y una nota que decía, simplemente: «Gracias por informar objetivamente de una relación zoosexual». Al año siguiente, la versión impresa de la revista incluyó un fragmento de la entrevista. La cubierta, que estaba diseñada para que pareciera la página de búsqueda de Google, incluía la frase «cómo es salir con un caballo».[186] Como respuesta, el *New York Post* dijo que la descripción de Paul de su amor por los caballos era «poesía de la que te deja el estómago revuelto», haciéndose eco del parecer de Jerry Springer, que apenas quince años antes había dicho que una cosa parecida le había hecho querer vomitar.[187]

* * *

Aventurero, trabajador y lógico, Paul valoró las opciones que tenía para visitar a Sam en Estados Unidos. La forma más barata era un billete de Amtrak que lo llevaría hasta San Francisco, luego a Nueva York y vuelta. Se imaginó que se tomaría un mes y visitaría a tantos amigos de Internet como pudiera. Mandó correos electrónicos e hizo sondeos en los tablones de anuncios diciendo algo por el estilo de «Voy a viajar por todo el país, ¿a alguien le gustaría recibir una visita?». Los nervios de antes de su partida eran insoportables. No era capaz de encontrar las palabras para decírselo a sus padres, así que les escribió una carta (el último recurso comunicativo en los días previos a los mensajes de texto y los correos electrónicos). Conforme se iba acercando su partida, reunió el valor para darles la nota a sus padres. Decía: «Me voy a Estados Unidos a quedar con un amigo. El tren sale el lunes». Tenía más de dieciocho años, por lo que no podían pararlo, pero le hicieron saber el miedo que les daba lo que le pudiera ocurrir a él solo en una tierra extranjera donde seguro que le robaban, molestaban o algo peor. Cuando me enteré de esto, me impresionó lo intrépido que fue; esto había sucedido mucho antes de la era hiperconectada, cuando las relaciones de amistad en línea solían llevar a encuentros en la vida real, muchas veces en sitios lejanos.

En San Francisco se quedó en casa de Sam, y cuando se vieron cara a cara, fue como si siguieran estando en línea: la conexión era impecable. Sam tenía unos diez años más que Paul y la energía estable de una figura paterna. Era hospitalario y cálido; le preguntaba a Paul todo el rato cómo se sentía. A este le afectó que Sam restara importancia al terrible resfriado de pecho del que estaba sufriendo. Puso sus necesidades a un lado porque estaba determinado a que se lo pasaran bien. Fueron en coche hasta la costa, donde se abrigaron con bufandas y jerséis y caminaron juntos por una playa desierta.

Por la noche, se quedaron abrazados en el sofá. Cuando se besaron, fue la primera vez para Paul. Se acurrucaron viendo películas, pero no tuvieron sexo. Sam estaba demasiado enfermo, le costaba respirar cuando se despidieron. Paul partió para el resto de su viaje rebosante porque sabía que el amor que había sentido por Sam en aquel bosque virtual había sido real.

Su siguiente parada fue Colorado, donde se quedó con otro amigo de Internet. Paul era joven, prosexo y estaba abierto a nuevas experiencias, y aunque tuvo sexo con su anfitrión, se abstuvo de tener actividad sexual con caballos durante el tiempo que estuvo en Estados Unidos. Le preocupaba que lo pillaran y lo metieran en una cárcel estadounidense, sin duda, pero más que eso, no quería repetir aquel primer encuentro sexual, sin una conexión sentimental.

* * *

Al reflexionar sobre el tiempo que pasé conociendo a Paul, me impresiona lo fina que se volvió la línea entre lo que considero «normal» y lo que no. No me era desconocido el rechazo visceral que generaba la sexualidad de Paul. Leí el furor que hubo en línea cuando se publicó la entrevista que le hice, pero pude tomar distancia de las personas que estaban expresando esta indignación: era fácil de hacer detrás de la pantalla. A diferencia de Paul, no me centré en el asco que les daba ni leí comentarios negativos con demasiada profundidad (en ese momento disfruté de mi privilegio como reportera, ya que no era mi vida la que se había puesto al descubierto para que el mundo la juzgara). Opté por centrarme en las reacciones de personas que, al enterarse de la vida sexual poco común de Paul, y a pesar de que sus preferencias estuvieran más allá de lo que ellos jamás hubieran deseado, se quedaron con la sensación de que no podían juzgar.

En los comentarios, una persona escribió que la entrevista la había hecho sentir tanto «profundamente afectada» como incapaz de juzgarlo «del todo». «Sé lo que es que te juzguen, y sé que lo condenarían al ostracismo si se enteraran de sus preferencias sexuales, igual que a mí».[188] Otro, que se identificaba como un conservador libertario y cristiano, dirigió su comentario directamente a Paul: «Requiere mucho valor compartir algo que sencillamente provoca una opinión desagradable de manera instintiva».[189]

Unos tres años después de las primeras conversaciones con Paul, empecé a probar cómo reaccionaba la gente cuando les contaba que iba a incluir su historia en este libro. Primero se lo dije a mi peluquero, un hombre que creció en un pequeño pueblo de Texas y que tenía veintipocos años. Estudié su reflejo en el espejo: el rostro se le marchitó con un ceño de disgusto. Me rogó: «Dios, no quiero ni pensar en eso». Él se sentía repugnado y yo, juzgada y una degenerada por asociación. En el trabajo, una de mis editoras (una mujer de treinta y pocos años) se mostró perpleja cuando le dije que lo más interesante de Paul, para mí, era que llevaba años sin tener sexo con su compañera yegua. «Está claro que su relación es algo más que sexo», le expliqué, entusiasmada, mientras ella me miraba sin comprender, como diciendo que me estaba implicando demasiado. Me dijo que le estaba costando asimilar que Paul hubiera hecho aquello, sin importar las veces que fueran.

Otra amiga, una abogada casada y heterosexual, me preguntó cómo iba el reportaje sobre el «fetiche por los caballos». Lo primero que pensé fue: «Cállate la boca, zorra normativa». Me molestó de verdad que hubiera descrito toda la identidad sexual de Paul como una perversión. «Es una sexualidad, no un fetiche», le contesté seriamente por mensaje de texto, escrito todo en mayúsculas. Después de un tiempo, al igual que Paul, simplemente dejé de hablar de ello. Cuando la gente me preguntaba por el libro, comentaba el proyecto por encima con pequeñas frases ensayadas como «estoy escribiendo sobre personas que llevan vidas complicadas», algo lo suficientemente impreciso y soso como para que no me preguntaran más.

Tenía la sensación de que no podía incluir la historia de Paul en un libro que también incluyera capítulos sobre sexualidades marginalizadas. De hecho, recorté dos capítulos completos y edité los contenidos propuestos una y otra vez basándome en mi preocupación por presentar la experiencia de Paul junto con las otras. Cuando tomé las decisiones iniciales acerca de sobre quién escribir en En búsqueda de la normalidad, me preocupaba —aunque no me desalentaba— cómo se percibiría la publicación de ciertas historias junto con otras. Para mí era obvio que no estaba comparando experiencias o sugiriendo que todas ellas estaban en un espectro, y me centré mucho en la premisa global del libro, en las nuevas maneras que tiene la gente de reconocerse como normal en la era hiperconectada.

Pero, obviamente, la idea de que el cambio social terminará siendo un todo vale en el que los animales tendrán los mismos derechos que los humanos es un argumento conservador y ofensivo que se ha utilizado a lo largo de toda la historia. Primero fue en los debates sobre el matrimonio interracial, y más recientemente en los del matrimonio entre personas del mismo sexo, como en 2014, cuando un pastor bautista de Misisipi protestó ante el bloqueo temporal impuesto por un juez federal sobre la prohibición del matrimonio igualitario ocupando las escaleras del juzgado federal con un caballo vestido de novia. O como en 2003, cuando Rick Santorum comparó el matrimonio gay a «un hombre con un perro o el caso que sea».[190] El filósofo John Corvino habló del «argumento del PIB»: la idea de que «aprobar la homosexualidad» conllevaría un todo vale a nivel sexual; de ahí el PIB, que significa «poligamia, incesto, bestialismo».[191] A pesar de que creía que era importante acordonar claramente los últimos dos capítulos para dejar claro que no estaba comparando la zoosexualidad a la no monogamia, a las relaciones con diferencia de edad o a la asexualidad, me preocupaba sugerir que la zoofilia era lo mismo que el incesto. Empecé a sentir que no podía escribir sobre la zoosexualidad en absoluto, porque no había nada junto a lo que pudiera colocarla.

Cuando aún no decidía si iba a incluir la historia de Paul en el libro, contacté con otras personas que habían escrito o hablado sobre la zoofilia. Primero intenté hablar sobre ello con Jerry Springer o alguno de sus productores: quería saber lo que pensaba sobre aquel episodio infame. Sin embargo, su publicista me informó amablemente que aquello continuaba en su lista de «cosas sobre las que no hablar». Luego le pregunté a Hani Miletski cómo había sido percibido su trabajo. Me dijo que cuando había empezado a decirle a la gente lo que pensaba escribir para su tesis, le advirtieron que le arruinaría la carrera porque espantaría a futuros clientes, y más de veinte años después seguía evitando decirle a la gente sobre qué había escrito su tesis porque no quería «darles asco». Justin Lehmiller, un psicólogo social e investigador en el Instituto Kinsey, no incluyó el capítulo que trataba sobre el sexo con animales en la versión impresa de su estudio sobre las fantasías sexuales estadounidenses, publicado en 2018, porque le preocupaba el impacto que tendría en la manera en que los lectores enfocarían el resto del libro (uno de cada cinco participantes dijo que había fantaseado por lo menos una vez con tener sexo con un animal). Quería normalizar los deseos sexuales y le preocupaba que, si insistía en fantasías poco comunes como la zoofilia, repugnara a personas que, de otra manera, se beneficiarían de sus hallazgos. No obstante, creía que la información era importante, por lo que lo puso como capítulo extra disponible en Internet.[192] Dice que no recibió una respuesta especialmente negativa —tal vez porque estaba escribiendo sobre las fantasías de otras personas— y cuando llevó a cabo un AMA en Reddit,* la mayoría de las preguntas fueron consideradas e inteligentes.

En noviembre de 2020, durante la pandemia global de CO-VID-19, Joanna Bourke lanzó su historia sobre el bestialismo y la zoofilia (*Loving Animals: On Bestiality, Zoophilia, and Posthuman Love*) a través de una charla en línea en Londres. Subieron el vídeo a YouTube, y durante tres días sus perfiles en las redes sociales estuvieron inundados con comentarios llenos de odio. El troleo fue despiadado. En Twitter le dijeron que debía ir a terapia (o que la entregaran), que necesitaba a Cristo y que debía suicidarse.

Peter Singer, a quien suelen referirse como el padre del movimiento por los derechos de los animales, habló sobre el bestialismo en una reseña de libro en 2001 para la revista digital sobre sexualidades *Nerve*. El provocador artículo fue encargado por Emily Nussbaum, que ahora es redactora en *The New Yorker*. En él, el autor sostiene que si el tabú en contra del sexo con animales tiene su origen en un rechazo más amplio al sexo sin fines procreadores, el hecho de que se mantenga intacto, conforme la cultura ha ido aceptando más tipos de sexo antes considerados «antinaturales» —como el uso de los preservativos, la masturbación o la sodomía—, habla de otra cosa, de otra «fuerza poderosa»: del deseo que tenemos los humanos de vernos separados de los animales. Nos sentimos tan repugnados y escandalizados ante la idea de tener sexo con ellos porque es una «ofensa a nuestra dignidad como humanos».[193] Él no condenó el sexo con animales; dijo que si no estaban abusando del animal, no había nada malo en ello.

---

* AMA son las siglas de *Ask Me Anything* («pregúntame lo que quieras» en inglés). Es una publicación típica de Reddit en la que la gente suele aprovechar para preguntar cosas sin cohibirse. (N. de la T.).

Las reacciones en contra no tardaron en llegar. Hubo organizaciones por los derechos de los animales que hicieron declaraciones en las que condenaban a Singer. Priscilla Feral, la presidenta de la organización sin ánimo de lucro por la defensa animal Friends of Animals, dijo de su postura que era «sorprendente y repugnante» y comparó el bestialismo con la pedofilia: «El bestialismo está mal, en parte, porque un animal no puede darle su consentimiento a un humano de manera significativa… El ensayo de Singer no es una cuestión intelectual, y su manera de pensar no es lógica. Es una cuestión moral. Singer y sus apologistas tienen que dejar de repetir todas las ideas irritantes que han desarrollado para causar impresión».[194] Estaba programado que Singer hablara en una conferencia, pero tuvieron que trasladarla fuera del campus porque la gente se quejó al decano de que apoyaba el bestialismo. «No lo estaba apoyando ni alentando, simplemente dije que, en lo que se refiere al derecho penal, no parecía que se estuviera haciendo daño a nadie ni a ningún animal. Si fuera un delito, el daño a un animal debería estar fundamentado en el bienestar animal», dijo cuando hablamos por teléfono. Aquellas ideas dieron argumentos a las personas que ya lo estaban atacando por sus opiniones «controvertidas» sobre que el aborto y la eutanasia eran moralmente justificables.

Ingrid E. Newkirk, la presidenta de PETA, intervino para defender a Singer, diciendo que su artículo era atrevido, honesto y estaba lleno de matices, y que cualquier implicación de que toleraba actos violentos relacionados con animales eran el resultado de haberlo interpretado mal.[195] «Si una chica recibe placer sexual al montar un caballo, ¿sufre el caballo? Si no lo hace, ¿qué más da? Si le das un beso con lengua a un perro y cree que es genial, ¿está mal? Creemos que toda explotación y abuso están mal… Si no es explotación y abuso, puede que no esté mal».[196]

Cuando le preguntaron por el consentimiento, dijo que, en comparación con los humanos, el consentimiento animal era muy diferente.[197] Unos años más tarde, cuando una página web cristiana y conservadora publicó un artículo sobre el caso de «Mr. Hands» en el que se describían aquellas palabras como una defensa del bestialismo, escribió una carta al editor que decía: «Pocas cosas son más impactantes que un hombre forzándose sexualmente a sí mismo sobre un animal. Casi es igual de impactante leer comentarios míos sobre el contacto sexual no agresivo como una defensa por mi parte o por parte de PETA de la agresión sexual a animales... PETA y yo estamos totalmente en contra de cualquier forma de explotación y de toda bestialidad. Las reflexiones filosóficas sobre si existe la crueldad cuando una chica experimenta placer sexual al montar un caballo, que está ajeno a ese hecho, o cuando alguien permite que un perro le monte la pierna tiene poco que ver con el respaldo de la bestialidad».[198] Desde 2016, PETA ha tenido una declaración oficial en su página web: «El sexo consentido se da entre dos seres humanos que acceden a ello voluntariamente, y ese nunca es el caso cuando un animal está dominado por un humano. Tener sexo con un animal es violar a dicho animal».[199]

¿Le angustiaba a Singer haber compartido sus opiniones? *Angustiar* tal vez sea demasiado fuerte, pero hubo veces en que se arrepintió porque había distraído a la gente de las causas que le importaban, como terminar con los millones de muertes causadas cada año por la ganadería intensiva.

¿Por qué encargó Nussbaum aquel artículo? Cuando hablamos por teléfono, recordó que cuando el libro holandés llegó a su escritorio, le pareció algo que encajaba naturalmente en la publicación, y dado que Singer había escrito sobre los derechos de los animales, pensó que tendría una opinión interesante, así que se lo mandó a él en vez de a su habitual crítico literario. En retrospectiva, cree que fue ingenuo no haber predicho que provocaría una reacción así. Para ella, que Singer lo reseñara fue simplemente una tarea inteligente; luego, cuando se publicó, hizo que la web se cayera. Le preocupaba la respuesta que tendría, y se sintió muy protectora hacia Singer, que recibió amenazas y abusos cuando la historia se hizo viral. Se arrepintió de la tarea: «Siento un enorme respeto por el profesor Singer por haberlo hecho, y la verdad es que no creo que entendiera que esto lo dejaría en una situación vulnerable hasta tal punto».

* * *

En el norte del estado de Nueva York, Paul se quedó en una granja con amigos de personas que había conocido en Internet. Fueron en coche hasta la «gran manzana» e hicieron todas las cosas turísticas en un día: la Estatua de la Libertad, el Empire State, incluso dieron un paseo por Times Square; a uno de sus amigos le robaron en el metro. Fueron en coche hasta uno de los distritos para salir con algunos zoos por la noche, luego volvieron al campo. Más o menos cuando llevaba una semana de estancia en Nueva York, Paul estaba cuidando a una potra de nueve meses en el potrero. Estaba feliz, pensando en Sam y disfrutando del aire fresco y de la compañía equina. Volvió a la casa silbando, pero dado el número de invitados que había, el silencio era discordante. Se preguntaba qué estaba pasando cuando el anfitrión le pasó el auricular del teléfono.

La pareja de Sam le dio a Paul la terrible noticia: aquel resfriado no era un resfriado en absoluto. Mientras estaban juntos viendo películas, Sam se estaba muriendo por complicaciones del sida. Había muerto. Paul salió a empujones de una maraña de brazos y cuerpos preocupados y fue corriendo hacia el prado, donde gritó al valle. Paul dice que fue puro trauma; los ojos todavía le escuecen con lágrimas ardientes cuando piensa en aquel día.

Continuó con el viaje. La línea sur lo llevó hacia el oeste, donde deambuló por Oklahoma en estado de *shock*. La mayoría de los zoos de ahí tenían la misma edad, por lo que daba la sensación de ser una comunidad real. Todo el mundo era muy abierto. A pesar de sentirse bastante entumecido por el dolor, Paul se sentía libre. En Texas, un amigo lo llevó en coche a una ciudad justo a las afueras de Dallas para que se viera con otro amigo; se quedaron hasta tarde hablando sobre caballos, religión y política. Luego pasó veinticuatro horas en Arkansas, donde su contacto lo llevó a garitos a los que iban los universitarios. Ser un joven «normal» le hacía sentir bien, pero aquel aturdimiento que lo anestesiaba del dolor por su pérdida estaba empezando a desaparecer; solo había pasado una semana desde que le habían dado la noticia. Extendió el viaje para pasar un poco más de tiempo en San Francisco, para apoyar a la pareja de Sam. Recogieron sus cenizas e hicieron honor a su fallecimiento en una misa de difuntos en las montañas que daban al valle. Unos treinta amigos y compañeros de trabajo de Sam se reunieron para escribir deseos en trozos de papel que quemaron en su honor. Cuando volvió a Canadá, Paul saludó a sus padres y se fue directo a su habitación. Sus notas empeoraron y lo expulsaron del programa de honores en física, lo que arruinó su sueño de convertirse en un físico nacional.

* * *

Las reuniones en carne y hueso con un desconocido de un lugar desconocido son normales para Paul. Así conoció a sus primeros compañeros sexuales —humanos y animales—. Pero revelar su identidad ante mí era arriesgado. ¿Y si estaba fingiendo y en realidad era una de esas activistas por los derechos de los animales que creían que todo bestialismo era abusivo? ¿Y si estaba planeando denunciarlo a la policía o me presentaba y le hacía una emboscada con una cámara y un equipo de grabación de telerrealidad? ¿Y si planeaba publicar su nombre y su localización en Internet? ¿Y si era una descuidada y me iba por ahí contándole a la gente del lugar por qué estaba ahí? ¿Y si dejaba que un amigo o, peor aún, un compañero metomentodo supiera dónde iba a estar? ¿Y si publicaba fotos en Instagram o actualizaba mi estado en Facebook sin deshabilitar mis preferencias de localización y accidentalmente revelaba dónde estaba? Paul lleva años haciendo esto, por lo que me enseñó su método de privacidad: ocúltalo, pero no mientas, porque las mentiras siempre van a más.

Me hizo saber cuál era el mejor aeropuerto al que ir e investigó un poco para asegurarse de que se podía llegar en tren cuando le dije que no podía ir en coche. Después, unas semanas antes de mi visita, me reveló el nombre de una ciudad cercana a donde vivía. Bloqueó un fin de semana y yo reservé nerviosa un hotel utilizando un pseudónimo. Tuve la sensación de que estaba intentando aplazar mi visita cuando me escribió en un correo electrónico unas semanas antes de que partiera de Nueva York: «Tengo un poco de miedo por ti, he visto a mucha gente investigando este tema a lo largo de los años y casi todos terminan desapareciendo o dejando el trabajo de repente». Su advertencia no me asustó. Confiaba en él; ya había compartido demasiado. Más tarde, Paul aseguró que su mayor preocupación antes de que nos reuniéramos había sido gestionar los sentimientos de su esposa, Fran.

En Canadá, me tomé la privacidad de Paul con seriedad. Me sentía como una agente secreta desastrosa con un teléfono de prepago. Había dejado el ordenador y el iPhone en casa. Pasé unos días en la ciudad, donde pagué en efectivo y evité las charlas casuales. «Puede que el viernes no sea posible —me escribió Paul el día antes de mi viaje en tren desde la ciudad hasta su pueblo—, es noche de citas», dijo refiriéndose al ritual que él y Fran habían empezado unos años antes. Me contuve de responder: «¿En serio, Paul? ¿Noche de citas? No mientas y no seas tan normal, joder». «¡Espero que tenga ganas de verme ella también!», escribí en su lugar.

El tren me llevó por pastos alabastros, árboles desnudos, potreros congelados y establos, muchísimos establos. Estaba inquieta por conocer a Paul: ¿y si no nos llevábamos bien en la vida real? Había confiado tanto en mí, pero ¿y si no le gustaba? También tuve el mismo pensamiento que Paul cuando se estaba preparando para conocer a un zoófilo por primera vez tantos años atrás: «¿Y si es un monstruo absoluto?». Ya casi había llegado a mi destino cuando Paul me mandó un mensaje de texto: «Mi mujer quiere conocerte».

Paul y yo quedamos para cenar en una cadena de restaurantes con cabinas y un buffet de ensaladas. Llegué temprano, encontré un sitio para sentarme lejos de las mesas llenas y le mandé un mensaje a Paul para decirle dónde estaba y qué llevaba puesto. Llegaron unos veinte minutos tarde, abrigados con chaquetas acolchadas y gorros, los ojos mirando a todos lados. En cuanto los vi, me levanté y saludé a ambos con un abrazo.

Si Fran tuviera un *look* sería «amish hippie», o una figura de tamaño natural sacada de un cuadro de Vermeer. Parecía ser una mujer en control, con una riñonera completa con una funda para cuchillos. Paul tenía cuarenta y dos años y parecía mucho más joven, con cara de bebé y ojos abiertos, como un Buda con la barba bien recortada. Reacio al conflicto y paciente, dejó que Fran dirigiera la conversación. Pero cuando él hablaba, tenía un tono calmado y mesurado; era tan paciente y escuchaba con tanta atención que en ocasiones me preocupaba que lo estuviera aburriendo, porque se queda completamente callado cuando yo hablaba, pausando durante unos segundos para asegurarse de que había terminado antes de intervenir. No es que no tuviera habilidades sociales, es que la mayoría de las conversaciones que había tenido sobre su sexualidad se habían llevado a cabo por escrito. Para mi alivio, Fran no tenía tiempo para cháchara. Inmediatamente empezó a contarme la visita que le hicieron al familiar de un amigo suyo que había fallecido hacía poco. Mientras me hablaba de eso, el rostro se le empezó a tensar como si fuera a partirse, tomando la misma forma que el mío cuando me pongo nerviosa. Después de aquella intensa introducción, se pidió una Coca-Cola light y se excusó anunciando: «Voy a asaltar el bar de ensaladas». Paul asintió y la siguió como un mayordomo a su paso.

La comunicación es clave en la relación entre Paul y Fran. Son como dos presentadores en el programa *The View*, comprobando los datos y deconstruyendo los detalles minuciosos del día a día. Una conversación de quince minutos con ellos puede cubrir una variedad de temas vertiginosa: los alarmantes niveles de mercurio en los Grandes Lagos, la historia de las palabrotas en el ejército, las costumbres regionales en la comida canadiense; las probabilidades de que eligieran en algún momento a Oprah como presidenta de Estados Unidos (por Dios, ¡no!, dice Fran; «hay demasiado racismo y machismo»); cómo construir una tarjeta de sonido, las políticas de la educación pública contra la privada. Fran está a favor de la escuela pública, por cierto, porque si estás alrededor de gente diversa, es más probable que abras la mente y rechaces la visión conservadora o religiosa de tus padres.

Aceptó a regañadientes asistir a la cena por ser educada, pero también porque quería fisgonearme, asegurarse de que mis intenciones eran buenas. Enumeró todas las cosas que tenía en mi contra: «Eres una mujer, vives en Nueva York, estás soltera, realmente no te conocemos, lo que sabes podría dañar la vida de Paul». Más adelante, cuando fui al baño, oí por casualidad a Fran preocupada por contagiarse gérmenes de mí si se llevaban mis sobras a casa. Mi estilo de vida —sola en la gran ciudad— era su peor pesadilla, y probablemente se preguntaba qué clase de persona querría vivir de esta manera. Había cedido, pero confesó que la ansiedad que sufría les había hecho llegar tarde. Justo antes de que Paul la recogiera, le había enviado un mensaje y decía: «Tengo una duda». Hasta el mismo momento en que entraron en la autopista, estaba tomando la decisión: lucha o huida.

* * *

Cuando Russell le ofreció a Paul un puesto en su granja, le pareció una solución a muchos problemas. Podía aprender cosas sobre los caballos, pasar tiempo en su compañía y conseguir los créditos universitarios suficientes para completar su grado. Se matriculó en todas las clases sobre sociología ofrecidas, incluyendo dos seminarios sobre desviación y matrimonio. Russell fue su mentor tanto en el cuidado de los caballos como en la identidad zoosexual. Junto con varios médicos y veterinarios, le facilitó los términos para que investigara la zoonosis (enfermedades que pueden transmitirse de animal a humano).

Durante el día, Paul cuidaba de Juno y de su manada. Aprendió a tomar los signos vitales, a estar atento ante señales de cólico equino, a retirar la suciedad de sus cascos y a sacarle brillo al pelaje. Por la noche se quedaba hasta tarde con Russell hablando sobre psicología, sociología y los derechos de los gais. Russell contaba historias sobre la comunidad zoo de la década de 1950 y 1960, cuando construyó su red de contactos respondiendo a anuncios que había en la parte trasera de las revistas de músculos utilizando una dirección de apartado de correos. Paul quedó impresionado por la cantidad de comunicación que había antes de Internet. Russell tuvo un amante que había muerto hacía unos años, y cuando le enseñaba fotos a Paul del semental, solía llorar.

Conforme Paul fue conociendo a Russell, se dio cuenta de la historia que había detrás de una vida llena de aventuras y experiencias. Russell alcanzó la mayoría de edad en Montreal, donde su carrera profesional consistía en fotografiar a culturistas. Más adelante destacó en psicología y fue avanzando hasta convertirse en profesor universitario. Paul, que había anhelado ser físico, lo admiraba por su rigurosa carrera académica. Y Russell tenía una vida plena. Le gustaba el arte, había viajado, tenía amigos, una comunidad y un estilo de vida que le permitía estar alrededor del objeto de su afecto. Russell era un referente tangible para un posible futuro, un ejemplo andante de cómo ser un zoosexual feliz. Paul escarbó la biblioteca universitaria, entusiasmado por leer todo lo que pudiera encontrar sobre el tema, aunque no había mucho. Estaban aquellas estadísticas de Kinsey de que el 8 % de los hombres, en promedio, habían tenido sexo con un animal, pero en la mayoría de los estudios de investigación que encontró sobre el tema, las palabras utilizadas para describir lo que sentía repetían el asco que había visto en Internet: «enfermo», «degenerado» y «mal». Se leyó los estudios científicos y médicos, que describían su sexualidad como una parafilia o «un deseo sexual fuera de lo normal». La mayoría de los artículos académicos analizaban la prevalencia del bestialismo en otros siglos y épocas basándose en documentos judiciales. Los estudios en psicología o sexología estaban basados en una cohorte criminal o demente.

También experimentó sexualmente. Aunque técnicamente era un establo público, era raro que se presentaran desconocidos, y en la rara ocasión en que Russell lo interrumpía, ninguno de los dos hablaba sobre ello. Paul se sentía particularmente atraído por un caballo llamado Britney. Dice que no la amaba, pero que sentía que la conexión que tenían era fuerte, y con ella aprendió lo mucho que disfrutaba de dar placer oral.

Cuando Paul habla sobre eso lo hace de manera práctica, como si te estuviera desafiando a que lo juzgues. En nuestra entrevista para «Cómo es», lo dijo de esta manera: «La primera vez que le practiqué sexo oral a un caballo… una de las cosas que tuve que superar era la idea de que era asqueroso… más o menos como se sienten algunos hombres sobre las mujeres. Pero descubrí que las yeguas tienen un gusto muy muy bueno, como de césped recién cortado o heno fresco, y la verdad es que disfrutan de la estimulación oral. Siempre me he asegurado —excepto las primeras veces, cuando era un neófito— de que mi pareja llegue al orgasmo, ya sea humana o caballo, y casi siempre disfruto del sexo oral».[200]

Después de haber pasado más o menos un año en la granja, Juno contrajo una dolencia llamada enfermedad de Cushing, que suele afectar a los caballos cuando se hacen mayores. Sus síntomas, que incluyen micción y sed excesivas, son parecidos a los de la diabetes. Paul se sentaba con ella cuando parecía tener dolor. Sentía como si estuviera haciendo algo por el caballo que había confirmado su identidad zoosexual; tal vez esto incluso compensara la falta de conexión de la primera vez.

Una tarde de primavera, Paul volvió a la granja de pasar el día en la universidad. Se abrió camino entre el heno hasta la cima de una colina y llegó a su tráiler, donde encontró a Juno muerta al lado. Más tarde se enteró de que el veterinario le había practicado la eutanasia mientras él estaba en clase. Paul respetó que la decisión la tenía que tomar Russell —después de todo, él era el dueño de Juno—, pero le habría gustado que le avisara. Sabía que era hora de que se marchara, pero el impacto de su muerte fue duro. *Tal vez el veterinario la viera y tomara una decisión rápida*, razonó conforme se tumbaba junto al caballo muerto, al sol.

* * *

En 2009, Fran sugirió que Paul se hiciera por fin con su propio caballo. La Sra. C., una yegua árabe, tenía por destino el matadero cuando Paul pagó cien dólares por salvarla. Cuando la Sra. C. llegó a su vida, su matrimonio con Fran se convirtió en una relación «poli en V» o una «tríada de un solo extremo». Él es la punta de la V, la Sra. C. en un lado y Fran, en el otro. Las conexiones que tuvo con Juno y Britney fueron fuertes, pero dice que la química que tiene con la Sra. C. es única: «Nunca he tenido una relación con un caballo que fuera tan profunda». Cuando llegó a su vida, empezó a tomar clases de montar a caballo de nuevo. Apenas había estado en la espalda de un caballo desde aquella humillante clase siendo niño. Galoparon juntos a través del bosque con viento, justo detrás de la autopista, y parecía que sus cuerpos trabajaban juntos de manera impecable. «Tengo la energía y el entusiasmo de un niño pequeño —dijo—, pero más de una vez se ha movido para evitar que me cayera; se mueve para hacer cosas por mí y conmigo». Le pareció que tenía que obligarse a hablar sobre ella con Fran, y luego conmigo, en primera persona, como amante: «El silencio está incrustado en mi alma». Pasó alrededor de un año en su vida antes de que intimaran por primera vez.

En la entrevista original, Paul describió la logística de tener sexo con la Sra. C. en detalle, utilizando su primer encuentro sexual como ejemplo. «Hacía más o menos un año que la tenía. La tenía en el establo. Le había dado comida. La había cepillado, le había limpiado debajo de la cola y la cara… Estábamos en un establo con las luces apagadas y una estufa calentita; era muy agradable. Así, se estaba acomodando para pasar la noche, y fui a la casilla y me senté en la esquina. Dejé que viniera ella hacia mí, y esa es una de las cosas sobre las que soy inflexible: nunca utilizo un ronzal ni ningún tipo de restricción. Entonces, ella eligió venir conmigo, y yo le dejé la comida y ella puso su cabeza sobre mi pecho, nos acurrucamos, le dije cosas tiernas al oído y le acaricié las mejillas, las cosas que le gustaban. Para entonces, sabía que le iba a acariciar los muslos. La verdad es que le gusta mucho que le toquen la zona entre la parte trasera de sus piernas. Entonces se dio la vuelta y empezó a ir hacia atrás, hacia mí, mientras yo estaba ahí sentado. Deslicé las manos un poco más arriba y jugué con sus genitales». «¿Su clítoris?», pregunté para aclarar la naturaleza de la relación íntima. Él habló de ponerse de pie sobre un cubo para gestionar la diferencia de altura: «Estaba sentado con la espalda en la pared, y ella presionó sobre mi cara lo suficientemente fuerte como para que estuviera ahí clavado practicándole sexo oral».[201]

El encuentro continuó. «Hicimos eso durante unos 20 o 30 minutos. Las yeguas no son fáciles de satisfacer, necesitan mucha estimulación. Esto me llevó a la penetración. En aquel momento tenía unos 38 años y pesaba entre cinco y ocho kilos más de lo que podía soportar el cubo. Teníamos el cubo de plástico boca abajo y yo estaba encima de él con los calzoncillos bajados. Estaba en la esquina de la caseta y mi yegua especial se había girado y me miraba de manera extraña, y se me acercó y me olfateó, me frotó y me husmeó. Como a los caballos les gusta morder cosas, estaba un poco preocupado. Puse la mano de manera que pudiera protegerme en caso de necesitarlo. Pero lo realmente interesante es que después de haber tenido sexo oral, se apartó de mí, levantó la cola y caminó hacia atrás, hacia mí. Por desgracia, el cubo estaba cediendo y me caí. Así que, aunque hubo penetración, ese fue mi primer gran momento con mi yegua especial: teniendo que componerme tras caerme de espaldas de un cubo».[202]

Profundizamos en el tema del consentimiento, que es lo que siempre se dice en contra de los zoófilos: «Creo que se hacen la pregunta porque no hay una respuesta para ello, por lo que confirma la idea de que los zoos son malos. ¿Por qué les preocupa el tema del consentimiento a las personas cuando se trata de mi sexualidad, pero no cuando se trata de beber leche o comer un bistec, las cuales requieren de la inseminación artificial y de la recolección de semen, que son actos muy sexuales? Metes el brazo dentro de la vaca y masturbas al toro... Yo diría que no te preocupa el consentimiento, lo que te preocupa es dónde está mi pene».[203] Como dice Joanna Bourke en su historia del bestialismo, cuando el estado de Washington estaba con el borrador de la ley que penalizaría el bestialismo y que se aprobó en 2006, hubo complicaciones mientras los legisladores trabajaban para distinguir el bestialismo de los actos sexuales que se daban durante la cría de animales. Coincidieron en que la diferencia residía en la motivación: libidinosa frente a económica.[204]

Paul estaba cargado de ejemplos: «El consentimiento es muy importante para mí… Si una persona es muda y no puede escribir ni dar una respuesta verbal, ¿se te permite tener sexo con ella? ¿Incluso si es una persona adulta y mentalmente sana? ¿Son las palabras la única manera de conseguir el consentimiento? ¿Vas directamente a un perro desconocido y lo acaricias automáticamente en la cabeza sin mirarlo a los ojos para asegurarte de que le parece bien? Ninguna persona inteligente hace eso, porque el perro podría morderte la mano. Si se muestra alegre y contento, vas y lo acaricias; si no, no interfieres con él. Para mí, esa es una buena manera de hacerle entender a la gente que un animal no necesita palabras para consentir que lo toquen».[205] Paul dice que a menudo era la Sra. C. quien iniciaba el acto; sus señales no verbales eran muy claras. Al igual que los humanos, que no siempre utilizan las palabras para indicar su comodidad con un acto sexual, el consentimiento de ella estaba indicado por una «participación entusiasta». «Muchas veces pone su trasero en mi espacio de forma convincente. ¿Más señales? Me mira, tiene las orejas centradas en mí, se apoya y presiona sobre mí, sobre mi mano, mi cara y mis caderas. Me facilita el acceso a su cuerpo. Sería muy fácil impedirme que la tocara, y haría caso hasta a la menor señal de que no está dispuesta a que la toque de esa manera».

La manera en que me hizo pensar sobre el consentimiento supuso un punto de inflexión para mí cuando llegué a conocer a Paul, como si en ese momento levantara por fin las manos y me rindiera, pensando: *tienes razón*, suponiendo que confío en que no cohíbe, droga o fuerza a los animales de alguna otra manera para que tengan sexo con él, *esto en realidad no va sobre el consentimiento, para nada.* Justin Lemiller coincide en que el consentimiento puede que no sea lo que esté detrás del asco que siente la gente, dado que la mayoría de nosotros activamente dañamos o torturamos animales en nuestra comida y en las decisiones que tomamos en cuanto a nuestro estilo de vida, y no les pedimos consentimiento verbal para nada. Él cree que es algo visceral: «Creen que, de alguna manera, está mal, y están buscando una justificación para ello. Y se aferran al punto de vista del consentimiento». Cuando hablé con Nussbaum, que le había encargado el artículo a Peter Singer, no quiso comentar nada sobre la zoofilia, pero dijo que le preocupaba el tema del consentimiento. Me puse a la defensiva y nos desviamos hacia una conversación surrealista sobre su gato («¿tu gato dio su consentimiento verbal para vivir contigo?», pregunté).

Singer señaló que cuando se trataba de animales, el consentimiento podía ser fácil de establecer: si a un animal se le permite irse de ahí y no lo hace, está diciendo que sí. «Me parece interesante que la gente que defiende a los animales en general está menospreciando la capacidad que tienen para consentir. Por supuesto que se podría decir que no es el mismo tipo de consentimiento totalmente informado que dan los adultos normales cuando consienten tener relaciones sexuales, y no lo es, pero eso no quiere decir que no exista el suficiente consentimiento para decir que no le está haciendo daño al animal, que no es algo que le desagrade; puede que, de hecho, sea algo positivo para este, un tipo especial de intimidad con un compañero humano, ¿quién sabe?». Cuando hablé del consentimiento con Hani Miletski, me dejó muy claro que los animales podían dar su consentimiento de manera no verbal: «Los animales se comunican con nosotros, a pesar de que no puedan hablar, y dan su consentimiento, aunque no sea verbal. Saben cómo expresar cuándo quieren algo y cuándo no… La verdad es que me gustan mucho los animales, y he aprendido a través de las discusiones que he tenido con muchos zoófilos que ellos de verdad quieren a sus animales. Los tratan mejor que a los humanos. De verdad les importa si el animal disfruta de lo que está ocurriendo o no, y ellos son capaces de verlo».

Cuando la Sra. C. llegó a la vida de Paul, la paranoia se incrementó. Le aterrorizaba que se la arrebataran y la sacrificaran si los pillaban y denunciaban. Tenía una serie de alertas de Google activadas y se obsesionaba con los reportajes de «pervertidos» a quienes habían pillado teniendo sexo con animales. Nunca leía las consecuencias, pero el flujo electrónico continuo de titulares catastróficos que aparecían en su teléfono o en su portátil lo hacían sentir como si su sexualidad estuviera bajo un ataque constante. A pesar de que tenían un matrimonio abierto, Paul no había tenido sexo con nadie más que con la Sra. C. o Fran durante los últimos veintiún años. Y cuando nos conocimos, habían pasado más de cuatro años desde la última vez que había hecho algo sexual con la Sra. C.

No obstante, no era por elección propia. Al principio había tenido suerte, había conseguido una buena tarifa en un establo privado, pero cuando su dueño decidió venderlo, el alquiler subió tanto que Paul tuvo que trasladarla. Su nuevo establo era comunal y estaba rodeado de casas por los cuatro costados, por lo que Paul se había autoimpuesto una prohibición en cuanto a las relaciones íntimas hasta que pudiera garantizar la privacidad (las cortinas de ducha de Hammer no eran suficiente). Era demasiado arriesgado. Al final todo se reducía a una cuestión de dinero. Los establos privados eran caros, y como el bienestar de la Sra. C. era lo primero, Paul tenía que asegurarse de que podía confiar en cualquiera que tuviera acceso a ella cuando él no estuviera ahí (para encontrar su hogar actual, había inspeccionado meticulosamente y realizado entrevistas en cada instalación). Fran se había ofrecido a montar guardia, pero Paul no era capaz de relajarse. Odiaba que la preocupación y la legalidad le hubieran impactado de esa manera: «Es muy triste lo paranoicos que somos los zoófilos».

Tal vez el mayor problema con la incapacidad de la Sra. C. para comunicarse verbalmente sea el miedo que le da a Paul que se muera. Monitoriza quisquillosamente su salud y bienestar buscando cualquier señal de la enfermedad de Cushing, de cólicos o ahogos, una infección de las vías respiratorias altas que en raras ocasiones provoca la muerte. La ha inmunizado contra la gripe equina del este y del oeste, y se asegura de que le hagan pruebas regularmente para la AIE, la anemia infecciosa equina, que ha sido denominada la «prima del campo del VIH», una enfermedad autoinmune para la que no existe vacuna ni cura.[206]

Tras haber pasado unos tres años con ella, la Sra. C. desarrolló cólicos. El veterinario estuvo unas cuantas veces, y Paul no creía que estuvieran tomándose su condición seriamente. Estaba seguro de que la Sra. C. se iba a morir. Sudaba y estaba aletargada; lo único que podía hacer era tumbarse. Paul se quedó con ella en el establo y se despidió en susurros. Ella llegó, se acercó furtivamente hacia él y puso la cadera al lado de su cabeza con la panza contra su hombro; pareció moverse hasta que encontró la postura adecuada. Él presionó con paciencia, la masajeó y frotó, haciéndole más suave el viaje. Afectado por una pena preventiva, volvió a llamar al veterinario la mañana siguiente, dispuesto a salvarla. En esta ocasión, el doctor la trató con cinco litros de aceite mineral, que ayuda a los caballos a que expulsen la masa incrustada. Para las seis de aquella tarde volvía a ser la de siempre. Que hubiera estado tan cerca de la muerte fue aterrador, Paul no soportaba pensar en aquello: «No me puedo imaginar lo que habría hecho para superarlo».

* * *

La Sra. C. estaba sobre una placa de potrero congelado con el sol brillando sobre su pelaje cobrizo. «Es que no sé cómo podría no parecerle esto atractivo a alguien», dijo Paul conforme nos acercamos a la yegua árabe cuya cabeza, cuello y torso estaban cubiertos con una manta escocesa aislante. «Sé que se supone que es lo contrario, pero es que no lo entiendo», continuó, suspirando. Su melena negro azabache le colgaba perfectamente, como echada a un lado, cubriéndole solamente los ojos: una hípster equina con un flequillo fantástico. Sus ojos, pozos sin fondo de tinta alimentados por la célebre visión periférica, eran brillantes, como si la hubieran interrumpido mientras veía una película triste. La pareja llevaba sin verse unos cuatro días. Paul le dio un beso en la nariz, le abrazó la quijada y le susurró al oído con voz de bebé: «Vamos a quitarte esto, ¿vale?».

Cuando Paul le quitó la manta a la Sra. C., se volvió hacia mí y, como si anticipara que fuera a juzgar su imperfecta manta de invierno, dijo: «No me gusta echársela encima, pero se le quita el pelo del pecho, por lo que hay que hacerlo para que no pase frío». En invierno la temperatura puede bajar hasta mínimas de menos cuarenta. «Probablemente la estés viendo en sus momentos más bajos ahora mismo —dijo mientras llevaba a la Sra. C. desde el prado hacia la caballeriza para almohazarla—. Cuando termine el invierno perderá todo el pelaje y tendrá una apariencia impecable y preciosa». Yo no había estado con muchos caballos, pero a mí me parecía que tenía buena pinta. En cualquier caso, estaba demasiado ocupada sintiéndome intimidada por su tamaño y escala y por aquellos ojos omnipresentes y observadores, que parecían vigilarme constantemente.

Me asomé al cubo y al conjunto de peines, cepillos, limas y al cuchillo pequeño para pezuñas. «El tiempo frío no es amable con el cuerpo de nadie», defendí a la Sra. C. en nombre de Paul, consciente de lo preocupado que estaba por dar una buena impresión. Pero no me oyó. Si hubiéramos estado en un bar, me habría parecido que eran los únicos que estaban en la sala. Dejó que ella olisqueara cada herramienta antes de ponerse a trabajar. «Es una cuestión de respeto para que sepa qué son. Quiero que sepa lo que voy a utilizar en su cuerpo», dijo. Observé a la pareja mientras movía los pies, que se me estaban quedando entumecidos, y metía las manos en los bolsillos, asombrada ante el aguante de Paul: hacía muchísimo frío. Utilizó un pico para escarbar en los cascos y retirarle las piedras, como si estuviera desbullando ostras. Luego se los rebajó con una lima, y los fragmentos de casco en forma de escamas ondearon en el aire como una nube de humo pixelado antes de posarse en el suelo helado y abarquillarse.

Cuando hablé con la Dra. Miletski, le pregunté directamente: ¿cree que hay algo que haga que alguien sea zoófilo, como un trauma o un abuso en la infancia? Admitió que cuando había empezado a investigar sobre el tema, había buscado historias de orígenes como aquellas, pero sus hallazgos mostraron otra cosa. Y en su experiencia como terapeuta, la mayor parte de la gente —zoófilos u otros— había experimentado algún tipo de trauma.

Paul estaba de pie justo detrás de la Sra. C. cepillándole la cola. «Jamás me pondría detrás de un caballo que no conociera y en quien no confiara», dijo. Entonces echó agua sobre los pellets y las zanahorias que había mezclado para ella para que no se hincharan en su estómago. La Sra. C. miró hacia arriba afanosamente, la comida le había dejado un grueso bigote. «Ya veo a lo que te refieres con lo de la privacidad», le dije mirando alrededor, a todos los caballos, que tenían vistas directas al establo y al campo. Suspiró y dijo que se sentía mal de que hubiera pasado tanto tiempo desde la última vez que habían intimado. Había establecido una rutina para poder visitarla una vez entre semana y luego, de nuevo, durante el fin de semana, pero era duro. «Puedo ver por cómo me responde que no tiene demasiada conexión conmigo, y yo no tengo el vínculo que me gustaría tener con ella». No era solo la falta de sexo lo que lo deprimía, quería que pasaran más tiempo juntos: «Si no vuelvo a tener sexo con ella, no cambiaría nada. Seguiría teniéndola, queriéndola y sosteniéndola. Al igual que no podría dejar de querer nunca a mi mujer... El sexo es secundario».

«¿Está bien con desconocidos alrededor? ¿Le resulta rara mi presencia?», pregunté. «Lo cierto es que es uno de los caballos que he conocido que mejor se portan —murmuró acariciándole la nariz—. Es buena para el veterinario, es buena para todo el mundo». Miré a los ojos de la Sra. C., que reflejaron una imagen minúscula de mi cuerpo, como un espejo convexo de tráfico. La miré fijamente durante un rato, deseando que hubiera en algún lugar un archivo de fotos tomadas con sus ojos. «¿Cómo te sientes al estar aquí con ella?». La pregunta que tantas veces había hecho daba la sensación de ser más urgente en su presencia. «Nunca lo calificaría como: "ay, voy a visitar a una novia..." es como que: "voy a visitar a la Sra. C.". No salí mucho de muchas citas, por lo que a lo mejor no cuento con los términos necesarios. Supongo que es como visitar a una vieja amiga. Estoy muy feliz de verla, pero debido a las instalaciones y al hecho de que no estoy montando por ahora, realmente no tenemos nada que hacer juntos. Mucha gente diría que montar no es demasiado agradable, pero estaría bien hacer algo con ella». *Como muchas relaciones duraderas, simplemente termináis funcionando juntos*, pensé. «La llevo a pasear por el bosque y es agradable, pero no hay un *¿y ahora qué, adónde vamos desde aquí?*».

De camino a casa tuvimos una de aquellas conversaciones multitemáticas en las que tienes la sensación de que necesitas parar y escribir actas y una agenda, como las charlas que tengo con amigas íntimas cuando llevamos un tiempo sin vernos. Me habló de un caso de bestialismo que pronto sería visto por la Corte Suprema de Canadá, el cual le preocupaba que pudiera cerrar una laguna por la que los actos sexuales sin penetración con animales no estaban prohibidos (en 2019 se había aprobado la legislación que hacía más severo el código penal, considerando ilegales todos los actos sexuales con animales e incluyendo a cualquier persona declarada culpable de bestialismo en la base de datos de agresores sexuales). Compartimos la reacción que habíamos tenido a los comentarios en Internet que había suscitado su entrevista, y él me puso al día de los últimos cotilleos políticos canadienses. Conforme nos acercamos a mi hotel, se puso sentimental. «Ojalá pudiera ser así de abierto todos los días —dijo, mirando fijamente al frente, evitando el contacto visual, disculpándose por todo el secretismo—. Ojalá pudiera salir». Más adelante escribió en un correo electrónico: «Pensando en ello, supongo que eres la primera persona completamente *heterosexual* que me ha visto darle un beso a un caballo sabiendo lo que soy».

Aquella noche Fran, Paul y yo nos retiramos a una cadena de cafeterías locales. Paul sacó el iPad y fue pasando por las fotos, enseñándome orgulloso fotos de la Sra. C. y una selección de las manualidades de Fran. Cuando Fran derramó la taza de camomila encima del iPad, él se movió rápidamente, señalando que le importa más el bienestar de su mujer que la versión actual de la tecnología que los había unido. Se aseguró de que no se había quemado y le dio una montaña de servilletas silbando alegremente, intentando mantener los ánimos alegres mientras secaba la mesa. «De todos modos, Fran necesita una aspirina», dijo, sonriendo, antes de escabullirse en la fría noche para sujetar su portátil y poder continuar con el espectáculo de las fotos. «Está muy entregado a ti», dije, y Fran coincidió. «Por eso en vez de dejar que las cosas malas nos separaran, fui a terapia —explicó—. Cuando has pasado años en relaciones malas con hombres y encuentras algo bueno, como que quieres seguir con ello».

Cuando volvió Paul, se sentó y pasó por las fotos: la Sra. C. tumbada de lado durmiendo, la Sra. C. en el potrero, Paul muy erguido (sobre la espalda de la Sra. C.), sonriendo y con un casco de hombre adulto. Hojeó rápidamente un álbum y se paró en la imagen del póster de una película de la década de 1970 titulada *Equus*, que está basada en una obra de Peter Shaffer y que va sobre un psiquiatra que quiere arreglar a un chico que siente fascinación por los caballos. «Deberías verla», me dijo. Fran intervino y dijo: «A mí me pareció brutal». «Bueno, es una historia desagradable, pero el niño está confundido —protestó tímidamente Paul—. Termina dejando ciegos a un montón de caballos. La historia está contada por su psicólogo, que está debatiendo si hacer normal al niño, porque sus momentos de pasión son muy intensos». Cuando empezaron a salir, Fran se metió en Internet y visitó unos cuantos foros de zoosexuales para poder aprender más cosas sobre ese mundo. Lo primero que vio fue una publicación anónima por parte de alguien que alardeaba de las cosas horribles que le gustaba hacerles a los gatos. Fran bajó la voz y miró directamente a Paul: «Era tortura, y lo siento, pero tengo problemas con la tortura».

Paul suspiró, pasando sin rumbo por su álbum de fotos. «No voy a discutir contigo», dijo, pero Fran no le dejó terminar: «Aquella imagen me acompañará toda la vida. Y sabes que el compañero de piso a través del que conocí a Paul me habló de otra persona que se llevaba gatitos de...». Esta vez Paul la interrumpió: «Solo lo estaba diciendo para cabrearte». Fran cruzó los brazos por delante del pecho y dijo: «Bueno, pues lo consiguió. He intentado en un par de ocasiones diferentes entrar en distintos foros, y siempre me encuentro con personas... el último foro en el que entré no vi tortura, pero tampoco fue algo agradable. Y también tenían serios problemas con lo de *muéstramelo enseñando fotos y dime dónde vives, voy a ir a tu país. Invítame a casa para conocer a tu perro.* Desde entonces le dije a Paul: ¿Sabes? Se acabó. Sé que él ha tenido experiencias completamente diferentes con esta gente, pero yo me enfado mucho con las personas que tienen esta actitud».

Es una pelea que suelen tener a menudo, un clásico en la repetitiva lista de peleas de parejas. Paul intentó un punto de vista diferente: «Lo sé, pero hay gente mala en todos lados. Si vas a Tinder, te encontrarás lo mismo». Fran inmediatamente zanjó el asunto: «Te habrás dado cuenta de que no tengo Tinder y de que no acudiría a ningún tipo de aplicación para citas». Paul estaba dividido. Tenía sus propios problemas con abusadores que practicaban el bestialismo, ya que creía que le daban una mala reputación a los zoosexuales, pero tenía una actitud muy protectora hacia estos últimos. «Mira —dijo—, hay muchos zoos que no aprenden. No hablan con nadie, porque no pueden hablar con nadie, y luego se unen a estas comunidades y las primeras personas con las que hablan... no siempre son las mejores». Dije que era como cuando uno cambiaba de trabajo o se mudaba a un nuevo país, intentando rebajar la tensión. «Exacto —coincidió

Paul—. ¿Representan a todo el país o todo el trabajo? Desde luego, yo diría que la única manera de mejorar esto sería darles a los niños información sobre la zoosexualidad conforme vayan creciendo». Me esforcé al máximo por ser diplomática, sabiendo lo poco probable que sería que eso ocurriera. «Pero en EE. UU. muchos adultos ni siquiera consideran que haya que informar a los niños sobre el sexo con humanos», dije.

Cuando volví al hotel era casi medianoche. Dije *adiós* desde el asiento de atrás, y como ni Fran ni Paul salieron del coche para despedirse de mí, me imaginé que sería porque les preocupaba que los vieran. Cuando llegué a mi habitación, me di un baño. Seguía sintiendo los pies fríos por haberme pasado horas de pie, fuera, mucho antes aquel día. Me desvestí y examiné en el espejo mi cuerpo pálido de invierno como si fuera un caballo envejeciendo: un bulto blandito y extraño que tengo en la pierna y se materializó cuando tenía unos veinte años, una cicatriz en forma de caracola en la rodilla que me gané de niña cuando tuve una rabieta en el aparcamiento de un supermercado; picaduras de mosquito disipadas en los tobillos, marcas lilas de haber estado años depilándome con cera. Cuando me metí en el agua estaba llorando. Había estado sola, desconectada de mis redes de comunicación mientras absorbía el peso de la vida secreta de Paul y la tristeza por no poder intimar con la Sra. C., lo cual, supongo, necesitaba sacar. Sentí el peso de la situación de Paul: que nunca podrá vivir abiertamente, que su sexualidad nunca será aceptada ni comprendida.

Al día siguiente maté el tiempo en un centro comercial mientras esperaba el tren. Estaba en la cola de la farmacia cuando un hombre se coló delante de mí. «Joder, ¿es que soy invisible?», grité, asustando a la de la caja registradora, al hombre, a su acompañante —una mujer— y probablemente a todo el sentido del orden social canadiense. *Mantén un perfil bajo*, me recordé mientras la joven evitaba el contacto visual y escaneaba mis artículos con cautela. Fui caminando hasta la estación de tren y revisé el correo electrónico en mi teléfono de prepago. Paul había contestado a un mensaje que le había enviado temprano por la mañana preguntando qué le había parecido el fin de semana. Estaba afligido por mi partida: «Lo único de lo que me arrepiento es de no haberte dado un abrazo de despedida… La verdad es que debería haberlo hecho, sí. Me sorprendió un poco que me abrazaras a primera vista. Quiero decir, aunque yo no me lo crea, cuando te imponen el estereotipo del paleto asqueroso puede que te esperes que la gente te trate diferente. Supongo que es algo que siempre me ronda la cabeza».

* * *

Habían pasado casi cinco años desde la primera llamada por teléfono con Paul cuando nos volvimos a ver. Tenía unos días libres del trabajo durante el verano y yo estaba de visita por Canadá, así que vino en coche a pasar el día conmigo en la ciudad. Salió pronto y me mantuvo informada desde la carretera. Yo estaba entreteniéndome mientras me preparaba y me di cuenta de que los nervios que habían dominado en los momentos previos a nuestro primer encuentro habían sido reemplazados por una nueva serie de emociones. Durante el último año, Paul y yo no habíamos mantenido mucho el contacto por teléfono ni por correo electrónico. Yo había sido menos insistente. Me inventaba excusas e incluso cancelé unas cuantas conversaciones planificadas. A veces lo contactaba y luego postergaba responder a sus correos o mensajes. Sentía tanta aprensión por la idea de publicar un libro que incluyera un capítulo sobre su sexualidad que lo evité e interioricé la sospecha, el asco, el miedo y el ridículo que proyectaban en mí cuando hablaba sobre él a «personas ajenas». Así dividí el mundo, entre quienes lo «entendían» y quienes que no. A la gente que arrugaba la cara o hacía alguna otra señal de que no quería oír hablar de Paul la clasificaba como «ajena». Sabía que simplemente no lo entendían, y estaba harta de la sospecha que caía sobre mí cuando intentaba explicar lo que había aprendido de Paul.

Pero durante el tiempo en el que evité a Paul, su familiaridad, su humanidad, su normalidad dieron paso a aquella oscuridad y sospecha que solían proyectarse sobre su sexualidad. En esta ocasión, mientras me estaba preparando para quedar con él, no me preocupaba gran cosa lo que pensara de mí o el estado en el que lo encontraría. En vez de eso, ansiaba conectar con él como persona que entendía.

Nos encontramos en la calle fuera de mi apartamento de alquiler. «¡Te veo bien!», le halagué conforme me metí en el asiento delantero del coche. Estaba bronceado y refrescado por el verano y por el fin de semana largo que acababa de pasar con Fran. Se frotó las suaves mejillas, que tenían esa pinta vulnerable, como si se acabara de afeitar. «Es el peso que subí en invierno —dijo con una risa—; además, me he limpiado la cara para la ocasión». Salimos para pasar el día. Fran le había pedido que comprara aceite CBD para poder dormir, por lo que paramos en un dispensario («estamos comprando drogas a una abuela saludable», bromeó Paul cuando le comenté lo poco ortodoxo del atuendo de la traficante de drogas: gafas y un delantal). Luego acudimos a Siri para encontrar un restaurante tailandés o de sushi (la gastronomía que más le gusta no es potente en su zona, para nada cosmopolita). Cuando nos sentamos a comer, pensé en el encuentro inaugural que había tenido en ese restaurante de sushi con aquel zoófilo casi treinta años antes, siendo tan solo un adolescente, y en lo mucho que había moldeado su vida entera la experiencia de viajar hasta un lugar lejano en búsqueda de un vínculo físico y humano con una persona que pensara de manera parecida.

Después de comer, sugirió que fuéramos a un parque para que pudiéramos hablar más abiertamente. El GPS estaba haciendo cosas raras, por lo que, en vez de buscar en Google, zigzagueamos por las calles —desconocidas para ambos— buscando un espacio abierto. Como si tuviera un sonar, Paul levantó la vista hacia la distancia y se dio cuenta de que había algo verde y borroso en el horizonte, así que continuó conduciendo hacia aquella reconfortante ancla natural; era su versión de los arcos dorados que muestran un McDonald's en una extensión árida de la autopista. Nos sentamos en un banco y observamos a jóvenes hombres y mujeres con *leggins* y camisetas sin manga estirados al sol con libros de texto gruesos y teléfonos móviles, y yo lo puse al día sobre las investigaciones que había hecho desde la última vez que nos habíamos visto. Me escuchó con interés, celoso de que pudiera acceder a esas personas y hacerles preguntas sin miedo.

Luego la conversación volvió a las preguntas que siempre había en el aire cuando estaba con Paul: ¿por qué me ponía en esa posición? ¿Por qué me interesaba por su sexualidad, por su mundo? ¿Por qué me abría voluntariamente al ataque y al abuso que vienen con el simple hecho de hablar de ello? ¿Por qué me importaba? Nunca son preguntas fáciles de responder, pero lo intenté: le dije que tenía muchos matices, y que me preocupaba que como cultura estuviéramos perdiendo la habilidad de tomarnos el tiempo y pensar bien cómo nos hacía sentir algo. ¿Por qué debíamos tener una opinión instantánea sobre cualquier cosa y sobre cualquier persona? Me enteré de su mundo por curiosidad, y en cuanto lo conocí, me pareció difícil juzgarlo: ¿por qué iban a impedirme escribir sobre ello? Le dije que creía que el asco proyectado sobre su sexualidad revelaba lo contradictorios que éramos los humanos. No pedíamos consentimiento verbal a los animales para nada, nunca. Así que, para mí, esa lógica no tenía sentido. También le dije que a pesar de lo que yo pensase sobre la zoofilia, la manera en que había utilizado Internet para desarrollarse sexualmente como zoosexual decía algo importante acerca del poder que tenía como herramienta para que la gente pudiera descubrir quién era en el mundo: él se había metido en Internet y había alcanzado la madurez siendo un hombre que se sentía atraído por los caballos, y creía que esa historia debía ser contada.

Nunca podrá dejarse ver y ha estado lidiando íntimamente con ello durante toda la vida, y sabe lo implacables que serán las reacciones en contra. Los zoos aprenden por observación los riesgos de anunciarlo en público y convertirse en la cara de la zoosexualidad. No merece la pena. Pero como señaló la primera vez que hablamos, estaba muy cansado de esta autoprofecía en bucle. Nada cambiaba porque todo el mundo seguía escondido. Paul estaba en un punto en el que de buena gana hubiera dado ese salto, llevando el estigma social. Pero el riesgo de perder a la Sra. C. no merecía la pena. «Si no tuviera nada que proteger, viviría abiertamente», dijo. En vez de eso, se había rendido a la hora de intentar convencer a la gente de que su sexualidad no era abusiva o que se trataba de una broma; y así también me sentía yo. Tenía pensado cerrarse todas las plataformas en las redes sociales y retirarse del todo de la conversación. «Ellos ya se han decidido. No hay nada que pueda decir para convencerlos de que soy una buena persona. Tendrían que conocerme, e incluso entonces podría no ser suficiente».

De camino a casa nos equivocamos en un par de giros, Paul ya no estaba acostumbrado a conducir por la ciudad. Le dije que me estaba preparando para irme de Nueva York. Ya no podía seguir con el ritmo, era demasiado caro vivir sola, mi familia estaba muy lejos en Nueva Zelanda. El anonimato que anhelaba de joven se había convertido poco a poco en aislamiento. «Si me quedo aquí, me preocupa convertirme en una de esas personas a las que ves solas en el supermercado, murmullando para sí mientras buscan la porción más pequeña de carne congelada, hablando con palomas en el parque». Paul se rio. «Bueno, yo veo que tiene mucho encanto vivir así, sin personas dependientes. Puedes ser tú misma, de manera auténtica», dijo. «Supongo que siempre hay que hacer algún intercambio cuando se trata del estilo de vida», dije, sintiéndome culpable por quejarme de cualquier dificultad que pudiera tener en la vida mientras estaba en compañía de un hombre cuya identidad estaba totalmente envuelta en secretos y compromisos. Paul coincidió: «Aguanto muchas tonterías en el trabajo que ojalá no tuviera que aguantar —dijo—, pero tengo un trabajo seguro de por vida y una pensión garantizada. Tomé esa decisión. Cuando me frustro con el mundo corporativo o cuando alguien la lía, me recuerdo a mí mismo: hiciste un sacrificio».

Cuando nos separamos esta vez, me incliné y le di un abrazo. Subí por las escaleras hasta mi apartamento pensando en lo ligera que me sentía, más ligera que después del primer encuentro físico con Paul, pero también más ligera de lo que me había sentido aquella mañana, más que en meses, puede que incluso en años. Me hizo tan bien hablar sin emitir juicios, ser abierta; contar con la comodidad de alguien que sabía, de manera íntima, la ansiedad y el aislamiento con los que había estado viviendo, una versión de la manera en la que él se había sentido después de la primera vez que nos habíamos visto. Yo había estado ahí, como persona ajena, y había sido capaz de mirar a través del muro de hierro que impedía que su identidad llegara a ser algún día normal.

Agradecimientos

Estoy profundamente agradecida con mi agente, Elias Altman, y con Tim Barlett y Alice Pfeifer de St. Martin's Press. Muchos amigos y familiares en muchas ciudades y países me han dado consejos, apoyo, un sitio donde dormir y ánimo durante los años que pasé haciendo reportajes y escribiendo, y estoy muy agradecida con todos ellos, especialmente con Athina, Barry, Kristina, Amanda, Aaron, Ashley, Daniel, Katie, Mary Jane, Michael y Molly. Mis colegas en *New York* también me ofrecieron un apoyo inmenso, y estoy muy agradecida con todos los editores que tuve ahí (en la revista, *The Cut*, y en *Science of Us*). Estoy en deuda con todas las personas que leyeron los borradores, dieron su opinión honesta y pusieron ideas en común conmigo.

Gracias a Katherine Barner y a Elissa Sanci por sus transcripciones y reportajes rigurosos; a Matthew Giles por su intrepidez en las investigaciones, reportajes y comprobación de datos; y al personal de la biblioteca del Instituto Kinsey por ayudarme a acceder al material archivado utilizado en el capítulo 1. El programa de residencia del Centro cultural regional de New York Mills me dio un tiempo valioso para escribir, al igual que el retiro perpetuo para escritores en Chicago (no oficial) de Katie y Ryan.

Este libro representa incontables llamadas de teléfono, correos electrónicos y encuentros con una variedad de personas muy abiertas, pacientes y de confianza. Hay muchísimas conversaciones, reuniones, aventuras (y desventuras) que no han podido estar en la versión final de En busca de la normalidad, y estoy en deuda con todos aquellos que compartieron su tiempo y experiencias vitales conmigo y me dieron la bienvenida a su mundo. Gracias a todos los que me recibieron durante los viajes de trabajo, me presentaron a amigos y familiares y toleraron mis preguntas interminables. Mi más sincero agradecimiento es para Shelly y Paul por arriesgarse tanto al hablar conmigo, y para todos los demás que tan generosamente me confiaron su historia.

Notas

1. Double Dick Dude. (2 enero 2014), «I Am the Guy with Two Penises. AMA». [Foro en línea]. https://www.reddit.com/r/WTF/comments/1u3rj2/man_with_2_penises/

2. Tsoulis-Reay, A. (20 noviembre 2014), «What It's Like to Date a Horse» [Cómo es salir con un caballo], *The Cut.* https://www.thecut.com/2014/11/what-its-like-to-date-a-horse.html

3. Saddle. (24 noviembre 2014), «What It's Like to Date a Horse. New York Magazine Has Gone Too Far», *Filly Girl.* fillygirl.com/what-its-like-to-date-a-horse-new-york-magazine-has-gone-too-far/

4. Peter Cryle, P. y Stephens, E. (2017), «Introducción», P. Cryle y E. Stephens (eds.), *Normality: A Critical Genealogy,* University of Chicago Press, p. 2. También citan a Hacking, I. (1990), *The Taming of Chance,* Cambridge University Press, pp. 160 y 169.

5. Kurth, P. (8 de diciembre de 1999), *The Trouble with Normal by Michael Warner.* Salon. www.salon.com/1999/12/08/warner_7/. Consultar también Warner, M. (1999), *The Trouble with Normal: Sex, Politics, and the Ethics of Queer Life,* Harvard University Press.

1. Ken, Russ, Emily y Kathy

6. Savage, D. (4 enero 2012), «Savage Love: Meet the Monogamish». *Stranger.* www.thestranger.com/seattle/SavageLove?oid=11412386

7. Fleckenstein, J. R. (2004), «Polyamory and Alternative Non-monogamy» en R. Francoeur y R. Noonan (eds.), *The Continuum Complete International Encyclipedia of Sexuality,* Continuum International, p. 1205.

8. Wesp. (2008), Entrevista de Haslam.

9. Easton, D. y Liszt, C. A. (2013), *Ética promiscua: una guía práctica para el poliamor, las relaciones abiertas y otras aventuras* (trad. Vagalume). Trabajo original publicado en 1997, p. 21, Melusina.

10. Easton, D. y Liszt, C. A. (2013), *Ética promiscua: una guía práctica para el poliamor, las relaciones abiertas y otras aventuras* (trad. Vagalume). Trabajo original publicado en 1997, p. 40, Melusina.

11. Easton, D. y Liszt, C. A. (2013), *Ética promiscua: una guía práctica para el poliamor, las relaciones abiertas y otras aventuras* (trad. Vagalume). Trabajo original publicado en 1997, p. 15, Melusina.

12. Easton, D. y Liszt, C. A. (2013), *Ética promiscua: una guía práctica para el poliamor, las relaciones abiertas y otras aventuras* (trad. Vagalume). Trabajo original publicado en 1997, p. 34, Melusina.

13. Fleckenstein. «Polyamory and Alternative Non-monogamy», p. 1206.

14. Anapol, D. (1992), *Love Without Limits: The Quest for Sustainable Intimate Relationships*. IntiNet Resource Center.

15. (Junio 1990), *Glamour*.

16. (Enero 1992), *Cosmopolitan*.

17. (13 julio 1992), *The Joan Rivers Show*.

18. (22 abril 1992), *Donahue*.

19. Ross, J. y Ross, R. (28 abril 1992), [carta a Anapol], Colección de Kenneth R. Haslam sobre el poliamor. Instituto Kinsey.

20. Lucas, R. G. (27 abril 1992), [carta a Anapol], Colección de Haslam sobre el poliamor.

21. Plemn, L. S. (29 mayo 1992), [carta a Anapol], Colección Haslam sobre el poliamor.

22. Southcomb, D. (23 abril 1992), [carta a Anapol], Colección Haslam sobre el poliamor.

23. Jones, L. (17 agosto 1992), [carta a Anapol], Colección Haslam sobre el poliamor.

24. Kyro, J. y Kryo, P. (21 mayo 1993), [carta a Anapol], Colección Haslam sobre el poliamor.

25. Passerelle, B. (12 septiembre 1993), [carta a Anapol], Colección Haslam sobre el poliamor.

26. Consultar Dominus, S. (11 mayo 2017), «Is an Open Marriage a Happier Marriage?», *New York Times Magazine*. www.nytimes.

com/2017/05/11/magazine/is-an-open-marriage-a-happier-marriage.
html; Morris, A. (31 marzo 2014), «Tales from the Millennials' Sexual
Revolution», *Rolling Stone*. www.rollingstone.com/interactive/feature-
millennial-sexual-revolution-relationships-marriage/; Eds. (14
diciembre 2015), «The Next Sexual Revolution? A Look at the
Estimated Millions of People Exploring Open Marriages», *Marie
Claire*. www.marieclaire.com/sex-love/a17341/the-next-sexual-
revolution-open-marriage/; Joiner, W. (14 septiembre 2016), «My
Boyfriend's Married, and His Wife's on Board», *Elle*. www.elle.com/
life-love/sex-relationships/news/a39126/open-marriage-secondary-
partners/

27. Tsoulis-Reay, A. (13 julio 2018), «5 People on Coming Out as Poly
to Their Families», *The Cut*. https://www.thecut.com/article/what-is-
polyamorous-relationship.html

28. Morris. Tales from the Millennials' Sexual Revolution.

29. Parker, K. y Stepler, R. (14 septiembre 2017), «As U.S. Marriage Rate
Hovers at 50%, Educational Gap in Marital Status Widens», Pew
Research Center. www.pewresearch.org/fact-tank/2017/09/14/as-u-s-
marriage-rate-hovers-at-50-education-gap-in-marital-status-widens/

30. Geiger, A. W. y Livingston, G. (13 febrero 2019), «8 Facts About
Love and Marriage in America», Pew Research Center. www.pewresearch.
org/fact-tank/2019/02/13/8-facts-about-love-and-marriage/

31. Minx, C. (presentador). (6 abril 2015), «Poly Geezers with Ken
Haslam (n.º 427)», [episodio de pódcast], en *Polyamory Weekly*.
polyweekly.com/pw-427-poly-geezers-with-ken-haslam/

32. Saad, K. (fecha desconocida), [carta al editor], *Delaware Valley
Synergy*.

33. (Mayo 2001), «Saturday June 02-Prudes Night Out: 7:30PM Non
Permissive». *Delaware Valley Synergy*.

34. Dominus. «Is an Open Marriage a Happier Marriage?».

35. Kimberly, C. y McGinley, R. (2019), «Changes in the Swinging
Lifestyle: A US National and Historical Comparison», *Culture, Health,
and Sexuality*, 21(2), 220. doi.org/10.1080/13691058.2018.1460692.

36. Gould, T. (1999), *The Lifestyle: A Look at the Erotic Rites of Swingers*,
Random House Canada, p. 4.

37. Kasidie. Recuperado el 16 de noviembre de 2020 de www.kasidie.com/

38. Michaels, M. A. y Johnson, P. (prefacio de Haslam, K.). (2015), *Designer Relationships: A Guide to Happy Monogamy, Positive Polyamory, and Optimistic Open Relationships*, Cleis Press.

2. Julia y Eileen, Andrew y Jane

39. Flood, R. (6 enero 2019), «Woman, 24, with Girlfriend, 61, Says 37-Year Age Gap Doesn't Affect Relationship», *Sun*. www.thesun.co.uk/fabulous/8132275/lesbian-couple-age-gap-love-relationship-marriage

40. Zelg, J. (1 febrero 2019), *Trip to Rio with My Fiancee*, [archivo de vídeo], YouTube. www.youtube.com/watch?v=0qLENFV-TYg

41. Zelg, J. (19 septiembre 2018), *Weekend Away with My Girlfriend (Lesbian Age Gap Couple)*, [archivo de video], YouTube. www.youtube.com/watch?v=jGAEsu2hCDo

42. Zelg, J. (22 enero 2019), *Our Morning Routine/Lesbian Couple*, [archivo de vídeo], YouTube. www.youtube.com/watch?v=Tm_B1A1Ycbk

43. Zelg, J. (12 octubre 2018), *Moving In with My Girlfriend VLOG*, [archivo de vídeo], YouTube. www.youtube.com/watch?v=1xYwdN-6188&t=107s

44. Collard, R. C. (2012), «Cougar Figures, Gender, and the Performances of Predation», *Gender, Place, and Culture,* 19(4): 527-528. doi.org/10.1080/0966369X.2011.610179

45. Banks, C. A. y Dr. Arnold, P. (2001), «Opinions Towards Sexual Partners with a Large Age Difference», *Marriage and Family Review,* 33(4): 5-18. www.tandfonline.com/doi/abs/10.1300/J002v33n04_02

46. U. S. Census Bureau (2 mayo 2021), «Table FG3 Married Couple Family Groups, by Presence of Own Children Under 18, and Age, Earnings, Education, and Race and Hispanic Origin of Both Spouses: 2017», *Current Population Survey, 2017 Annual Social and Economic Supplement.* www.census.gov/data/tables/2017/demo/families/cps-2017.html

47. Keating, S. (4 diciembre 2015), «What It's Like to Be a Lesbian Couple with a 20-Plus-Year Age Difference», BuzzFeed. www.buzzfeed.com/shannonkeating/lesbian-age-differences

48. Butch Wonders (8 febrero 2012), «Mind the (Age) Gap: How to Do a May/December Lesbian Relationship», Autostraddle. www.autostraddle.com/mind-the-age-how-to-deal-with-may-december-lesbian-relationships-131564/

49. Pitkeathley, J. y Emerson, D. (1995), *Age Gap Relationships: The Attractions and Drawbacks of Choosing a Partner Much Older or Younger Than Yourself*, Thorsons, p. 1.

50. Pitkeathley, J. y Emerson, D. (1995), *Age Gap Relationships: The Attractions and Drawbacks of Choosing a Partner Much Older or Younger Than Yourself*, Thorsons, p. 8.

51. Jill. (1 diciembre 2018), «Got Married on My 52nd Birthday at Instant Marriage, Encino, CA 11-24-18», May December Society. maydecembersociety.com/post/7799088/got-married-on-my-52nd-birthday-at-instant-marriage-encino-ca-11

52. *Jane Beckman*. May December Society. Recuperado el 19 de noviembre de 2020 de maydecembersociety.com/janeb

53. Beckman, J. (13 mayo 2016), «Crazy Generations. My Age Gap Family», *May December Society*. maydecembersociety.com/post/5314383/crazy-generations-my-age-gap-family

54. *Ailene & Taylor*. May December Society. Recuperado el 19 de noviembre de 2020 de maydecembersociety.com/profile/263247

55. A. & T. (12 marzo 2018), «After 9 Long Months of Waiting», May December Society. maydecembersociety.com/post/7125911/after-9-long-months-of-waiting

56. Zelg, J. (28 octubre 2018), *Reading Hate Comments with My Older Girlfriend*, [archivo de vídeo], YouTube. www.youtube.com/watch?v=lDNB-fhBMGo

57. Zelg, J. (26 septiembre 2018), *We're Moving In Together! (Lesbian Age Gap Couple)*, [archivo de vídeo], YouTube www.youtube.com/watch?v=AiCFYPVLRDU&t=296s

58. Zelg, J. (13 diciembre 2018), *Proposing to My Girlfriend on Stage (Lesbian Couple)*, [archivo de vídeo], YouTube www.youtube.com/watch?v=CMichfphACY&t=462s

59. Zelg, J. (18 octubre 2016), *My Coming Out Story*, [archivo de vídeo], YouTube www.youtube.com/watch?v=hosxmIqtdcQ

60. De Freest, E. (18 febrero 2019), *Coming Out in the 80s*, [archivo de vídeo], YouTube www.youtube.com/watch?v=cHQ1pG3cww

61. Zelg, J. (29 junio 2019), *Julia and Eileen's WEDDING Video/Lesbian Wedding*, [archivo de vídeo], YouTube. www.youtube.com/watch?v=oJ2hiP4C1Wg

62. (22 agosto 2013), «El Puma Peligroso» (temporada 1, episodio 3) [episodio de programa de televisión], *Asaltacunas*, TLC; (22 septiembre 2014), (temporada 1, episodio 2) [episodio de programa de televisión], *Age Gap Love*, Channel 5.

3. Maddy

63. Kinsey, A. C. et. al. (1948), *Sexual Behavior in the Human Male*, W. B. Saunders, p. 654.

64. O'Reilly, Z. (30 mayo 1997), «My Life as an Amoeba», *StarNet Dispatches*. web.archive.org/web/20030210212218/http:/dispatches. azstarnet.com/zoe/amoeba.htm

65. Gary [comentario en la entrada «My Life as an Amoeba»]. http://web. archive.org/web/20030305150007/http://dispatches.azstarnet.com/zoe/ amoeba2.htm

66. Dani [comentario en la entrada «My Life as an Amoeba»]. http://web. archive.org/web/20030305150007/http://dispatches.azstarnet.com/zoe/ amoeba2.htm

67. Amy [comentario en la entrada «My Life as an Amoeba»]. http://web. archive.org/web/20030305150007/http://dispatches.azstarnet.com/zoe/ amoeba2.htm

68. *Overview*. «Asexual Visibility & Education Network». Recuperado el 8 de noviembre de 2020 de www.asexuality.org/?q=overview.html

69. Jay, D. «AVEN Media Team Guidebook».

70. F. Gobaert, A. F. (2004), «Asexuality: Prevalence and Associated Factors in a National Probabolity Sample», *Journal of Sex Research* (41)3, 279-287. DOI: 10-1080/00224490409552235

71. Westphal, S. P. (14 octubre 2004), «Glad to Be Asexual». New Scientist. www.newscientist.com/article/dn6533-feature-glad-to-be-asexual/

72. (15 enero 2006), *The View*, ABC.

73. (28 marzo 2006), *The Situation with Tucker Carlson*, MSNBC.

74. (4 enero 2007), «Asexuality: The Joy of Sex», *The Montel Williams Show*.

75. Consultar Bogaert, A. F. (2012), *Understanding Asexuality*, Rowman & Littlefield; K. J. Cerankowski y M. Milks (eds.). (2014), *Asexualities:*

Feminist and Queer Perspectives, Routledge; Chen, A. (2020), *Ace: What Asexuality Reveals About Desire, Society, and the Meaning of Sex*, Beacon Press; Przybylo, E. (2019), *Asexual Erotics: Intimate Readings of Compulsory Sexuality*, Ohio State University Press.

76. Consultar *AZE*. azejournal.com; Bellamy, S. (2017), *Asexual Perspectives: 47 Asexual Stories*, Quirky Books; Decker, J. S. (2015), *The Invisible Orientation: An Introduction to Asexuality*, Skyhorse.

77. Seabright, A. (directora) y Nunn, L. (guionista), (17 enero 2020), (temporada 2, episodio 4), *Sex Education* [serie de televisión], Netflix.

78. Quacks. (18 enero 2020), [respuesta a Jules.2P en «Ace Representation in the Series *Sex Education*»], *Asexual Visibility & Education Network*. www.asexuality.org/en/topic/193518-ace-representation-in-the-series-sex-education

79. Yaitanes, G. (director) y Shore. D. y Lingenfelter, K. (guionistas), (23 enero 2012), «La media naranja», (temporada 8, episodio 9) [episodio de serie de televisión], *House*, Fox.

80. Brotto, L. A. *et al.* (2017), «Asexuality: A Mixed Methods Approach», *Archives of Sexual Behavior*, 46(3), 619-827; Brotto, L. A. y Yule, M. A. (2011), «Physiological and Subjective Sexual Arousal in Self-Identified Asexual Women», *Archives of Sexual Behavior*, 40(4), 699-712; Brotto, L. A.; Yule, M. A. y Gorzalka, B. B. (2015), «Asexuality: An Extreme Variant of Sexual Desire Disorder?», *Journal of Sexual Medicine*, 12(3), 646-660.

81. Antonsen, A. N. *et al.* (2020), «Ace and Aro: Understanding Differences in Romantic Attractions Among Persons Identifying as Asexual», *Archives of Sexual Behavior*, 49(5), 1615-1630.

82. Chapman, F. (1973), «Talking It Out in New York City: Is the Sexual Political?», *Off Our Backs*, 3(5), 6.

83. Chapman, F. (1973), «Talking It Out in New York City: Is the Sexual Political?», *Off Our Backs*, 3(5), 6.

84. Chapman, F. (1973), «Talking It Out in New York City: Is the Sexual Political?», *Off Our Backs*, 3(5), 6.

85. Adler, M. «An Excerpt from Heretic's Heart». hourwolf.com/heretic/index.htm

86. U.S. Census Bureau. «Quick Facts: New Orleans City, Louisiana». Recuperado el 9 de noviembre de 2020 de www.census.gov/quickfacts/neworleanscitylouisiana

87. Orlando, L. (1972), *The Asexual Manifesto*, p. 1.

88. Siggy. (19 julio 2019), «Lisa Orlando, Author of the Asexual Manifesto (1972)», The Asexual Agenda. Recuperado el 1 de marzo de 2021 de asexualagenda.wordpress.com/2019/08/01/lisa-orlando-author-of-the-asexual-manifesto-1972/

4. Shelly

89. Judy. (13 octubre 2013), «My GSA Story», GSA Forum. https://thegsaforum.com/topic/985-my-gsa-story/

90. Dale. (20 agosto 2013), [respuesta a «What Does GSA Feel LIKE»], Lost Sister, GSA Forum. https://thegsaforum.com/topic/948-what-does-gsa-feel-like/

91. Gonyo, B. (1991), «Genetic Sexual Attraction: Is It Bonding?», en *I'm His Mother but He's Not My Son*, edición de la autora, pos. 1576

92. Colman, A. M. (2006), *Oxford Dictionary of Psychology* [Diccionario Oxford de Psicología], Oxford University Press. https://www.oxfordreference.com/view/10.1093/oi/authority.20110803095847705

93. Foro de Kindred Spirits. Recuperado el 12 de noviembre de 2020 de https://ks2016.forumactif.fr/

94. John. (30 marzo 2016), «Secretly Struggling with GSA with Half Sister Without Her Knowing», GSA Forum. https://thegsaforum.com/topic/1362-secretly-struggling-with-gsa-with-half-sister-without-her-knowing/

95. Serena. (31 marzo 2016), [respuesta a «Secretly Struggling with GSA with Half Sister Without Her Knowing»], GSA Forum. https://thegsaforum.com/topic/1362-secretly-struggling-with-gsa-with-half-sister-without-her-knowing/

96. Pullman, K. *Full Marriage Equality*. Recuperado el 12 de noviembre de 2020 de marriage-equality.blogspot-com

97. Pullman, K. Case Studies. *Full Marriage Equality*. Recuperado el 12 de noviembre de 2020 de marriage-equality.blogspot.com/p/case-studies.html

98. Rinella, D. (1992), *Love's Forbidden Flower*, Midnight to Six.

99. Shy, C. History. *Friends of Lily*. Recuperado el 15 de noviembre de 2019 de www.lilysgardener.com/history.html

100. Owens, M. A. (presentadora), (13 marzo 2017), «Cristina Shy on Genetic Sexual Attraction» [episodio de pódcast], en *Nothing Off Limits*. www.breaker.audio/nothing-off-limits/e/16293598

101. Tsoulis-Reay, A. (15 enero 2015), «What It's Like to Date Your Dad», *The Cut*. www.thecut.com/2015/01/what-its-like-to-date-your-dad. html

102. Tsoulis-Reay, A. (15 enero 2015), «What It's Like to Date Your Dad», *The Cut*. www.thecut.com/2015/01/what-its-like-to-date-your-dad. html

103. Gonyo. «Discovery of Pregnancy», en *I'm His Mother but He's Not My Son*, pos. 2942.

104. Gonyo. «Discovery of Pregnancy», en *I'm His Mother but He's Not My Son*, pos. 177.

105. Gonyo. «Discovery of Pregnancy», en *I'm His Mother but He's Not My Son*, pos. 190.

106. Gonyo. «Discovery of Pregnancy», en *I'm His Mother but He's Not My Son*, pos. 190.

107. Gonyo. «Discovery of Pregnancy», en *I'm His Mother but He's Not My Son*, pos. 213.

108. State of New Jersey Department of Health. «Adoptee/Birth Parent FAQs on Changes to Vital Records Law». Recuperado el 20 de noviembre de 2020 de www.state.nj.us/health/vital/adoption/vital-record-law-changes-faqs/

109. Gonyo. «Maternity Home», en *I'm His Mother but He's Not My Son*, pos. 264.

110. Gonyo. «Maternity Home», en *I'm His Mother but He's Not My Son*, pos. 276.

111. Gonyo. «Maternity Home», en *I'm His Mother but He's Not My Son*, pos. 264.

112. Gonyo. «Maternity Home», en *I'm His Mother but He's Not My Son*, pos. 432.

113. Gonyo. «Maternity Home», en *I'm His Mother but He's Not My Son*, pos. 313.

114. Gonyo. «Birth», en *I'm His Mother But He's Not My Son*, pos. 595.

115. Gonyo. «Maternity Home», pos. 475.

116. Gonyo. «Birth», pos. 475.

117. Gonyo. «Birth», pos. 506.

118. Gonyo. «May 1979: Recollections of the First Meeting», en *I'm His Mother but He's Not My Son*, pos. 53.

119. Gonyo. «Birth», pos. 533.

120. Tsoulis-Reay. «What It's Like to Date Your Dad».

121. Harrison, K. (2006), *El beso* (trad. S. Camps), Anagrama. Trabajo original publicado en 1997.

122. Cumbria County Council. «Genetic Sexual Attraction». Recuperado el 20 de noviembre de 2020 de https://www.cumbria.gov.uk/eLibrary/Content/Internet/327/857/6802/42109163456.pdf

123. Westermark, D. (1984), *Historia del matrimonio* (trad. I. de Palencia), Laertes. Trabajo original publicado en 1891.

124. Lifton, B. J. (1994), *Journey of the Adopted Self: A Quest for Wholeness* [El viaje del adoptado: una búsqueda de la integridad], Basic Books, p. 226

125. Lifton, B. J. (1994), *Journey of the Adopted Self: A Quest for Wholeness* [El viaje del adoptado: una búsqueda de la integridad], Basic Books, p. 227.

126. Greenberg, M. y Littlewood, R. (1995), «Post-adoption Incest and Phenotypic Matching: Experience, Personal Meanings, and Biosocial Implications», *British Journal of Medical Psychology*, 68(1). 1995, 37. https://bpspsychub.onlinelibrary.wiley.com/doi/abs/10.1111/j.2044-8341.1995.tb01811.x

127. Tsoulis-Reay. «What It's Like to Date your Dad».

128. Frank, C. (16 enero 2015), «This Woman Lost Her Virginity… to Her Dad and Now The're Getting Married», *Cosmopolitan*. www.cosmopolitan.com/sex-love/news/a35384/this-woman-is-getting-married-to-her-dad/; Moore, T. (15 enero 2015), «This Interview with a Woman Dating Her Father Will Haunt You Forever», *Jezebel*. https://jezebel.com/this-interview-with-a-woman-dating-her-father-willhaun-1679768194; Cueto, A. (17 enero 2015), «What It's Like to Date… Your Dad». *Bustle*. https://www.bustle.com/articles/59074-nymags-what-its-like-to-date-your-dad-interview-raises-a-bunch-of-red-flagsbesides-the

129. Goorwich, S. (16 enero 2015), «This Interview with an 18 Year Old in a Relationship with Her Own Father Blows the Lid on Incest»,

Metro. https://metro.co.uk/2015/01/16/this-interview-with-an-18-year-old-in-a-relationship-with-her-own-father-blows-the-lid-on-incest-5024888; Puterman, S. (22 enero 2015), *Incestuous «Love Affair» Is Absolutely Horrific*, Asbury Park Press. www.app.com/story/life/family/parenting/shari-puterman/2015/01/22/incestual-love-affair-absolutely-horrific/22160189/; Moore, E. A. (16 enero 2015), «18-Year-Old Plans to Marry Her Long-Lost Father», *USA Today*. www.usatoday.com/story/news/nation/2015/01/16/daughter-plans-to-marry-long-lost-father/21859547/; Golgowski, N. (19 enero 2015), «Great Lakes Teen Says She Plans to Marry Father in New Jersey After Recently Reuniting, Losing Virginity to Him», *New York Daily News*. www.nydailynews.com/news/national/teen-plans-marry-dad-romantic-reunion-article-1.2084306

130. Allen, S. (17 enero 2015). «*Consensual Incest* Is Rape». Daily Beast. www.thedailybeast.com/consensual-incest-is-rape

131. Hochman, L. C. (20 enero 2015), «Incest *Is Totally Offensive*, Likely to Ge ton N.J. Legislature's Radar, Republican Leader Says», NJ.com. www.nj.com/news/2015/01/incest_is_totally_offensive_likely_to_get_on_nj_le.html

132. Connolly, B. (11 febrero 2015), «Incest's History», *Los Angeles Review of Books*. https://lareviewofbooks.org/article/incests-history/

133. Che_Is_Dead [Comentario en «What It's Like to Date Your Dad»].

134. Mama.Maria [Comentario en «What It's Like to Date Your Dad»].

135. Moore, «18-Year-Old Plans to Marry Her Long-Lost Father».

136. Mann, L. (19 marzo 2010), «Mount Prospect Invites Families», *Chicago Tribune*. https://www.chicagotribune.com/ct-home-0319-mt-prospect-chomes-20100319-story.html

137. (16 febrero 2015), *Dr. Drew* [programa de televisión], CNN.

138. Gonyo. «First Search», en *I'm His Mother but He's Not My Son*, pos. 616.

139. Gonyo. «Search», en *I'm His Mother but He's Not My Son*, pos. 785.

140. Gonyo. «Reunion», en *I'm His Mother but He's Not My Son*, pos. 1979.

141. Gonyo. «Reunion», en *I'm His Mother but He's Not My Son*, pos. 853.

142. Gonyo. «Reunion», en *I'm His Mother but He's Not My Son*, pos. 1017.

143. Gonyo. «Reunion», en *I'm His Mother but He's Not My Son*, pos. 1029.

5. Paul

144. SWDThrowaway453 (27 octubre 2014), «[NSFW] I'm Emotionally Dependen ton My Partner and I Don't Know if I'll Be Handle Her Dying» [Foro en línea], Reddit. Archivado en https://zooish.net/r/zoophilia/post_2kfekd.html

145. The EthicalZoo (24 noviembre 2014), «Feminist/Social Justice Zoos, Where Are You?» [Foro en línea], Reddit. Archivado en https://zooish.net/r/zoophilia/post_2n7ojf.html

146. Danpetman (26 septiembre 2014) [Comentario a «How Do You Feel About the Term Zoophile»] [Foro en línea], Reddit. Archivado en https://zooish.net/r/zoophilia/post_2hhv4d.html

147. Pawwsies (16 octubre 2014), [Comentario a «Should We Fight, or Should We Hide?»] [Foro en línea], Reddit. Archivado en https://zooish.net/r/zoophilia/post_2jfzdr.html

148. Jackdempsey8083 (28 marzo 2015), «Going Through Some Times with Accepting Myself» [Foro en línea], Reddit. Archivado en https://zooish.net/r/zoophilia/post_30m7g0.html

149. AliasTheReindeerPone, «Going Through Some Times with Accepting Myself».

150. BTWIAMAzoophile, «Going Through Some Times With Accepting Myself».

151. PeculiarParable, «Should We Fight, or Should We Hide?».

152. M. Jenny Edwards. (2019), «Arrest and Prosecution of Animal Sex Abuse (Bestiality) Offenders in the United States, 1975-2015», *Journal of the American Academy of Psychiatry and the Law* (47)3. jaapl.org/content/early/2019/05/16/JAAPL.003836-19

153. Danpetman (23 diciembre 2014), [Comentario a «Consent Consent Consent Consent Consent»] [Foro en línea], Reddit. Archivado en https://zooish.net/r/zoophilia/post_2q5u2b.html

154. Ursusem (30 marzo 2015), «I Wonder Why Society Thinks It Is Okay for People to Pet Animals and to Keep Animals as Pets Without the Explicit Consent of the Animals but the Act of a Human Having Sex with an Animal Is Considered Not Okay» [Foro en línea], Reddit. Archivado en https://zooish.net/r/zoophilia/post_30s6j5.html

155. Mochanoshi, «I Wonder Why Society Thinks It Is Okay».

156. Zoozooz, «I Wonder Why Society Thinks It Is Okay».

157. Kynophile, «I Wonder Why Society Thinks It Is Okay».

158. Sapphire_seam, «I Wonder Why Society Thinks It Is Okay».

159. Miletski, H. *Understanding Bestiality and Zoophilia (the Book)*. Hani Miletski, PhD, MSW, LLC. Recuperado el 13 de noviembre de 2020 de www.drmiletski.com/prolog.html

160. Matthews, M. (1994), *The Horseman: Obsessions of a Zoophile* [El jinete: obsesiones de un zoófilo]. Prometheus Books.

161. Miletski, H. (2002), *Understanding Bestiality and Zoophilia* [Entender el bestialismo y la zoofilia], East-West, p. 1.

162. Miletski, H. (2002), *Understanding Bestiality and Zoophilia* [Entender el bestialismo y la zoofilia], East-West, p. 85.

163. Miletski, H. (2002), *Understanding Bestiality and Zoophilia* [Entender el bestialismo y la zoofilia], East-West, p. 70.

164. Bourke, J. (2020), *Loving Animals: On Bestiality, Zoophilia, and Post-human Love* [Amar a los animales: sobre el bestialismo, la zoofilia y el amor posthumano], Reaktion Books, p. 103.

165. Bourke, *Loving Animals*, p. 105.

166. Bourke, *Loving Animals*, p. 107.

167. Battlecrops (23 marzo 2015), «Zoophilia/Zoosexuality Survey RESULTS», *Battlecrops' Zoo Survey*.

https://battlecrops.wordpress.com/2015/03/23/zoophiliazoosexuality-survey-results/

168. Kinsey, A. C, *et al.* (1953), *Sexual Behavior in the Human Female* [Comportamiento sexual en la mujer], W. B. Saunders, p. 509; Kinsey, A. C. *et al.* (1948), *Sexual Behavior in the Human Male* [Comportamiento sexual en el hombre], p. 671.

169. Battlecrops, «Zoophilia/Zoosexuality Survey RESULTS».

170. Battlecrops, «Zoophilia/Zoosexuality Survey RESULTS».

171. Consultar Maloney, C. (2018), *Uniquely Dangerous: A True Story* [Excepcionalmente peligroso: una historia real], edición de la autora.

172. Brenner, M. (2008), *Wet Goddess: Recollections of a Dolphin Lover* [Diosa húmeda: recuerdos de una amante delfín], Eyes Open Media.

173. Aniello, L. (directora) y Ekperigin, N. *et al.* (guionistas). (2 marzo 2016), «Game Over» (temporada 3, episodio 3) [episodio de serie de televisión], *Broad City*, Comedy Central.

174. (1998), «I Married a Horse» [programa de televisión], *The Jerry Spinger Show*.

175. Yearningmice (18 septiembre 2014) [comentario a «I (F24) Had Sex with a Dog for the first time... very conflicted»] [Foro en línea], Reddit. Archivado en https://zooish.net/r/zoophilia/post_2grkz2.html#t1_cklu15u

176. Tsoulis-Reay, A. (20 noviembre 2014), «What It's Like to Date a Horse», *The Cut*. https://www.thecut.com/2014/11/what-its-like-to-date-a-horse.html

177. Tsoulis-Reay, A. (20 noviembre 2014), «What It's Like to Date a Horse», *The Cut*. https://www.thecut.com/2014/11/what-its-like-to-date-a-horse.html

178. Tsoulis-Reay, A. (20 noviembre 2014), «What It's Like to Date a Horse», *The Cut*. https://www.thecut.com/2014/11/what-its-like-to-date-a-horse.html

179. Tsoulis-Reay, A. (20 noviembre 2014), «What It's Like to Date a Horse», *The Cut*. https://www.thecut.com/2014/11/what-its-like-to-date-a-horse.html

180. Maril.elle [Comentario en «What It's Like to Date a Horse»].

181. Eyoo90 [Comentario en «What It's Like to Date a Horse»].

182. WWM [Comentario en «What It's Like to Date a Horse»].

183. Maril.elle [Comentario en «What It's Like to Date a Horse»].

184. Tsoulis-Reay, A. (23 febrero 2015), «Atypical», *New York*.

185. Tsoulis-Reay, A. (23 febrero 2015), «Atypical», *New York*.

186. (23 febrero 2015), *New York*.

187. Equipo de redacción (22 febrero 2015), «Have Men's Mags Turned the Other Cheek?», *New York Post*. https://nypost.com/2015/02/22/have-mens-mags-turned-the-other-cheek/

188. BRosen [Comentario en «What It's Like to Date a Horse»].

189. RushBabe [Comentario en «What It's Like to Date a Horse»].

190. Santorum, citado en Corvino, J. (2005), «Homosexuality and the PIB Argument», *Ethics*, 115(3), 501.

191. Corvino, «Homosexuality and the PIB Argument», pp. 501-534.

192. Lehmiller, J. (2018), *Tell Me What You Want: The Science of Sexual Desire and How It Can Improve Your Sex Life* [Dime qué quieres: la ciencia

del deseo sexual y cómo puede mejorar tu vida sexual], Da Capo Press; Lehmiller, J. «Things That Make You Go Hmmm; Uncommon Sexual Desires and the Psychology Behind Them» (capítulo extra de *Tell Me What You Want*), Sex and Psychology by Dr. Justin Lehmiller. Recuperado el 28 de febrero de 2021 de https://www.lehmiller.com/tmwyw-bonus-chapter

193. Singer, P. (marzo 2001), «Heavy Petting», *Nerve*.

194. Feral, citado en Carnell, B. (28 marzo 2001), «Animal Rights Activist Attack Peter Singer over Bestiality Stance», Brian.Carnell.Com. https://brian.carnell.com/articles/2001/animal-rights-activist-attack-peter-singer-over-bestiality-stance/

195. (24 marzo 2001), «Animal Husbandry», *Washington Times*. https://www.washingtontimes.com/news/2001/mar/24/20010324-021733-1042r/

196. Boxer, S. (9 junio 2001), «Think Tank; Yes, but Did Anyone Ask the Animals' Opinion?», *The New York Times*. www.nytimes.com/2001/06/09/books/think-tank-yes-but-did-anyone-ask-the-animals-opinion.html

197. «Animal Husbandry?», *Washington Times*.

198. Newkirk, I. E. (21 julio 2005), «Letter to the Editor», Canada Free Press. https://canadafreepress.com/2005/rubin072105.htm

199. (21 junio 2016), «PETA's Statement on Bestiality», PETA. www.peta.org/media/news-releases/petas-statement-bestiality/

200. Tsoulis-Reay, «What It's Like to Date a Horse».

201. Tsoulis-Reay, «What It's Like to Date a Horse».

202. Tsoulis-Reay, «What It's Like to Date a Horse».

203. Tsoulis-Reay, «What It's Like to Date a Horse».

204. Bourke, *Loving Animals*, pp. 31-32.

205. Tsoulis-Reay, «What It's Like to Date a Horse».

206. Leroux, C., Cadore, J. L. y Montelaro, R. C. (2004), «Equine Infectious Anemia Virus (EIAV): What Has HIV's Country Cousin Got to Tell Us?», *Vet Res*, 35(4), 485-512.